流行音乐文化影响下的中学音乐教育研究

王晓盈 著

文化艺术出版社
Culture and Art Publishing House

图书在版编目（CIP）数据

流行音乐文化影响下的中学音乐教育研究 / 王晓盈 著. -- 北京：文化艺术出版社，2023.9
ISBN 978-7-5039-7485-4

Ⅰ.①流… Ⅱ.①王… Ⅲ.①音乐课—教学研究—中学 Ⅳ.①G633.951.2

中国国家版本馆CIP数据核字(2023)第159540号

流行音乐文化影响下的中学音乐教育研究

著　　者	王晓盈
责任编辑	董良敏　袁可华
责任校对	董　斌
书籍设计	姚雪媛
出版发行	文化藝術出版社
地　　址	北京市东城区东四八条52号（108700）
网　　址	www.caaph.com
电子邮箱	s@caaph.com
电　　话	（010）84057666（总编室）　84057667（办公室） 　　　　84057696—84057699（发行部）
传　　真	（010）84057660（总编室）　84057670（办公室） 　　　　84057690（发行部）
经　　销	新华书店
印　　刷	国英印务有限公司
版　　次	2023年12月第1版
印　　次	2023年12月第1次印刷
开　　本	710毫米×1000毫米　1/16
印　　张	17.25
字　　数	276千字
书　　号	978-7-5039-7485-4
定　　价	78.00元

版权所有，侵权必究。如有印装错误，随时调换。

本书为华南师范大学音乐学院高水平大学建设专项基金项目、华南师范大学青年教师科研培育基金项目（16SK02）和海上丝路与岭南音乐文化研究平台成果

目 录

绪 论 / 1

第一章 流行音乐文化概述 / 37

第一节 流行音乐文化的概念、特征和功能 / 39

第二节 中国当代流行音乐发展概述 / 50

第三节 流行音乐文化与青少年成长 / 60

第二章 流行音乐文化对中学音乐教育的影响 / 73

第一节 学校音乐教育对流行音乐的争议和讨论回顾 / 75

第二节 流行音乐文化在中学音乐教育中的价值及潜在的负面影响 / 89

第三节 流行音乐进入中学音乐教育的理论和现实依据 / 99

第三章 流行音乐文化影响下的中学音乐教育现状 / 113

第一节 研究的调查设计与实施 / 115

第二节 调查结果及分析 / 121

第三节 调查结论及反思 / 146

第四章 流行音乐文化对中学音乐教育的挑战 / 153

第一节 流行音乐文化对音乐教师的挑战 / 155

第二节 流行音乐文化对音乐教材的挑战 / 166

第三节 流行音乐文化对教学实施的挑战 / 171

第四节 流行音乐文化对课外校外音乐活动的挑战 / 179

第五章　流行音乐文化影响下中学音乐教育的应对策略 / 185

　　第一节　转变教学观念，构建新型课堂模式 / 187

　　第二节　以教材为突破，推进音乐课程资源开发 / 194

　　第三节　加强师资培养，促进音乐课堂有效教学 / 211

　　第四节　形成教育合力，构建"三位一体"合作模式 / 234

结　语 / 241

附　录 / 245

参考文献 / 253

绪 论

一、研究背景

生活世界是人自身存在的根基，也是音乐产生的源头。当代社会中，流行音乐充斥于生活的各个角落，受到了人们的关注和喜爱。据权威调查机构《美国音乐》国际调查显示：现代流行音乐以其更平民化的娱乐方式，在大众娱乐中占据着 90% 以上的份额。[①] 尤其是对于青少年，它更是有着巨大的影响力：身处如此庞大的流行音乐包围之中的青少年，对流行音乐的喜爱几乎达到痴迷和狂热的地步。他们是流行音乐最主要的听众群。[②] 与此同时，青少年学生"喜欢音乐但是不喜欢音乐课"的尴尬现象又一直困扰着广大一线音乐工作者。美国得克萨斯大学音乐系教授 J. Jelliso 在《放眼 2020 年》一文中指出，我们的社会存在这样一种普遍现象，"几乎所有在校学生都不同程度地把学校音乐与校外、他们自己的音乐分隔开。成年人不再触摸或弹奏在学校里学过的乐器，也不再收听那些曾经在教室里欣赏过的古典音乐"[③]。于是，我们不禁产生疑问：为什么学生们那么喜欢流行音乐？我们的学校音乐教育为什么又对流行音乐怀有戒心，究竟在担心着什么？流行音乐文化是一种怎样的文化？它引发了传统音乐课堂教学的哪些变化？带着种种疑问，本书开始了探索研究的征程。

（一）以流行音乐为主体的社会音乐生活对青少年的影响

随着信息社会的快速发展，日益发达的各种传媒工具对人们形成了强大的影响力。德国社会学家伊丽莎白·内尔·纽曼（Elisabeth Noelle Neumann）指出："个人的观点和态度要受周围人和大众传播的影响。就人际影响和大众媒介这两种作用而言，后者的作用更大。"[④] 当然，由于年龄和文化的差异，不同群体受传媒影响的程度会有所不同。

对于青少年和中学生而言，大众传媒无疑是最具影响力和代表性的，它所传播的文化信息直接影响着青少年的审美趣味和文化偏好。而流行音乐是大众

[①] 参见刘鹏《流行音乐及其教育浅探》，《龙岩师专学报》2004 年第 10 期。
[②] 参见曾遂今《音乐社会学》，上海音乐学院出版社 2004 年版，第 235 页。
[③] 杨濯：《浅谈音乐教学中流行音乐元素的渗透》，《天津教育报》2010 年 1 月 27 日第 3 版。
[④] 张隆栋：《大众传播学总论》，中国人民大学出版社 1993 年版，第 179 页。

文化与现代科技相结合的产物,它的传播和流行都离不开媒介的承载,从报刊、广播到电视、网络,再从唱片、磁带到CD、MP3……流行音乐传播的每一个环节都与文化的发展和技术的进步息息相关。尤其是在当今高度发达的网络信息化时代,传统媒介和新媒介所形成的合力,使得流行音乐拥有了更为广阔的传播空间。各种电视选秀比赛、音乐网站、明星演唱会等社会音乐生活通过各种媒体以迅雷不及掩耳之势迎面扑来,其传播速度之快、传播空间之广、对青少年影响之深,令人惊叹。因此,有研究者认为,"从一定意义上说,是大众传媒促成了流行音乐的传播,也是大众传媒控制了青少年对音乐的选择"[1]。

《中国音乐教育》杂志曾做过一项调查:在问到学生是怎样学会唱歌时,37%的学生是由教师教的,51%的学生是听录音机、看电视学的,59%的学生会唱的歌来自课本之外,41%的学生会唱的歌来自课本本身,42%的学生主要是唱通俗歌曲,49%的学生唱青少年歌曲。这组数据的基本结论是:大众传媒对中小学生的影响力超过学校教育,社会音乐环境给青少年的影响力超过学校教育。[2]

事实上,流行音乐依靠各种大众传播媒介的强大力量,逐渐占据了社会音乐生活的空间。互联网上的各类流行音乐娱乐网站、充斥于电视荧屏的娱乐节目和音乐类选秀比赛、国内外流行音乐明星演唱会等日常生活中的流行音乐文化,对青少年、学校文化,尤其是对音乐教学活动产生了重大影响。

有研究者曾用下面的文字来描述这种影响:

> 听流行歌曲、唱流行歌曲、买磁带和CD、收看娱乐新闻、参加演唱会、成立歌友团、把歌星当作自己的偶像崇拜……中学生们热切而近乎疯狂地追逐着流行音乐及其文化带来的精神泡沫。相对于流行音乐,我们的高雅音乐和民族音乐受到了极大的冷落,只能在学校音乐教育中艰难地守护着自己的阵地。[3]

---

[1] 沈汝发:《且行且歌:"流行音乐与青少年成长"研究》,《中国青年研究》2003年第1期。
[2] 资利萍:《重论流行音乐进课堂》,《中国音乐教育》2000年第11期。
[3] 袁茜:《中学生偏爱流行音乐的心理分析及策略研究》,硕士学位论文,湖南师范大学,2006年,第1页。

对此，有学者直接指出："音乐课，本应该是学生最喜欢的课，但现在许多学生不喜欢上，那是因为，音乐课堂上的音乐生活，远远比不上他自己的课外音乐生活那么快乐。"[①] 以流行音乐为主体的课外音乐生活满足了中学生心理生理成长过程中的精神需要，使他们舒缓了繁重的课业压力，并且使学生们在学校艺术活动、课外活动中表现得更为积极和活跃。

不管我们愿不愿意承认，以上种种关于流行音乐对中学生和学校音乐教育的影响都已是事实。那么，我们该如何看待以流行音乐为主要形式的社会音乐教育活动？如何理解它的意义和价值？这种音乐教育活动对学校音乐教育有何启示？另外，作为一种零散的、学生自主接受和学习的流行音乐教育活动，有没有相对统一的内容、组织形式和学习方法？它又对音乐教师的素质提出了哪些新要求？更令人深思的是，在流行音乐深受学生的喜爱，而学校音乐教育遭受冷遇的境况下，我们是否可以有效利用流行音乐这一资源来衔接社会音乐与学校音乐之间的关系呢？这种至今没有被明确接纳的流行音乐教育的未来该如何发展？……接踵而来的这些问题亟待音乐教育工作者更广泛的研究和更深入的思考。

因此，笔者将研究视角投向新课程改革背景下深受流行音乐文化影响的中学音乐教育。

（二）一线音乐教师对"流行音乐进课堂"的困惑

2001年7月，教育部颁布的《全日制义务教育音乐课程标准（实验稿）》提出："音乐课程要以审美为核心，以学生的兴趣和爱好为基础，把优秀的音乐引入课堂，激发学生的表演热情，让学生成为课堂的主体，适应新课程的发展要求。"上述要求虽然没有具体提出流行音乐进课堂，但以学生兴趣爱好为基础把优秀的音乐引入课堂，自然可以理解为包含着优秀的流行音乐。可以说，这为流行音乐进中学音乐课堂提供了政策依据和生存空间。

2011年，教育部公布了《义务教育音乐课程标准（2011年版）》（以下简称"2011版课标"）。该课标是在总结近十年音乐课程改革的经验基础上，广泛听取专家意见和一线音乐教师的建议后对课程标准实验稿所做的修改和完善。2011

---

① 郭声健等：《音乐教育越洋对话》，湖南师范大学出版社2009年版，第21页。

版课标明确指出:"随着时代的发展和社会生活的变迁,反映近现代和当代社会生活的优秀中国音乐作品,也应纳入音乐课的教学内容。""教学中,应把全体学生的普遍参与和发展不同个性有机结合起来,创造生动活泼、灵活多样的教学形式,为学生发展音乐才能提供空间。"

随着 2011 版课标的颁布,流行音乐作为与时代紧密相连的音乐品种,也开始受到一线音乐教师的重视。流行音乐进课堂,已经成为当下不少中学音乐教师的大胆选择。以下这则教师教学笔记,记录了一线音乐教师的真实心声:

为了上好音乐课,我竭力了解学生,了解他们的兴趣所在。在开学初的一次随堂考试中,一位男生以独唱和清唱的形式演唱了周杰伦的《简单爱》,只见他身体微屈着,一条腿微弓着,双眼半梦半醒微眯着,一边唱还一边摆动着身体,非常投入。周杰伦的歌曲就是吐字不清的一种说唱歌曲,这种音乐当时我是排斥的。可是在年级 6 个班都考试完后,我发现竟然有 70% 的学生都选择周杰伦的歌曲。难道现在的学生都喜欢这样的音乐吗?我陷入了沉思,却找不到其中的原因。

一天,我偶然听到《东风破》这首歌曲,它拥有现代流行音乐特有的节奏感,现代流行音乐旋律中略带古典韵味,歌词更让人感受到深厚的文化底蕴。后来才知道,原来这是周杰伦的作品。这使我转变了对其作品的看法。我也发现喜欢周杰伦歌曲的群体在逐渐扩大,同龄人都说周杰伦有才华;学生们更是痴迷,很多学生都是他的 FANS。于是,我萌生了一个想法,想试着去听他的作品,发现他的歌曲吸引人的地方,希望能给我的音乐教学带来启示。[①]

自 20 世纪以来,以审美为核心的音乐教育哲学观以传授音乐知识与技能为目的,以审美的形式聆听与欣赏为手段,培养学生感受美、鉴赏美与创作美的能力,另外营造了一个"科学"的音乐世界,却逐渐远离了人、音乐以及音乐教育赖以存在的生活世界的根基。正如有研究者指出的:"艺术不是一种自我封闭和限制的活动,而是与人类经验的整个网络交织在一起的人类生活中的重要

---

① 杨灌:《浅谈音乐教学中流行音乐元素的渗透》,《天津教育报》2010 年 1 月 27 日第 3 版。

组成部分。"[1]

随着新课程改革的不断推进，教育工作者对"流行音乐进课堂"已逐渐形成共识。然而，我们却不得不面对这样的尴尬：流行音乐在青少年的社会生活中扮演着重要角色，但专家学者对它在音乐教育教学上的研究成果却少有精品，与流行音乐巨大的社会影响力完全不成比例。

事实上，在实际教学中，教师们仍存在着许许多多的困惑：（1）流行音乐是否等同于通俗音乐、现代音乐？（2）如何避免低俗的流行歌曲对学生的消极影响？（3）流行音乐进课堂的尺度该如何掌握？（4）除了利用教材中的流行音乐资源进行教学外，还有其他方式吗？（5）若使用学生喜爱的流行音乐进行教学，是否有迎合之嫌？（6）哪些流行音乐更适合实际的课堂教学？其标准性如何判断？（7）其他国家地区流行音乐进课堂的现状是怎样的，是否可以借鉴它们的成功做法？当然，一线音乐教师关于"流行音乐进课堂"思考的问题还远远不止以上这些，在这里便不再一一列举了。

在写作论文的过程中，笔者曾多次到广州市几所中小学进行听课和课堂观摩，不仅及时做观察记录，还和任课教师有了深入接触，发现教师在音乐课堂教学中确实存在很多困惑。笔者也曾多次查阅相关学术资料，发现目前关于从教育学视角对流行音乐文化进行整体、全面研究的论著文章并不多，专门从音乐教育视角论述流行音乐文化与中学音乐教育关系的专著更是未见其踪，于是有了研究该论题的初步想法。而在第一届粤港澳中小学音乐教育论坛上，笔者曾提交了《粤港两地"流行音乐进教材"比较研究》的论文，就广州花城版和香港港音版两个版本的初中音乐教材进行过分析对比，在研究两版教材歌曲体系的同时，也对流行音乐进教材现象进行了分析，这为本研究奠定了一定基础。

基于以上背景与缘起，本书拟对流行音乐文化这一特定的文化现象进行深入分析，并对"流行音乐进课堂"的历史沿革和现状进行梳理与观察，探讨流行音乐文化对当前学校音乐教育的影响和挑战，并对流行音乐文化影响下的中学音乐教育整体改革与发展进行探索和思考。

---

[1] E. Collins and S. Chandler, "Beyond art as product: Using an artistic perspective to understand classroom life", *Theory into Practice*, 1993, 32（4）, pp. 199–203.

二、国内外研究现状

本书主要从流行音乐文化研究及流行音乐对中学音乐教育的影响两方面展开。在国外，流行音乐文化的研究及发展已经经历了一个相对较长的过程；但在我国，流行音乐理论研究及其在教育学方面的探讨，还显得较为年轻。通过文献的梳理分析，笔者发现目前国内关于流行音乐对中学音乐教育影响的研究，主要集中在对"流行音乐进课堂"现状的探讨上。因此，本书主要从流行音乐文化和"流行音乐进课堂"两方面的相关文献入手进行论述。

（一）关于流行音乐文化的研究

1. 国外的研究现状

国外对于流行音乐的研究，最早可以追溯到 1941 年，著名德国哲学家、音乐理论家、社会学家阿多诺（Theodor Wiesengrund Adorno）在助手的协助下发表论文《论流行音乐》。文中提出三个著名观点：（1）流行音乐的标准化和伪个性化特征；（2）流行音乐使人精神涣散从而听觉退化；（3）流行音乐是社会的黏合剂。[①] 这标志着流行音乐研究进入了一个理论化的时期。

20 世纪八九十年代以后，对流行音乐的研究进入了繁荣时期，多数研究成果都集中于此时期。正如德里克（Derek B. Scott）所说的那样："流行音乐研究，如今是一个极其重要和令人振奋的学术领域。"[②] 研究者们纷纷从不同的角度去思考探索这一重要的音乐形式和文化现象，其中既包括教育学领域的研究，也包括心理学、社会学、传播学、美学等领域的研究，积累了很多有价值的资料。进入 21 世纪以后，流行音乐的研究进入更加成熟的阶段，学者们从不同的视角和语境对流行音乐进行了细致深入的思考和探讨。

（1）从跨学科的角度宏观考察流行音乐的发展

美国学者塔格、布鲁斯·霍纳（Bruce Horner）指出：西方传统音乐学的概念工具和研究范式对流行音乐基本上是无效的。流行音乐研究必须借鉴和吸取其他学科的理论资源和研究方法；不考虑与流行音乐的音响特征、风格、功能、

---

① T.W. ADORNO, *On Popular Music*, *On record*: *Rock*, *Pop and the Written Word*, London: Routedge, 1990.

② Allan F, *Moore*: *Rock*, *The Primary Text*, London: A shgate Publishing Ltd, 2001, p. Ⅶ.

文体、演出情境和接受经验密切相关的社会、心理、影像、仪式、技术、历史、经济、语言学和文化等方面的问题，任何流行音乐研究都是片面的、不充分的。[1] 英国较早从事流行音乐研究的社会学家西蒙·弗里斯（Simon Frith）不仅主张流行音乐的跨学科研究，而且身体力行，他的研究往往集社会学、音乐学、文学研究、历史和哲学研究于一身。

第一，史学的视角。法国的亨利·斯科夫·托尔格（Henry Skoff Torgue）从历史学的角度考察了流行音乐的发展，认为流行音乐，无论是究其起源而言，还是考察其发展，都是一种复杂现象。他在《流行音乐》一书中介绍了流行音乐的形成及其演变，它的音乐结构、所使用的乐器，它所包容的信息、传导的方式，它的营利方面以及它和革命的联系。[2] 学者大卫·李·乔伊纳（David Lee Joiner）在《美国流行音乐》一书中从叮砰巷谈起，以史学的角度记录了美国音乐剧、美国黑人音乐、乡村音乐、摇滚音乐等多种形式的流行音乐和各个时代的代表作品，阐述了与音乐相关的丰富的、多元的文化和历史，并思考了以此引发的论题以及蕴含在音乐音响中的深层意义。[3]

第二，社会学的视角。社会学诸多研究表明，特定文化表达方式和文化形态总是与一定的社会历史语境相联系。音乐文化同样也不例外。西蒙·弗里斯（Simon Frith）的权威著作 *Performing Rites：On the Value of Popular Music* 把流行音乐的价值建立在仪式化的表演环节。他认为流行音乐是有关价值、理解和协商解决分歧的会话形式，这种会话是关于身份认同及人们如何在世界生活并重构世界的，仪式化演出和倾听就是流行音乐实现这些文化功能的会话形式和文化策略。[4] 哈利·夏毕洛（Harry Shapiro）在《等待药头：流行音乐与药物的历史》这本书中，融合乐手故事、新闻报道、史料、第一场现场直击，细细探索流行音乐与药物的一页纠缠史。从黑奴解放运动之后的黑人走唱艺人如何沾上

---

[1] Philip Tagg, *Analyzing Popular Music：Theory，Method and Practice*, www.Mediamusics.net/tagg/articles/xpdfs/pm2anal.pdf.；Bruce Horner and Thomas Swiss, *Key Terms in Popular Music and Culture*, Oxford：Blackwell publisher，1999，p.2. 参见 David Bracket, *Interpreting Popular Music*, Cambridge：Cambridge University Press，1995，pp.12-13.

[2] ［法］亨利·斯科夫·托尔格：《流行音乐》，管震湖译，商务印书馆 1997 年版。

[3] ［美］大卫·李·乔伊纳：《美国流行音乐》，鞠薇译，人民音乐出版社 2012 年版。

[4] Simon Frith, *Performing Rites：On the Value of Popular Music*, Cambridge：Harvard University Press，1996.

专利止痛药物，到爵士乐手与药物的关系，一直探索到嘻哈音乐与快克（crack）的关系。①罗伊·舒克尔（Roy Shuker）在《流行音乐的秘密》一书中对西方流行音乐的制作、发行、消费及其意义进行了全面而通俗易懂的介绍，并讨论了围绕流行文化和流行音乐分析展开的问题和争论。作者介绍了音乐产业内部各个组成部分以及外部的政治、社会环境，探讨了塑造音乐体验的关键因素，包括音乐制作、音乐人和明星、音乐文本、音乐媒体、观众、乐迷和亚文化，以及音乐的政治行动主义和政治意识形态。②由艾伦·摩尔（Allan Moore）主编的《解析流行音乐》（*Analyzing Popular Music*）一书，收录了10篇欧美流行音乐研究学者的最新成果，从民族音乐学、马克思主义、现代主义和后现代主义等多重视角和研究范式对流行音乐的不同流派、传播手段等话题进行了细致入微的解构，分析和解读了流行音乐类型、传播手段等主要元素及其建构的意识形态网络，立体呈现了当今世界流行音乐的发展趋势。③

第三，文化研究的视角。对流行音乐的研究，学者们一开始大多选择从20世纪中期源于英国的文化研究方法。学者本杰明（Walter Benjamin）和阿多诺从大众文化的研究视角认为流行音乐作为大众文化的一种，是美学上被破坏的文化产品，是商业化建立起来的机械化的再生产。④从这个角度出发，学者们关注了流行音乐的音乐传统、音乐风格、流派以及产生和传播的背景等。如英国的詹森·汤因比（Jason Toynbee）在《音乐、文化和创造性》（*Music, Culture, and Creativity*）一文中分析了研究文化创造性必须参照的视角，指出研究音乐创造性离不开特定意识形态下生产和消费的特殊情境。⑤英国的安迪·班尼特（Andy Bennett）的《流行音乐文化》是第一本研究西方流行音乐和青少年文化的专著，从文化、社会和历史等角度全面描述了战后流行音乐的不同流派，包括摇滚乐、迷幻流行乐、朋克和重金属。此外，该著还考察了由这些音乐流派

---

① 参见［美］哈利·夏毕洛《等待药头：流行音乐与药物的历史》，李佳纯译，商周文化出版社2007年版。
② ［新西兰］罗伊·舒克尔：《流行音乐的秘密》，韦玮译，世界图书出版公司2013年版。
③ Allan Moore, *Analyzing Popular Music*, UK: Cambridge University Press, 2003.
④ Horner Bruce, Swiss Tomas, *Key Terms in Popular Music and Culture*, Oxford: Blackwell publisher, 1999, p.114.
⑤ 滕继萌、［新西兰］劳伦斯·西蒙斯编著：《读解流行音乐》，世界知识出版社2012年版，第96—103页。

催生出来的不同风格的青少年文化,从空间与场所、种族、性别、创新、教育、休闲等方面梳理了战后各种通俗音乐流派对年轻听众所产生的文化影响。除了英国和美国的例子外,还使用了在德国、荷兰、瑞典、以色列、澳大利亚、新西兰、墨西哥、日本、俄罗斯和匈牙利等国进行研究取得的成果,从而展现了青少年文化与流行音乐这种密不可分的全球现象。[1] 学者玛莎·贝勒斯（Martha Bayles）在《空虚的灵魂:美国流行音乐美感和价值的缺失》一书中,从爵士乐、布鲁斯、乡村音乐摇滚乐、重金属、朋克和说唱的发展,追溯了美国流行音乐的起源和发展,指出流行音乐的发展是由文化来塑造的,而不是商业决定的。她认为大众欣赏口味的转变是扭转当前流行音乐水平的唯一希望。[2]

第四,民族音乐学、美学等其他学科视角。美国华裔学者韩国鐄从民族音乐学视角,第一次将流行音乐归入民族音乐学的领域——他通过对民族（民俗）音乐学的一般性介绍,认为"民族音乐学也日新月异,不可能一成不变",作为一种都市文化存在的流行音乐,应该被纳入都市民族音乐学（Urban Ethnomusicoligy）研究的范畴。[3] 德国音乐教育家舒兹从美学角度,考察了流行音乐的独特之处。他认为流行音乐包含和具有"不同的"音乐的理解与接受方式,在不同的感性效果中可以返璞归真,使坚强感和暴躁得以缓解,沮丧的感觉得到减轻,音响强度和节奏使身体获得的能量得以宣泄。因此,流行音乐表现的是一种特殊的美学。这种美学反对和批判传统,甚至反对和批判古典音乐与轻音乐。[4]

可以看出,国外流行音乐研究从内容、形式到方法、视角都呈现出开放化、多样化的状态,广度和深度上都有了进一步的提高。但是,新的问题因此凸显出来：流行音乐固然可以看作一种社会文化现象,但它首先更是一种直接的听觉艺术,有着区别于古典、民间音乐的本质特征,正如斯考特在其《阿什盖特流行音乐学研究指南》的序言中所指出的："对我而言,流行音乐是第三种类型

---

[1] 参见［英］安迪·班尼特《流行音乐文化》,曲长亮译,北京大学出版社 2012 年版。
[2] Martha Bayles, *Hole in Our Soul: The Loss of Beauty and Meaning in American Popular Music*, Chicago: University of Chicago Press, 1996.
[3] 参见［美］韩国鐄《流行音乐——美国民族音乐研究的新领域》,《音乐学术信息》1992 年第 1 期。
[4] 参见管建华《德国音乐教育学的后现代转向》,《音乐探索》2005 年第 4 期。

的音乐产品，区别于民间传统和古典音乐传统。"[1]因此，越来越多的研究者开始关注流行音乐文本的研究。

（2）从流行音乐文本的微观视角，研究流行音乐的规律和审美价值

20世纪90年代，有学者提出，流行音乐是一种不同于西方古典音乐和中国传统民族音乐的音乐形式的观点。这几种音乐形式有很多差别，如果我们仅仅用传统的学习西方古典音乐和民族音乐的方法来分析流行音乐的话，流行音乐可能被理解为是没有艺术价值的音乐形式。[2]

因此，研究者们开始不满足仅仅从其他人文学科的研究谈背景和意义，而没有音乐的具体分析这一局面，开始探索对流行音乐文本的研究和分析的有效方法，这些努力在20世纪90年代催生了大量的研究成果。流行音乐研究者们除了以跨学科、跨文化等多重视角和研究范式对流行音乐的不同流派、传播手段、音乐版权、群体身份和性别等话题进行了细致入微的解构之外，还开始分析解读流行音乐中歌手、乐迷、唱片公司管理者、音乐类型、传播手段等主要元素。

布鲁斯·约翰逊并没有从以往学术界从审美或文化领域的研究角度，而是从声音的角度诠释流行音乐。他认为，音乐作为声音的一种表现形式，在社会中也可以被用于制定记录和行为机制的工具，因而能够折射人群的身份。[3]而美国当代音乐学学者罗伯特·瓦尔萨（Robert Walser）提出了异议，他反对使用晦涩难懂的技术语言和行话从技术与形式等方面进行所谓的研究。他认为，对音乐文本及其创作活动的解读应该是流行音乐研究中的重点，因此，方法论非常重要。流行音乐研究，必须关注音乐文本、表现和话语的正确分析方法。[4]

2. 国内的研究现状

流行音乐经历了30余年的发展，已经成为我国重要的社会文化现象。我国对流行音乐的研究始于20世纪70年代末80年代初，从最初被认为是一种"靡

---

[1] Derek B. Scott, *The Ashgate Research Companion to Popular Musicology*, London: Ashgate Publishing Ltd, 2009, p.4.
[2] Middleton Richard, *Studying Popular Music*, Milton Keynes: Open University Press, 1990, p.103.
[3] 参见滕继萌、[新西兰]劳伦斯·西蒙斯编著《读解流行音乐》，世界知识出版社2012年版，第21页。
[4] 参见滕继萌、[新西兰]劳伦斯·西蒙斯编著《读解流行音乐》，世界知识出版社2012年版，第131页。

靡之音""妾身不明"的音乐，转而成为当前音乐学界研究的热点问题。[1]不过，与国外的研究相比，国内的研究起步较晚，研究较为滞后。因此，梳理现有的流行音乐研究现状对本书的写作有重要意义。

与国外流行音乐研究的状况相比，我国对流行音乐的研究起步较晚，研究成果较少。然而近年来，国内对流行音乐的研究与日俱增，笔者在写作本书的过程中，查阅了大量与流行音乐相关的书籍。但遗憾的是，未曾发现任何从学校音乐教育视角研究流行音乐的专著。

除此之外，笔者还在中国期刊网等数据资源库查阅了大量期刊。以"流行音乐"为题名进行搜索时，查到了1710篇期刊文章和162篇硕、博士学位论文（仅就笔者搜索到的文献而言）。但细观察后，发现大多数研究者都是从传播学、社会学、心理学、历史学、美学等角度对流行音乐文化进行探讨阐述，也有部分学者从教育学角度展开研究，但大多只是将研究视角集中在流行音乐的某一方面，如讨论流行歌曲与青少年教育的关系之类的。从课程与教学理论角度对流行音乐进行整体、全面研究的文章并不多，仅限于学术性学位论文。其中，笔者共收集了关于流行音乐与中学音乐教育的硕士学位论文20余篇[2]，博士学位论文0篇。福建师范大学王思琦的《1978—2003年间中国城市流行音乐发展和社会文化环境互动关系研究》（2005）、山东大学任飞的《传播学视野下的中国当代流行音乐研究》（2012）、苏州大学周晓燕的《文化视阈中的中国流行音乐研究》（2013）是笔者所见的三篇对当代流行音乐进行系统梳理研究的博士学位论文，三者均未从中小学音乐教育的角度进行考察研究。

（1）从宏观语境考察中国流行音乐的发展

第一，专著方面。国内在流行音乐研究领域有这样一批专著成果：北京汉唐文化发展有限公司编著的《十年——1986—1996中国流行音乐纪事》集中展示了1986至1996这十年间中国流行音乐的发展状况和音乐批评与研讨的热点。[3]尤静波编著的《中国流行音乐通论》介绍了中国流行音乐自20年代出现

---

[1] 在广州举办的2015流行音乐文化高层论坛上，金兆钧发出了"流行音乐终于登堂入室，进入高校研究的视野"的感慨。
[2] 笔者共收集了关于流行音乐与中学音乐教育的硕士学位论文20余篇，具体可见本书第三章第三节，这里不再赘述。
[3] 北京汉唐文化发展有限公司编著：《十年——1986—1996中国流行音乐纪事》，中国电影出版社1997年版。

至今的风雨历程,其中包括中国流行音乐的起源,中国早期流行音乐,上海、香港、台湾流行音乐,以及自 80 年代以来大陆流行音乐和 21 世纪初的中国流行音乐等内容。金兆钧的《光天化日下的流行——亲历中国流行音乐》全面地撰写了近 20 年来的中国流行音乐史,运用社会学、心理学、传播学等知识对 1979 年至 2001 年间的中国当代流行音乐进行了全面、清晰的记叙和分析。[①] 付林的《中国流行音乐 20 年》分别从总论、特点、大事记和结论四个角度全面记录和分析了 1980 年至 2000 年中国当代流行音乐的存在与发展轨迹,以求呈现它的社会价值。[②] 伍福生的《涛声依旧——广东流行音乐风云 30 年:广东流行音乐史》是中国内地第一本当代流行音乐史,它重点梳理了广东首创并影响了中国流行乐坛的重要事件和人物。[③] 解学初编著的《流行音乐文化教程》以历史和国别纵横两条线索,对 20 世纪的世界流行音乐文化做了系统性的阐述,并着重论述了电影、广播、电视特别是唱片产业等大众传媒对流行音乐的影响和推动作用。[④] 王思琦的《中国当代城市流行音乐——音乐与社会文化环境互动研究》从文化学的视角,以中国当代流行音乐发展过程中出现的主要历史事件和现象为线索,对流行音乐的文化特征、文化功能以及流行音乐与社会文化环境互动关系展开了深入细致的分析研究。[⑤] 杜梦甦编著的《流行音乐之旅》从音乐与流行、欧美流行音乐之旅、中国流行音乐之旅三个角度介绍了音乐、流行音乐、著名的唱片公司、经典音乐等。[⑥]

第二,学术论文方面。关黎、张辉从历史学的视角对中国流行音乐的演变和发展进行阐述,认为中国流行音乐的产生与发展是东西方音乐文化结合的结果。[⑦] 项筱刚将 20 世纪中国流行音乐的历史划分为五个时期,并对流行音乐研

---

① 金兆钧:《光天化日下的流行——亲历中国流行音乐》,人民音乐出版社 2002 年版。
② 付林:《中国流行音乐 20 年》,中国文联出版社 2003 年版。
③ 伍福生:《涛声依旧——广东流行音乐风云 30 年:广东流行音乐史》,新世纪出版社 2008 年版。
④ 解学初:《流行音乐文化教程》,中国传媒大学出版社 2008 年版。
⑤ 参见王思琦《中国当代城市流行音乐——音乐与社会文化环境互动研究》,上海教育出版社 2009 年版。
⑥ 参见杜梦甦《流行音乐之旅》,四川文艺出版社 2012 年版。
⑦ 参见关黎、张辉《中国流行音乐的发展历程》,《音乐生活》2007 年第 3 期。

究现状进行了分析。①金兆钧认为，改革开放之后的中国迅速发展，迎来了整个社会进行全面转型的历史时期，这也是中国的社会文化事业和产业发生巨大变化的时期。②雷美琴对现有研究成果进行了综述，将国内与流行音乐实践相伴而行的理论研究划分成几个阶段进行巡视，并为未来学术研究的发展补充了建议。③郭昕从音乐学术视野分别考察回顾了西方和我国流行音乐研究的发展和现状，认为流行音乐的研究正逐步成为备受关注的全球化学术热点。④

（2）从微观视角探讨流行音乐的概念、内涵、特点和功能

①从跨学科的不同视角

第一，美学的视角。修海林提出了音乐存在的"三要素"说，将音乐的本体归结为形态、行为和观念，其中，"行为是从事音乐的行为方式，形态是外化了的乐音音响形态，观念是人的审美意识、思想和情感"⑤。"三要素"说为研究者进一步评价传统的严肃音乐和流行音乐奠定了基础。之后，修海林在《流行音乐问题与音乐美学研究》一文中简明探讨了运用美学的学术思维和方法来进行流行音乐研究的重要意义。李传华结合修海林的"三要素"说，认为流行音乐在这三个要素的比例上发生了变化，其中，保持不变的是观念，即无论哪种音乐，都具有同等的表达主体情感的能力。⑥刘可欣提出从美学角度来看，流行音乐的独特性正是源自其审美特征的独特性。⑦王磊等运用音乐美学和音乐社会学的观点和方法，分析了中国流行音乐的美学特质、审美意义和存在的问题等。⑧李传华的《通俗音乐美学探析——兼谈通俗音乐发展趋势》、赵勇的《从精神涣散到听觉退化——试析阿多诺的流行音乐接受理论》、周海宏的《有关高雅音乐与通俗音乐审美价值问题的分析》等文章立足于美学的角度，分别对新时期的流行音乐进行了审美探讨。

---

① 参见项筱刚《流行音乐——20世纪中国音乐史建设亟需完善的课题》，《音乐艺术》2003年第3期。
② 参见金兆钧《中国流行音乐30年的美学变迁》，《音乐教育与创作》2009年第1期。
③ 参见雷美琴《中国流行音乐30年音乐批评与理论研讨的回顾》，《人民音乐》2009年第12期。
④ 参见郭昕《音乐学术视野中的流行音乐研究》，《音乐研究》2013年第5期。
⑤ 修海林：《音乐存在方式"三要素"理论是如何提出的》，《星海音乐学院学报》1998年第1期。
⑥ 参见李传华《通俗音乐美学探析》，《中国音乐学》2001年第2期。
⑦ 参见刘可欣《流行音乐审美特征研究》，《东方论坛》2004年第3期。
⑧ 参见王磊等《关于中国流行音乐的美学思考》，《人民音乐》2006年第8期。

第二，社会学的视角。陈炼从艺术社会学的视角，考察了音乐与艺术、与社会的内在关系，探讨了艺术研究纲领——唯物史观的由来，并对当代音乐特别是流行音乐的发展现状作了剖析和评述。[1] 庄元从音乐社会学的视角提出了流行音乐的三大基础，分别是：大众愉悦——流行音乐的社会基础、大众传媒——流行音乐的技术基础、商品价值——流行音乐的市场基础。[2]

第三，文化学的视角。王思琦的博士学位论文《1978—2003年间中国城市流行音乐发展和社会文化环境互动关系研究》研究的是自改革开放以来社会文化环境的变化与流行音乐之间的有机互动，开拓了从历史与文化学角度对流行音乐进行专题研究的领域，是一篇具有重要价值的学术论文。张莉莉从大众文化的视角批判了当前流行音乐存在的问题，提出对当前流行音乐的症候分析必须回到阿多诺和葛来西。[3] 明言指出，大众流行音乐已经在当代中国文化整体架构上占得了一席重要的，并且是不可或缺的地位，并从社会大文化整体构架网络、美学原则、价值观念、社会学与民族学等方面涉入，探讨了大众流行音乐的文化属性。[4]

第四，民族音乐学的视角。民族音乐学是"以民族学、人类学方法研究音乐的学科"，随着研究对象的扩展，它也把流行音乐纳入自己的研究范围。张燚的文章《民族音乐学视角下的流行音乐研究》认为："民族音乐学在中国的音乐学诸学科中发展水平相对较高，而流行音乐研究是亟待建设的学术领地，它们之间应建立起联系，互相补充，互相促进。"付益的博士学位论文《宣泄的仪式——中国大陆摇滚乐的音乐人类学研究》也是篇较有学术价值的论文。

第五，心理学的视角。目前，国内从音乐心理学层面对流行音乐进行思考的文章比较鲜见。其中，金兆钧的《青年流行音乐创作群体的心理分析》是音乐心理学本土化研究比较早的一篇代表性文章，通过对中国一批青年流行音乐词曲作者的心理测验和分析，揭示他们的文化背景与心理结构对创作风格的影响。[5] 而更多的研究者从社会心理学层面进行研究：钱彤等从大众社会心理角度

---

[1] 参见陈炼《从艺术社会学的视角看当代中国的流行音乐》，《上海社会科学院学术季刊》1997年第3期。
[2] 参见庄元《论流行音乐的三大基础》，《南京艺术学院学报（音乐与表演版）》2004年第3期。
[3] 参见张莉莉《大众文化研究视野中的流行音乐》，《人民音乐》2005年第5期。
[4] 参见明言《新时期大众流行音乐的文化属性探析》，《中国管乐学》1995年第3期。
[5] 参见金兆钧《青年流行音乐创作群体的心理分析》，《人民音乐》1988年第8期。

来重新审视 20 世纪 80 年代的中国流行歌曲，认为其内涵实质已超出了一种单纯主客体间的审美关系。① 钱陈翔从中国当代流行音乐对青春心理的作用谈起，通过对流行音乐中四种不同的青春类型的分析，揭示了流行音乐在青春心理保健与治疗方面的重要作用。② 钱丽娟从社会心理学视角展开对当代中国大学生音乐偏爱的分析，其中很多内容涉及流行音乐。③

第六，传播学的视角。从传播学的角度对流行音乐进行研究，是近几年才兴起的研究视角。黄德俊认为，流行音乐作为一种大众文化形态，在传播活动过程中主体和主体之间形成了形式不一的多维度关系。④ 涂圆圆从传播学角度对中国的流行音乐文化进行了梳理，对中国流行音乐文化从传播者、传播内容、传播过程、传播受众、传播效果等方面进行了较为深入的探索与思考。⑤ 冯玲借鉴了布尔迪厄的"场域"理论，将流行音乐表演的传播空间划分为剧场舞台展演传播场域、大众传媒场域以及实景演出的文化创意场域三个层面。⑥ 任飞以流行音乐传播过程中的五大要素为理论切入点，将中国当代流行音乐的传播活动置于广阔的社会、经济、文化、科技背景下，从传播主体、传播媒介、传播客体、传播效果四个角度去全面研究中国当代流行音乐的传播活动。⑦

第七，国外学者的他者视角。我国部分学者利用在国外访学的机会，将国外学者对中国流行音乐研究的文论进行翻译、阅读和梳理，将全新的学术视角和学术方法介绍给国内的同人，并进一步对他者声音进行深层解剖，有助于我们更宏观、全面、清晰地理解和把握他者研究的目的和意义，进而摸索出适应我国未来流行音乐学术研究发展的可行性路径。这方面的文章有王思琦的《中国当代流行音乐研究领域中来之于实地考察的"他者"声音——评 Nimrod

---

① 参见钱彤、谢岳《从大众社会心理读解 80 年代的中国流行音乐》，《大众文艺（学术版）》2011 年第 18 期。
② 参见钱陈翔《中国当代流行音乐的青春心理保健与治疗研究》，《大众文艺（学术版）》2011 年第 2 期。
③ 参见钱丽娟《大学生音乐偏爱的社会心理学研究》，硕士学位论文，上海音乐学院，2005 年。
④ 参见黄德俊《基于哈贝马斯交往理性的流行音乐传播范式》，《南京艺术学院学报（音乐与表演版）》2010 年第 3 期。
⑤ 参见涂圆圆《传播学视阈下的中国流行音乐文化回顾与思考》，《江西社会科学》2011 年第 4 期。
⑥ 参见冯玲《流行音乐表演传播场域之探讨》，《南京艺术学院学报（音乐与表演版）》2012 年第 3 期。
⑦ 参见任飞《传播学视野下的中国当代流行音乐研究》，博士学位论文，山东大学，2012 年。

Baranovitch 的《中国新声音：流行音乐、民族、性别和政治 1978—1997》》、钱丽娟的《身份、政治和疼痛——英文文献中的中国流行音乐研究》等。

②从不同的研究探讨流行音乐的内涵和发展

第一，对流行音乐的特点、功能、价值的探讨。李平从演唱风格的独特性、表演形式的多样化、题材内容的人性化和审美对象的大众化四个方面探讨了流行音乐的美学特质，认为将经典世俗化，将高雅通俗化，将复杂简单化，将传统现代化，成为流行音乐雅俗共赏的美学品质。[①] 张进认为，优秀的流行音乐应具有三个特点：首先，内容健康，情趣明快，曲调流畅动听；其次，要有鲜明的时代感；最后，走民族和流行相结合的道路。[②] 刘鹏总结了流行音乐的社会功能：首先，流行音乐旋律舒畅优美、内容简单通俗、贴近生活，具有时代感；其次，流行音乐有强烈的视、听效果并极具宣泄性；最后，流行音乐的常变常新符合人的猎奇猎新心理，满足现代人的情感消费需求。[③] 叶婷从民族性的角度分析了中国流行音乐的发展，认为当今的音乐文化中流行音乐已占有不可忽略的一席之地，科学系统地学习流行音乐成为必要。[④]

第二，音乐创作、演唱、编曲、录音等技术方面的研究。该领域研究者从音乐自身的技术层面对流行音乐进行了分析探索，编写出一批高等院校教材。如任达敏的《流行音乐与爵士和声学》、蔡松琦的《流行音乐和声技法》、付林的《流行声乐演唱新概念》、王思琦的《流行演唱的理论与实践》、钱建明的《流行歌曲演唱与伴奏》等。周正基从配器的角度谈了自己的看法，他认为要写好流行音乐首先要掌握好整套传统的作曲技术，包括和声、调式和声、复调、曲式、管弦乐配器等。[⑤] 林音淇从词曲结构的角度，分析了流行音乐的审美，认为词曲共同创造了优美动听的流行音乐，分析和探索流行音乐的词曲结构是创造歌曲旋律、把握欣赏角度的主要方向。[⑥] 梅佳琪从录音的角度分别对流行音乐和古典音乐的优良音质进行总结，指出录音师应对他们如何去获得好声音都有

---

① 参见李平《当代流行音乐的美学特质》，《音乐生活》2009 年第 5 期。
② 参见张进《流行音乐的特点及其发展》，《南京航空航天大学学报（社会科学版）》2001 年第 3 期。
③ 参见刘鹏《流行音乐及其教育浅探》，《龙岩师专学报》2004 年第 10 期。
④ 参见叶婷《中国流行音乐的发展与价值》，《深圳大学学报（人文社会科学版）》2005 年第 7 期。
⑤ 参见周正基《谈流行音乐编曲配器的特点》，《哈尔滨职业技术学院学报》2008 年第 4 期。
⑥ 参见林音淇《词曲结合的流行音乐结构分析》，《大舞台》2010 年第 10 期。

着清晰的构思,从监听方面、频率响应、噪音、混响等逐个地加以专门分析。[①] 宋琰光从演唱的角度分析了流行音乐演唱者二度创作的重要性,认为二度创作的成功与否直接关系到作品的成败。[②]

③从热点问题关注不同时期流行音乐的发展

第一,对代表性歌手、作品的研究。南咏在《人民音乐》1980 年第 9 期上发表的文章《还历史本来面目——关于〈何日君再来〉答问》,是我国最早发表的有关流行音乐研究的期刊论文。作者认为正确总结我国音乐发展的历史,从中吸取经验教训,作为创造和发展我国社会主义音乐艺术的借鉴,是很有必要的。金兆钧的《崔健与中国摇滚乐》一文,剖析了崔健的摇滚乐在中国的地位及价值,是正面评价崔健摇滚乐的佐证。随后近十年,中国新兴摇滚乐的发展状况及前景、摇滚乐的沉浮起落及其社会文化动因都不同程度受到理论批评的关注。李爽的《邓丽君——中国 20 世纪流行乐坛划时代里程碑》及姚雪乔的《周杰伦流行音乐话语分析》这两篇硕士学位论文分别对邓丽君和周杰伦这两个流行音乐重要代表人物进行了专门的论述。

第二,对流行音乐风格流派的研究。最有代表性的是对 20 世纪 80 年代"西北风"和 21 世纪初"中国风"的研究。1986 年由《信天游》唱响的"西北风"歌曲一时间风靡大江南北,并引起了音乐评论界的高度重视,发表于《音乐天地》1988 年第 8 期的几篇文章很具有代表性。比如杨瑞庆的《面对西北风歌潮的思考》、孙焕英的《西北风——中国通俗歌曲的回归》及彭根发的《有感于"黄土地旋律"的拱起》,对"西北风"歌曲兴盛的文化根源、社会心理做了较充分的探讨,对其艺术特征也做了一定的分析,论证了"西北风"歌曲兴盛的必然性与合理性。对中国风的研究则始于 21 世纪初。2003 年周杰伦演唱《东风破》以后大受欢迎,并出现了大量风格相似的作品,使"中国风"成为中国流行音乐歌坛的一个新景象。潘存奎的《"中国风"——传统音乐与流行音乐的相遇》一文认为,在全球经济文化呈多元化发展的大趋势下,"中国风"为传统音乐的传承与传播开辟新的途径,在客观上成为传承与传播传统音乐文化的天然理想载体。[③]

---

① 参见梅佳琪《古典音乐和流行音乐录音的音质评价比较》,《大舞台》2011 年第 12 期。
② 参见宋琰光《流行音乐演唱的二度创作》,《音乐生活》2009 年第 7 期。
③ 潘存奎:《"中国风"——传统音乐与流行音乐的相遇》,《人民音乐》2010 年第 6 期。

第三，对流行音乐选秀节目的研究。流行音乐选秀节目是大众音乐文化的热点话题。出现了专门论述该问题的硕士学位论文，耿冉的《音乐选秀节目对中国流行音乐发展的影响》、谭爱芳的《大众文化视角下的电视音乐选秀节目研究》、刘颖的《电视选秀节目研究》、李晶的《比较视野中中国电视选秀节目的问题和发展研究》、沈诗潮的《电视选秀类音乐节目研究》，较全面地对电视选秀节目的发展进行了概括。

通过列举以上研究可以看出，国内对于流行音乐的研究已逐渐成为热点，专著和学术论文都较以前大大丰富了。研究者们通过对中国流行音乐发展的梳理，肯定了其独特的审美、文化、教育价值，这也为流行音乐进入课堂提供了理论依据。

（二）关于流行音乐文化与学校音乐教育的研究

1. 国外的研究现状

（1）关于流行音乐文化能否进入学校音乐教育的争议

随着流行音乐的迅速发展，是否应当将流行音乐纳入正式的音乐教育课程中也成为一个热门而有争议的话题。综观诸多论文、论著，大都对流行音乐进课堂阐述了其必要性、重要性；同时也能看出在国内外音乐教育界也都经历了从排斥到容忍再到理性认识并接受的漫长过程。由于收集到的文献所限，下面以美国和德国为例做简要概述。

在美国，关于流行音乐进入学校音乐教育的讨论一直没有间断，焦点通常是：在音乐教育中是否可以采用流行音乐；流行音乐是否可以作为普通学校音乐教育中的学习内容。流行音乐（包括爵士、摇滚、乡村音乐和百老汇音乐等）从20世纪60年代开始进入美国音乐教育领域，美国音乐教育工作者对于流行音乐有三种态度：第一种是不愿教学生那些已经普及的音乐；第二种是毫无保留地介绍流行音乐，并根据学生自己的兴趣而定；第三种是大多数音乐教育工作者持中立态度，他们认为流行音乐只是他们课程里许多音乐中的一种。[1] 有人告诫说：将爵士乐作为学校音乐课程中的演奏或听赏活动是十分危险的。持开放态度的音乐教育家则认为，爵士音乐是美国对世界音乐文化的贡献，我们需

---

[1] 参见佚名《流行音乐在美国音乐教育中》，《音乐世界》1989年第5期。

要的是正确的引导,需要发展爵士乐中有价值的部分。如美国音乐教育哲学家雷默认为,不看音乐的内在品性而对任何音乐加以排斥,就是毫无来由的对音乐价值的判断。仅仅因为音乐在年轻人当中流行,这本身并不能说明它不适用于音乐教育。他认为将优秀的流行音乐排斥于音乐教育之外,是一种矫情的精英主义的行为模式,只能使音乐教育事业也变得似乎矫情和精英化起来。①

20世纪60年代后期,美国国家音乐教育委员会在唐哥伍德会议中曾讨论商定:"所有时期,各种风格、形式和文化的音乐都应归入课程。应该扩展音乐作品曲目,使其纳入我们时代的丰富多样的音乐,包括时下流行的青少年音乐(在美国流行音乐曾经一直被称为'青年人的音乐')和先锋音乐,美国民间音乐和其他文化的音乐。"②20世纪40年代初,爵士乐、流行音乐已经在美国普通学校和大学中获得重视,美国音乐教育者不同程度地采用流行音乐,他们的态度是:"必须根据学生的兴趣进行教学。"③40年后,情况有了很大变化,越来越多的音乐教师认识到流行音乐是音乐范畴不可分割的一部分,并将流行音乐作为音乐课的内容之一。

在一贯以保守著称的德国,也最终顺理成章地把流行音乐纳入学生的音乐教学内容。1994年12月7日,德国《法兰克福档案报》的一个副刊刊登了一篇有关学校音乐教育的文章。文章开始写道:"音乐课堂司空见惯的一幕,大部分的人想听'死人裤子'(德国20世纪80年代的摇滚乐队),少数人想分析贝多芬的交响曲,还有一些人想听'披头士',一个人只想唱歌,剩下的人没有任何兴趣,无助的老师站在中间无法解决问题。"④对此,德国不来梅大学音乐学教育家克莱南教授在《论交叉文化音乐教育的心理学基础》中写道:"音乐教育与流行音乐进入儿童和青少年的音乐生活世界有了关联。"⑤1995年,克莱南在华讲学时讲到,德国的音乐教育的目标已从面向艺术作品过渡到引进音乐文化之中,当今这种音乐教育产生的结果是,向所有人传授能够积极参与文化生活和其他各种必需的能力和技巧。这里的文化生活包括音乐生活和大众传媒所提供的一

---

① 参见[美]贝内特·雷默《音乐教育的哲学》,熊蕾译,人民音乐出版社2003年版,第187页。
② [美]迈克尔·L.马克:《当代音乐教育》,管建华、乔晓东译,文化艺术出版社1991年版。
③ [美]迈克尔·L.马克:《当代音乐教育》,管建华、乔晓东译,文化艺术出版社1991年版。
④ 管建华:《德国音乐教育学的后现代转向》,《音乐探索》2005年第4期。
⑤ [德]克莱南:《论交叉文化音乐教育的心理学基础》,金经言译,《音乐教育》2002年第4期。

切音乐。

(2) 流行音乐进入学校音乐教育的现状研究

自进入21世纪以来，研究者们对流行音乐与学校音乐教育之间关系的研究与日俱增，美国音乐教育家贝内特·雷默（Bennett Reimer）指出：作为综合普通音乐教育的一个方面，作为多种音乐选择机会中的一个机会，流行音乐把学校音乐教育带入真正的现实音乐世界。[①] 以下就笔者收集到的资料做简要分析。

第一，宏观视角下的研究。学者罗德里格斯（Carlos Xavier Rodriguez）从音乐学的新理念视角对流行音乐作了界定后，分别从音乐学习、音乐识谱、音乐创作和音乐表演等几个方面对流行音乐与学校音乐教育进行了阐述，对音乐进行了重新概念。[②] 学者韦恩·鲍曼（Wayne Bowman）从"流行"一词的来源进行分析，进而提出什么是流行音乐；接着从教育和流行、流行音乐与学校教育、流行音乐与专业音乐教育三个方面进行阐述，从实践哲学的角度指出流行音乐对青少年学生有着巨大的影响力，得出应该重视流行音乐的结论。[③] 学者西奥多（Theodore Gracyk）认为，流行音乐与传统严肃音乐一样具有审美价值，而美学价值应该是通过不同音乐风格的不同方式来实现的，都需要聆听者掌握相关技巧。他大胆融合了美学理论、认知科学、心理学、趋同理论和文化研究的理论对流行音乐做了研究，认为获得各种音乐形式享受最重要的一点就是理解其审美价值。[④]

第二，历史学视角下的研究。学者杰里·汉弗莱斯（Jere T. Humphreys）在回顾了美国流行音乐的发展后，对美国中小学音乐教育中流行音乐教学的情况做了概括。他认为包括摇滚等多种形式的流行音乐之所以没有在学校音乐课程体系中占有非常重要的地位，是由七个方面原因决定的：一是欣赏品位需要进一步提高，二是与青少年文化的密切联系，三是对认知训练的偏见，四是学校

[①] Bennett Reimer, "Preface: The Northwestern University Music Education Leadership Seminars", *Bridging the Gap: Popular Music and Music Education*, 2004.

[②] Carlos Xavier Rodriguez, "Popular Music in Music Education: Toward a New Conception of Musicality", *Bridging the Gap: Popular Music and Music Education*, 2004, pp.13–25.

[③] Wayne D. Bowman, "'Pop' goes…? Taking Popular Music Seriously", *Bridging the Gap: Popular Music and Music Education*, 2004, pp.29–46.

[④] Theodore Gracyk, *Listening to Popular Music*, Ann Arbor: University of Michigan Press, 2007.

的自我把控，五是需求的缺失，六是社会阶层的联合，七是学校音乐的体系。[①] 学者威廉·李（William R. Lee）从历史背景下的流行音乐教学展开，分别对历史背景下的音乐体验、历史在流行音乐学中的作用、历史上音乐教育的国家标准、教学内容和教学方法等方面进行了梳理。[②]

第三，教师教育视角下的研究。学者埃蒙斯（Scott E. Emmons）从二十年前音乐教师所接受的培训和当时的现状进行比较开始论述，认为在当时流行音乐文化的大背景下，教师所掌握的以西欧古典艺术为主的知识结构已经不能满足学生的需要了，音乐教师应该为学生提供更广泛的音乐体验形式，以满足他们的兴趣。因此，音乐教师必须重新自我定位，他从教学过程和实践出发，通过三个图例（学生作曲的创作过程演示模型、即兴演奏教案和作曲课教案）分别对"学会'复制唱片'""学习流行音乐的技巧""最好的方式——做流行音乐""未来的流行音乐教师需要做哪些准备""作为室内乐的流行音乐"和"流行音乐节目演出的时间安排和管理"等主题进行了阐述。[③] 学者克雷格·伍德森（Craig Woodson）通过对摇滚音乐学习的传统方式和摇滚名人堂博物馆中有关学校教育节目的回顾为音乐教师提供借鉴，迎接把摇滚等流行音乐纳入学校音乐课程的挑战。[④]

第四，表演和作曲视角下的研究。学者乔治·波什福格（George Boespflug）从流行音乐合奏的角度论述了流行音乐在音乐教育中的作用，并建议音乐教师能够加强自身修养，应对当今社会的一系列挑战。[⑤] 学者阿尔苏巴（Randall Everett Allsup）从中学里乐队训练演出的情况出发，通过对高中乐队与流行音乐、广义文化和狭义文化、学校教育和社会教育、流行音乐与个性、纽带作用、对音乐课程的再思考、向流行明星学习、摆脱传统授课方式等方面的论述，强

[①] Jere T. Humphreys, "Popular Music in the American Schools: What History Tells Us About the Present and the Future", *Bridging the Gap: Popular Music and Music Education*, 2004, pp.91-102.
[②] William R. Lee, "Teaching the Historical Context of Popular Music: A View", *Bridging the Gap: Popular Music and Music Education*, 2004, pp.107-121.
[③] Scott E. Emmons, "Preparing Teachers for Processes and Practices", *Bridging the Gap: Popular Music and Music Education*, 2004, pp.159-173.
[④] Craig Woodson, "K-12 Music Education in the Rock and Roll Hall of Fame and Museum", *Bridging the Gap: Popular Music and Music Education*, 2004, pp.175-187.
[⑤] George Boespflug, "The Popular Music Ensemble in Music Education", *Bridging the Gap: Popular Music and Music Education*, 2004, pp.191-203.

调了师生之间民主互助学习行为的重要性。[①]

第五，其他视角下的研究。学者罗德·克劳斯（Rod Cross）使用问卷调查法，对班级里的中学生进行了流行音乐四个主题的调查（流行音乐的历史、常规流行歌曲、录制唱片、流行音乐与社会），对中学里的流行音乐教育给出了自己的思考和建议。[②]学者杰森（Jason D. Thompson）在《"美国偶像"与音乐课堂：一条鉴赏音乐的新途径》一文中从电视选秀视角出发，提出把电视选秀节目"美国偶像"引入学校音乐教育课堂，将开辟一条中学音乐鉴赏评价教学的新途径，同时也是实施品德教育、多学科综合教学的一个新平台。[③]

从以上研究可以看出，国外学者对流行音乐进入中学音乐课堂是一个从争议到逐渐认同的过程。在具体研究的视角上，呈现出多元多维的状态，学者们纷纷从不同的角度阐述了流行音乐的价值及其独有的教育功能，并且大多数研究者对流行音乐进课堂的具体策略提出了见解。这些研究为流行音乐和学校音乐教育之间搭建了很好的交流桥梁，值得国内研究者借鉴学习。

2. 国内的研究现状

（1）关于流行音乐能否进入学校音乐教育的争议

流行音乐在我国学校音乐教育中，一直受到争议。"流行音乐进课堂"问题从 20 世纪 80 年代开始一直受到国家与地方教育行政部门、音乐与音乐教育学术团体以及广大音乐工作者的关注和重视。1993 年《中国音乐教育》编辑部委托北京市教育局教研部组织北京市的音乐教师和教研员召开了"流行歌曲与音乐教育"问题座谈会，就流行音乐对学校音乐教育的影响展开讨论。[④]1994 年 10 月 26 日，国家教委艺教委召开通俗音乐与学校音乐教育座谈会，参加会议人员就流行音乐进课堂这一论题展开探讨，参加会议人员呼吁要为青少年创造良好的音乐环境，流行音乐不准进课堂，因为那些低级庸俗的流行歌曲正在摧残

[①] Allsup R, "Of Concert Bands and Garage Bands: Creating Democracy Through Popular Music", in *Bridging the Gap: Popular Music and Music Education*, Rowman & Littlefield Publishing Group, 2004, pp.204–221.

[②] Rod Cross, "Pop Music in Middle School—Some Considerations and Suggestions", *British Journal of Music Education*, Vol. 5, No.3, 1988, pp.209–216.

[③] 参见郭声健《美国音乐教育考察报告》，湖南师范大学出版社 2008 年版，第 84—89 页。

[④] 参见秦枕戈、郭秀芬《从音乐教育看流行音乐——座谈会发言摘要》，《中国音乐教育》1993 年第 5 期。

着青少年的心灵。随后,《中国音乐教育》在 1994 年至 1996 年刊登了 14 篇相关的文章,对流行音乐进课堂进行讨论。① 综观这些争论,笔者发现研究者关注的焦点大多在于流行音乐对学校音乐教育的利弊得失问题。对于这个问题,专家学者有不同的见解,归结起来大致可以分为以下三个阶段的观点。

第一种观点主要集中于 20 世纪 90 年代初期。对于流行音乐这种"靡靡之音",不少专家学者都视其为"洪水猛兽",认为流行音乐对音乐教学,特别是中学生音乐教育会产生十分恶劣的影响。代表文章有王思安的《从"流行音乐不准进入课堂"说开来》②、陈辉的《小议社会文化环境与学校音乐教育》③、莽克荣的《流行音乐与国民音乐教育》④、杜卫的《音乐教育与流行音乐》⑤、张宪生的《流行音乐对学校教育的影响及对策》⑥ 等。由于受到当时社会经济和文化环境的影响,当时的研究者对于流行音乐的态度大多是批判和反对的,几乎众口一词地提出要抵制流行音乐进课堂。而随着时代的发展,这种观点逐渐为其他的声音所淹没。

第二种观点出现于 21 世纪初期。研究者提出应对流行音乐进行辩证的思考,认为流行音乐与学校音乐教育各有特点,可以相互补充。代表文章有张亚利的《流行音乐如何引入中学音乐课堂》⑦、张梦的《从〈蜗牛〉说起——流行音乐进入课堂的实践与反思》⑧、蔡音颖的《流行音乐与音乐教育》⑨、谢荣波的《对拒绝流行音乐进课堂的音乐本体论反思》⑩。可以看出,进入 21 世纪以后,随着流行音乐的进一步普及,研究者们开始逐渐意识到它对学校音乐教育和青少年的影响,并开始将其与学校音乐并列进行比较思考和研究。但此举其实也有局限,因为它人为地将社会音乐大环境下的流行音乐拦在了学校音乐之外,有割

---

① 参见田梅荣《流行音乐与中学音乐教学》,硕士学位论文,内蒙古师范大学,2006 年,第 9 页。
② 王思安:《从"流行音乐不准进入课堂"说开来》,《中国音乐教育》1994 年第 3 期。
③ 陈辉:《小议社会文化环境与学校音乐教育》,《中国音乐教育》1994 年第 3 期。
④ 莽克荣:《流行音乐与国民音乐教育》,《中国音乐教育》1994 年第 5 期。
⑤ 杜卫:《音乐教育与流行音乐》,《中国音乐教育》1992 年第 8 期。
⑥ 张宪生:《流行音乐对学校教育的影响及对策》,《齐齐哈尔师范学院学报》1996 年第 5 期。
⑦ 张亚利:《流行音乐如何引入中学音乐课堂》,《美与时代》2007 年第 4 期。
⑧ 张梦:《从〈蜗牛〉说起——流行音乐进入课堂的实践与反思》,《中小学音乐教育》2006 年第 3 期。
⑨ 蔡音颖:《流行音乐与音乐教育》,《浙江师范大学学报(社会科学版)》1999 年第 6 期。
⑩ 谢荣波:《对拒绝流行音乐进课堂的音乐本体论反思》,《广东教育》2007 年第 7 期。

裂整体之嫌。

第三种观点主要出现于新课改之后的几年，研究者认为流行音乐应该为学校音乐教育所用，为教学服务。代表文章有赵玮的《让流行音乐为我所用》[1]、戴春玲的《享受流行音乐5分钟》[2]、白莉的《如何让流行音乐与学校音乐欣赏课有效结合》[3]、薛小利的《让流行音乐服务于中小学音乐教学》[4]等。不难看出，随着时代的发展和课改的推进，研究者和音乐教育工作者对待"流行音乐进课堂"持更加开放和宽容的心态，他们在肯定流行音乐积极影响的同时，也开始探索将流行音乐引入课堂的途径和策略。

（2）关于流行音乐进入学校音乐教育的现状研究

随着历史和社会的发展，流行音乐已成为我国社会音乐生活的重要组成部分和人们重要的审美对象。随着教育观念的转换，不但很多专业音乐学院开设了流行音乐专业，许多中小学也都把流行音乐引进了课堂。新课程改革强调了艺术和文化的融合，流行音乐也顺理成章地成为综合艺术教育的重要组成部分之一。因此，近年来关于流行音乐走进课堂的研究逐渐成为热点话题。

但遗憾的是，至今还未有关于流行音乐与学校音乐教育的专著或者博士学位论文。关于"流行音乐进课堂"的研究文献，大部分是一线音乐教师的经验总结类文章，普遍是从课堂实践出发的随笔式漫谈，缺乏理论价值；还有一部分是硕士学位论文，具有一定的借鉴研究价值。研究现状的薄弱，究其原因，和我国教育的政策和现状密不可分。国内的音乐院校在流行音乐教育这一领域起步较晚，而且规范性有待加强。自1993年沈阳音乐学院设立通俗演唱专业以来，南京艺术学院、西安音乐学院、四川音乐学院、星海音乐学院等专业音乐院校相继开设流行音乐专业，而作为学校音乐教育师资来源的重要阵地，师范院校里的音乐学院在流行音乐专业方面则相对滞后。这也进一步造成了流行音乐在学校音乐教育这一研究领域的先天不足。

通过对文献的梳理归纳，笔者发现国内有关流行音乐进入学校音乐教育的现状研究主要集中在以下几个方面：

---

[1] 赵玮：《让流行音乐为我所用》，《中小学音乐教育》2006年第1期。
[2] 戴春玲：《享受流行音乐5分钟》，《中小学音乐教育》2009年第1期。
[3] 白莉：《如何让流行音乐与学校音乐欣赏课有效结合》，《课程教材教学研究》2010年第1期。
[4] 薛小利：《让流行音乐服务于中小学音乐教学》，《音乐天地》2008年第1期。

第一,"流行音乐进课堂"的价值和影响。马海姣提出:要更新观念,以审美为核心,以学生的兴趣和爱好为基础,把优秀的流行音乐融入课堂,激发学生的表演热情,让学生成为音乐课堂的主体。① 曹海旦强调选择优秀的流行歌曲进课堂,对有效培养中学生的音乐兴趣,提高音乐审美创造力、音乐审美鉴赏力和音乐审美判断力,有着重要的意义和价值。② 赵宏认为,流行音乐内容简单,贴近生活,容易理解,形式新颖丰富,较容易被青年人接受,因此,在20世纪80年代,流行音乐受众群体几乎达到了学校音乐教育受众群体。③ 郭声健在《美国音乐教育考察报告》一书中完整转载翻译了《"美国偶像"与音乐课堂:一条鉴赏音乐的新途径》一文,通过介绍"美国偶像"进课堂一事,指出其具有两方面作用:一方面对于我们客观认识和评价"超女""快男"这类音乐选秀节目带给学校音乐教育的影响和意义;另一方面了解美国音乐教育工作者对"美国偶像"的基本态度和倾向性意见,对我们客观公正地审视社会音乐环境对学校音乐教育的影响,以及对我们加强学校音乐教育与社会音乐环境之间的联系并充分利用社会音乐文化资源,都有一定的启示作用。④

从以上可以看出,研究者对于流行音乐的教育价值以及流行音乐进课堂的积极影响都给予了肯定态度,但对于流行音乐的自身审美价值则缺少深刻论述,关注较少。

第二,"流行音乐进课堂"的教学理念和原则。杜兴东认为流行音乐纳入中学音乐教育体系中必须遵循适度原则。把流行音乐的教育引入其中,是为系统的进一步完整性作出补充,但最重要的教育仍旧应该围绕古典音乐和传统的民族音乐。⑤ 刘鹏认为,应从"教育的目的性""内容的适度性"和"教学方法的灵活性"三个方面把握流行音乐进课堂的教学原则。⑥ 马海姣认为应该有机地将流行音乐渗透到音乐课堂教学中,不能为了投学生所好就让流行音乐独占课堂。⑦

---

① 参见马海姣《流行音乐如何渗透到音乐教学中》,《秦皇岛日报》2010年6月17日第B02版。
② 参见曹海旦《流行歌曲在中学音乐教学中的理论与实践研究》,硕士学位论文,四川师范大学,2008年。
③ 参见赵宏《我国流行音乐对学校音乐教育影响的文献综述》,《大舞台》2011年第8期。
④ 参见郭声健《美国音乐教育考察报告》,湖南师范大学出版社2008年版,第91—93页。
⑤ 参见杜兴东《流行音乐对青少年思想的影响的思考》,硕士学位论文,西南交通大学,2012年。
⑥ 参见刘鹏《流行音乐及其教育浅探》,《龙岩师专学报》2004年第10期。
⑦ 参见马海姣《流行音乐如何渗透到音乐教学中》,《秦皇岛日报》2010年6月17日第B02版。

薛小利提出，让流行音乐进课堂，绝不是放弃教材内容而单纯地迁就学生，把音乐课简单地变成流行音乐的教唱和欣赏课，而是对入选教材的流行音乐进行分析和精心的挑选。[①]吕莉提出了具体引入的四点原则：（1）有选择地把优秀的流行音乐引入课堂，丰富音乐教学内容；（2）以主流媒体上播放频率较高的流行音乐为主体；（3）选择具有反映时代精神的积极向上的流行音乐；（4）在实践中逐渐加强学生流行音乐的理论修养和鉴赏水准。[②]

由以上不难看出，研究者对待流行音乐进课堂大都持肯定和积极的态度，但仍然谨慎表达着相同的立场，即流行音乐仅作为音乐的一小类，绝不能取代传统严肃、民族、古典音乐的地位。

第三，"流行音乐进课堂"的教学策略和方法。对于流行音乐如何进入课堂，研究者纷纷给出了不同的建议。张梅提出了利用现行教材中的流行音乐、补充学生喜爱的富有时代感的新内容、充分调动学生的学习热情三种具体办法。[③]王震宇从合理地与音乐教材相结合、引导学生提高音乐鉴赏能力、充分利用多媒体教学手段、有效进行音乐欣赏教学、尝试进行音乐创作教学五个方面谈了流行音乐进课堂的策略。[④]于志宏提出了课前播放流行音乐、课内专题欣赏、用网络等途径学习流行音乐、在课内举办"流行歌曲比赛"或"流行擂台赛"、写音乐小评论、举办卡拉OK赛和流行音乐与教材的结合等具体策略。[⑤]沈阳提出可以用以下三个方法寻找流行音乐和传统音乐的契合点：（1）利用旋律；（2）利用歌词歌名；（3）利用伴奏乐器。[⑥]蔡音颖提出了面对流行音乐，中学音乐教学中应该采取"适度、选择、创作、指导"的应对策略。[⑦]白莉提出，在欣赏课教学中，应使用不同的方法把流行音乐与传统的古典、民族音乐结合起来欣赏，并列举了导入法、对比法、讨论法、演唱法、创作法、专题欣赏等具体

---

① 参见薛小利《让流行音乐服务于中小学音乐教学》，《音乐天地》2008年第1期。
② 参见吕莉《关于流行音乐引入中学音乐课堂的几点思考》，《上饶师范学院学报》2009年第29期。
③ 参见张梅《浅谈流行音乐进课堂》，《音乐天地》2009年第8期。
④ 参见王震宇《在中学音乐教育中引入流行音乐》，《教育理论与实践》2009年第11期。
⑤ 参见于志宏《流行音乐进入课堂》，《中小学音乐教育》2005年第7期。
⑥ 参见沈阳《当莫扎特遇到S.H.E——谈流行音乐与教材音乐的碰撞》，《大众文艺》2010年第21期。
⑦ 参见蔡音颖《流行音乐与音乐教育》，《浙江师范大学学报（社会科学版）》1999年第6期。

方法。[①] 林颖等通过从爵士音乐寻根溯源、挖掘经典流行音乐现实意义、弘扬本土文化和对"偶像崇拜"现象以理性的启迪和情感教育四个途径,把握流行音乐进课堂的尺度,从不同角度诠释了流行音乐背景下的中学音乐教学。[②]

由以上可以看出,大多数研究者主要从如何将流行音乐与传统音乐结合起来这个角度进行思考,也有部分研究者从青少年学生的心理特点和兴趣爱好出发进行教学实践,但对流行音乐自身的审美价值关注较少,尚有较大的探索空间。

第四,"流行音乐进课堂"的教学类型和内容。由于歌唱课和欣赏课的侧重点不同,因此,在这两种不同类型的课堂上引入流行音乐的内容也有各自的特点。首先是音乐欣赏课。辛蕾提出,在音乐欣赏课上可以适当选用既具艺术性又受学生欢迎的一些流行音乐。[③] 还有研究者认为,流行音乐可以各种主题、单元的形式进行教学活动。[④] 其次是歌唱课。有研究者列举了以下几类适合中学生演唱的歌曲:具有符号意义的经典名曲或民歌;有真情实感,真正打动他们的心,引起共鸣的歌曲;旋律优美流畅,适合中学生年龄演唱的具有校园歌曲风格的歌曲;激励他们勇往直前,在他们聚会或集体活动时可以激情齐唱的歌曲;还推荐了30首一线音乐教师提供的认为适合中学生演唱的歌曲。[⑤]

由以上不难看出,对于欣赏课和歌唱课两种类型,所选择的内容大有不同。欣赏课的选择范围较广,涉及类型也较广,而歌唱课则受到中学生发声等生理特点的限制,选择度不高。

第五,"流行音乐进课堂"的课程资源开发。由于音乐教材中的流行音乐比例较小,因此,不少研究者提出,应开辟第二课堂,合理开发、利用校内、外音乐课程资源作为"流行音乐进课堂"的有效补充。如学校的宣传媒介资源,如黑板报、校园广播等,开设兴趣小组、歌咏比赛等形式的学生课外音乐活动,

---

[①] 参见白莉《如何让流行音乐与学校音乐欣赏课有效结合》,《课程教材教学研究》2010年第1期。
[②] 参见林颖等《流行音乐背景下的中学音乐教学》,《福建教育学院学报》2010年第10期。
[③] 参见辛蕾《浅谈流行音乐欣赏课的组织形式》,《艺术探索》2004年第5期。
[④] 参见白云凤《流行音乐纳入学校音乐教育的理论研究》,硕士学位论文,曲阜师范大学,2011年。
[⑤] 参见周素梅《流行音乐进中学课堂的现状研究与实践探索》,硕士学位论文,湖南师范大学,2011年,第49页。

定期举办主题班级演唱会、校园艺术节等。① 还有研究者认为，开展课内流行音乐学习时，教师甚至可以自编流行音乐教材，有计划、有针对性地开展教学，所选择的歌曲、乐曲应具有代表性，能代表某一时代、流派、风格、歌手的特点；还可以利用网络、CD、VCD、MP3等多种途径学习流行音乐。②

总之，研究者们考虑到了对于第二课堂的开发和利用，但大多仅停留在理论层面，经过实践验证的比较少。

第六，"流行音乐进课堂"的课程评价。与其他方面相比较，在已有的研究中，涉及课程评价的极少。蒋邦飞认为，流行音乐在音乐课堂中的涉及，对传统的音乐教学评价也造成了有力的冲击，应从以下几个方面改革：让学生成为评价的主体；要坚持鼓励性评价，呵护学生的自信心；寻找特殊的评价手段。流行音乐具有很强的表演性，因此，在音乐活动中对学生学习情况进行评价是最客观和合理的。③

第七，"流行音乐进课堂"面临的问题和困难。尽管研究者们对流行音乐进课堂的价值大多持肯定态度，但在面临教学实践时还是表达了各种质疑和困难。陆露提出，怎样正确引导学生客观看待、选择流行音乐并将流行音乐有机地渗透到音乐课堂教学中，最大限度地发挥流行音乐的教育功能，是需要面对和解决的问题。④ 周素梅坦陈，"听现阶段最流行的歌曲"是中学音乐课堂最为典型或是全部的教学内容。相当一部分流行音乐作品制作粗糙，品位格调低下，不适用于中学音乐课堂的欣赏或教学。⑤ 高慧娟指出，学生对流行音乐的敏感性和快速反应能力远比音乐教师来得快，如果音乐教师只将教会学生唱流行歌曲视为己任的话，这种教育只停留在以往的"育才"的层面上，而忽视了"育人"

---

① 参见陆露《"流行风"为高中音乐课堂带来一股清流——论高中音乐鉴赏中的流行音乐》，硕士学位论文，陕西师范大学，2010年，第41页。
② 参见唐莉娜《中小学音乐教学的开放性研究——流行音乐进入中小学音乐教学的思考》，硕士学位论文，西南大学，2008年，第27页。
③ 参见蒋邦飞《中学开展流行音乐教学的现实意义和策略研究》，硕士学位论文，苏州大学，2009年，第32页。
④ 参见陆露《"流行风"为高中音乐课堂带来一股清流——论高中音乐鉴赏中的流行音乐》，硕士学位论文，陕西师范大学，2010年，第35页。
⑤ 参见周素梅《流行音乐进中学课堂的现状研究与实践探索》，硕士学位论文，湖南师范大学，2011年，第6页。

目标。[1] 周素梅指出，音乐教材纳入了一些专家们认为经典的、健康的、适合中学生演唱的通俗音乐作品，但事实上学生们并不领情，在课堂上不愿演唱这些他们认为很"老土"的作品。[2]

综上所述，关于"流行音乐进课堂"在我国学校音乐教育领域中已经成为一个被广泛认同的概念，有关流行音乐进课堂的途径与价值、对中学音乐教学的影响及探究的方法与策略等都受到了广泛的关注。其中，有以下三个方面的明显特征：其一，从学校音乐教育的角度来看，流行音乐在初高中阶段受到最为广泛的关注；其二，大多数文献更关注引入流行音乐的必要性、可行性，以及如何引入流行音乐的策略和方法，而对课程评价等提及较少；其三，大多数文献都对实践教学展开讨论，而对理论的建构比较少。可以看到，在音乐教育领域中，对流行音乐进课堂的有关问题已经得到了较为充分的理解，这也为本研究中在中学开展"流行音乐进课堂"的调查实践做了铺垫与准备。

三、研究思路和方法

（一）研究思路

首先，在确立本书的研究问题、研究方法、研究对象以及研究的理论基础之后，运用历史研究的文献分析法，阐明流行音乐文化在当代中国的发展，以及学校音乐教育对"流行音乐能否进课堂"的历史争议和讨论。

其次，分析流行音乐文化在学校音乐教育中的价值及潜在负面影响，从理论层面论述流行音乐进入中学音乐教育的可行性和现实性。

再次，对选取的广州市四所中学的中学生和音乐教师进行访谈和问卷调查，以了解对"流行音乐进课堂"的教学现状及流行音乐对中学音乐教育的影响，之后剖析其存在问题和影响因素，并进行反思总结。

最后，分析当前在流行音乐文化影响下中学音乐教育面临的挑战，并针对挑战现状提出具体的应对策略。

---

[1] 参见高慧娟《新课程背景下流行音乐与中学音乐课堂教学衔接初探》，硕士学位论文，河南大学，2011年，第41页。
[2] 参见周素梅《流行音乐进中学课堂的现状研究与实践探索》，硕士学位论文，湖南师范大学，2011年，第48页。

（二）研究方法

本书在写作过程中拟运用历史研究法、调查研究法（以问卷调查、访谈为主，观察为辅）和理论研究法等研究方法，并辅以相应的心理学、教育学理论，展开论述。

1. 历史研究法

教育科学的历史研究法是用历史研究的方法来研究教育科学，通过搜集某种教育现象的发生、发挥职能和演变的历史事实，加以客观的分析，从而揭示其发展规律的一种研究。用历史研究法研究教育，涉及的主要对象是教育活动的历史，是教育实际和教育理论发生、发展、演变过程的历史规律。[1]在本书中，关于流行音乐的兴起和发展，以及学校音乐教育对流行音乐文化的争议和讨论都需要运用到历史研究法进行论述。

2. 调查研究法

调查研究是在科学方法论和教育理论的指导下，围绕一定的教育问题，有计划、有目的地进行调查，收集有关事实材料，作出科学分析并提出工作建议的教育研究活动。[2]在本研究中，主要以问卷调查法、访谈法和观察法三种具体方法为主。

（1）问卷调查法

问卷调查法强调使用严格设计的统一问卷，通过书面语言与被调查者进行交流，收集研究资料。在本研究中，问卷调查法作为质的研究方法的补充，验证通过观察、访谈得到的资料，以增强资料的可靠性与说服力。

本研究需要从总体上把握当前中学音乐课堂教学中关于"流行音乐进课堂"实施与开展的现状和水平，特别是流行音乐对音乐教学的影响、各校具体的教学内容、组织形式和评价办法等。问卷的设计分为选择题和开放题两种类型，主要测量指标是学生眼中"流行音乐进课堂"的目标、态度、认知、方法、资源、评价、建议，采取了5级量表的形式，拟对广州市4所不同层次学校（2所初中、2所高中）进行抽样调查，对每个学校学生发放调查问卷样本100份，共400份，进行多角度的数据统计与分析，研究"流行音乐进课堂"的现状与问

---

[1] 参见裴娣娜《教育研究方法导论》，安徽教育出版社1995年版，第136页。
[2] 裴娣娜：《教育研究方法导论》，安徽教育出版社1995年版，第158页。

题，为本研究相关理论构建与实施策略提供量化支撑。

需要说明的是，在确定调查问卷的具体问题之前，笔者在文献综述的基础上，根据本研究的研究思路和主要问题初步设计了一份样卷。随后，笔者带着这份样卷，实地走访了广州市天河区的3所中学，分别是省属重点A中学、市属重点B中学和普通学校C中学，并对3所学校的5位音乐教师进行了正式访谈，抽样对12位学生进行了非正式访谈。通过对他们的访谈，进一步确定了问卷的主要问题，完成了调查问卷表的初稿（见附录1）。

（2）访谈法

所谓访谈就是直接与被研究的对象谈话，向他们提出你所要了解的问题，让他们说出自己的看法，访谈的优点是可以将问题引至比较深入的层次，方式灵活，可根据需要及时地调整问题，可通过谈话者对问题的反应方式（如声调、表情、态度等）来获得一些言语以外的信息。[①]

访谈主要分为开放性访谈和半开放性访谈。开放性访谈通常不设固定的访谈问题，访谈者鼓励受访者用自己的语言发表看法，目的是了解受访者自己认为重要的问题并作出相应的解释。而在半开放性访谈中，访谈者对访谈的结构具有一定的控制，根据自己的研究设计对受访者提出问题，同时也鼓励受访者的参与。

本研究以半开放性访谈为主，开放性访谈为辅，拟运用访谈法，研究流行音乐进课堂的现状，以及音乐教师、中学生对此问题的认识。

3. 理论研究法

理论研究是在已有的客观现实材料及思想理论材料的基础上运用各种逻辑和非逻辑的方式进行加工整理，以理论思维水平的知识形式反映教育客观规律的一种研究。[②]即借助与本书相关的理论文献，首先，归纳出有关本研究的重要因素，确立本论文的选题和研究背景；其次，对国内外有关流行音乐文化和学校音乐教育的相关文献进行收集、阅读、整理，从中明确国内外研究现状，并把这些材料作为研究的理论基础；再次，在文献综述的基础上，分析流行音乐文化在学校音乐教育中的价值及其潜在的负面影响，进而论述流行音乐进入中

[①] 高凌飚:《访谈——中小学教师怎样做研究（五）》,《教育科学论坛》2000年第7期。
[②] 参见裴娣娜《教育研究方法导论》,安徽教育出版社1995年版,第313页。

学音乐教育的可行性和现实性；最后，对"流行音乐进课堂"的现状调查存在问题进行分析，提炼出流行音乐文化对中学音乐教育的重重挑战及应对这种挑战的策略。一方面需要将实践问题上升至理论层面进行分析与研究；另一方面通过实践研究过程对相关文献资料也有更深层次的理解和认识，从而寻找出解决策略。

四、研究的价值和创新点

（一）研究的价值

本书无论是对于理论的建设还是教学实践的优化，都具有一定的研究价值。

第一，理论角度。在已有的研究中，主要表现为对"流行音乐进课堂"这个问题的初步思考，大多未能从流行音乐文化对中学音乐教育影响的视角进行进一步的理论探讨和实践分析。本书对流行音乐影响下的中学音乐教育进行了较为完整的系统化研究，涉及历史梳理、价值探讨、现状分析、策略建构等诸多重要方面，从文献的梳理和实践的检验中建立的研究框架可以为后人的研究提供一定参考。

第二，实践角度。本书的第三章对广州市四所中学的中学生和一线音乐教师进行了问卷和访谈调查，在此基础上分析流行音乐文化对中学音乐教育中的教师、教材、教学实施、教学环境等层面的挑战，分析其存在问题，反思原因，最后提出相应对策。因此，本书具有鲜明的实践特征，希望为我国中学音乐课程改革和教材修订完善提供一定借鉴和参考。

（二）研究的创新点

第一，研究视角的创新。以往对流行音乐研究的成果多是基于美学、心理学、社会学、传播学等学科视角，而对于中学音乐教育的研究，多从民族音乐、传统文化、多元文化等视角展开。本书则尝试从"流行音乐文化的影响"这一新视角来研究中学音乐教育，从教育学特别是教学论的视角出发，对流行音乐影响下的中学音乐教育展开研究。

第二，研究内容的突破。在已有的研究中，对流行音乐进课堂的现状研究是主流,对流行音乐本体及相关理论的研究比较零散,对中学音乐教育所受到的影响和挑战也论述不多。本书则在对相关文献进行理论研究的同时,也对具体实践活动展开了深入调查,将二者统一于对"流行音乐文化影响下的中学音乐教育"研究中。

第三,研究方法的创新。在以往的研究中,理论阐述多于实践研究,而在实践研究中也多以量的研究方法为主。即便有时伴有案例分析,但多数案例的选择太过典型性与特殊性,无形中削弱了研究结论的普适性。于是不免让人产生困惑:"难道音乐课堂教学中的流行音乐的题材、内容和引入形式都是案例呈现的那样吗?如果不是,又会是什么样呢?"鉴于此,本书选取了广州市四所中学的教师和学生作为研究对象,试图通过访谈法将师生的所想所为展现出来,并辅之以调查问卷的量化研究,透视现状、查找问题、总结成因,最后提出改善建议,探索应对策略。这样,本书从实践中来又回到实践中去,将对流行音乐影响下的中学音乐教育有更全面、更深刻的认识。

第一章

流行音乐文化概述

流行音乐文化究竟是音乐形式还是文化形式？它和通俗音乐、大众音乐是不是同一回事？流行音乐和严肃音乐的区别在哪里呢？它对青少年又有着怎样的影响呢？在本章的内容里，我们将厘清流行音乐文化的概念，对流行音乐文化的特征和功能进行阐述，并梳理中国当代流行音乐文化发展的四个阶段，以及流行音乐对青少年成长的影响。

第一节　流行音乐文化的概念、特征和功能

一、流行音乐文化的概念

在谈流行音乐文化之前不得不对流行音乐的概念进行梳理和厘清。

流行音乐，实际上是一个"属于其含义在某种程度上既确切又难以表述的语汇"[1]。首先，让我们先来看一下对流行音乐的界定：

流行音乐泛指一种通俗易懂、轻松活泼、易于流传、拥有广大听众的音乐，它有别于严肃音乐、古典音乐和传统的民间音乐，亦称通俗音乐；[2] 是在一定时期内受到普遍欢迎、广泛传唱的歌曲，也指通俗歌曲，即指形式上简洁、单纯、曲调流畅，易于被社会大众接受的歌曲；[3] 是商业性的音乐消遣娱乐以及与此相关的一切"工业"现象[4]。

再来看看国外词典中对流行音乐的界定：在《新格罗夫音乐与音乐家辞典》中，"Pop music"是属于"Popular music"中的一个音乐流派，中期作为替代软摇滚，后来借指20世纪50年代发展起来的摇滚。"Pop music"也吸纳了"Popular music"大部分音乐流派音乐风格。"Popular music"中的其他音乐流派有摇滚、Hip-hop、乡村乐、民谣、爵士乐等。"Pop music"是一种非固定音乐风格流派，即使不是"Pop music"固定音乐风格，拥有摇滚乐、Hip-hop、乡村乐、民谣、爵士乐多种音乐风格的歌手也可以归类为"Pop music"歌手。[5]

在《简明牛津音乐词典》中，"pop 流行音乐（或通俗音乐）是 popular 的缩称，初期指能吸引广大观众的音乐会。1858年本尼·迪克特创立了'伦敦流行

---

[1] 斯图尔特·艾伦：《前言》，载［英］安迪·班尼特《流行音乐文化》，曲长亮译，北京大学出版社2012年版。
[2] 参见中国大百科全书出版社编辑部《中国大百科全书·教育卷》，中国大百科全书出版社1985年版，第144页。
[3] 参见中国社会科学院语言研究所词典编辑室《现代汉语词典》，商务印书馆2005年版，第553页。
[4] 参见田梅荣《流行音乐与中学音乐教学》，硕士学位论文，内蒙古师范大学，2006年，第3页。
[5] 参见 The New Grove Dictionary of Music & Musicians，Grove's Dictionaries of Music Inc，1995.

音乐会',它一直延续到 1898 年,从 20 世纪 50 年代后期起,'pop'一词特指非古典音乐,通常如甲壳虫、滚石、阿巴等的音乐表演者所演唱的歌曲,因此有'流行音乐组''流行音乐节'之称"。

让我们再来看"流行音乐"这个词语的本身。这个人人熟悉却难以准确定义的词语,由"流行"和"音乐"两个拥有复杂历史文化背景的名词构成,因此,对于其外延和内涵的界定往往难以统一,在学界也形成了众口不一的局面。

目前看来,学界对"流行音乐"概念的阐述和运用主要有两种情况:一种情况是把流行音乐运用于各个时期的音乐研究中,把它等同于通俗音乐、大众音乐,并给予其无限大的外延;而另一种情况则是有了更准确更严格的限定所指。

让我们先来看看前一种情况。在较早的 20 世纪 90 年代初期,研究者认为流行音乐不是科学、精确的称谓,而是人们沿袭下来的一个说法,因而难以给它下准确的定义,只能划分大致的范围。有人提出了这样的界定:"它是相对于严肃音乐的一个音乐种类,是介乎民间音乐与艺术音乐之间的具有群众性、通俗性、娱乐性的音乐。"[①]

也有人提出:流行音乐属于俗文化,与属于雅文化的严肃音乐相比,其艺术性自然较为低下。但它形式上没有框框,勇于创新,内容上没有禁区,直面人生,因而更能唱出人的心声,为广大民众所喜闻乐见。[②]

更有人把"流行音乐"等同于"通俗音乐""大众音乐",认为"一切形式简洁、曲调流畅,易于被大众接受的古今中外的音乐作品都可以包括在内,它可以是民间小调,可以是艺术歌曲,也可以是古典音乐"[③],"凡是音乐的内容吻合着一定历史时期绝大多数群众的心理需求,曲调流畅简洁并富有民族特色,并易于被社会大众接受和广泛传播的音乐就是大众音乐(流行音乐)"[④]。

更有研究者"把'流行音乐'作为汉语固有名词,从历史视角对其进行界定和梳理,认为中国流行音乐史属于音乐史学研究范畴,其研究史观、史料、史

[①] 胡妙德:《流行音乐的界定》,《中国广播电视学刊》1992 年第 4 期。
[②] 参见蔡忠德《我看流行音乐》,《中央音乐学院学报》1993 年第 3 期。
[③] 于今:《狂欢季节——流行音乐世纪飓风》,广东人民出版社 1999 年版,第 326—327 页。
[④] 曾遂今:《中国大众音乐——大众音乐文化的社会历史连接与传播》,北京广播学院出版社 2003 年版,第 2 页。

实等，都可参照音乐史学学科标准"。"任何时代都有为大众所接受的流行音乐文化，我们完全可以把流行音乐这个名词，理解为'流行'与'音乐'的复合。"①

这种对"流行音乐"无限宽泛理解的阐述，笔者认为不是很妥当。在理论探讨中，任何名词的界定都应有其特有的历史文化背景，而不是随意加以想象迁移。我们今天常说的"流行音乐"是英文"Popular music"的直译。在前文中已有论述，从各大词典的解释中可以看出，流行音乐一词的出现，有其特殊的历史文化背景，尽管从字面来看所指的内容有一定的相似性，但词语本身体现了不可移置的历史与文化差异。更为重要的是，流行音乐作为大众文化和流行文化的重要体现形式，已经深深打上了大众性、商品性、娱乐性等烙印，具有了鲜明的特点，随意将其外延放大，只会造成更多的分歧和迷惑。

英国音乐学家柯伯持·劳埃德认为，虽然"在整个音乐艺术领域中，民间音乐与艺术音乐之间有着一个广阔的地带，流行音乐便盘踞在这里。流行音乐并没有明确的边界，其一端伸向民间音乐，另一端伸向艺术音乐。但在大多数情况下，民间音乐、流行音乐与艺术音乐之间的界限还是非常清楚的"②。

回到"流行音乐"的词语本身，"流行"二字应该是其重要的特征。流行音乐借助商品化运作和科技等媒介手段所达到传播之广泛，是以往任何一种音乐文化都无法达到的，流行性是流行音乐商业性的最终表现。

因此，后一种情况下，学者们对流行音乐有了更为精准的界定。

陶辛提出了两种意义界定："一是突出流行音乐的商业性消遣娱乐，已经被'工业化'。二是不与主流文化价值观念妥协、与商业性相对抗、并带有较强的社会批判意识。"③沈汝发认为，狭义的"流行音乐"是专指那些在我们当今音乐生活中覆盖面比较广，主要以电声乐队为演出形式，内容通俗易懂、贴近生活，唱法自由，主要为青年人喜欢的，常有较强商业目的的音乐。④

王思琦作为国内坚持长期研究流行音乐的专家，较前人而言，对于流行音乐的界定有了更严谨的表述和更丰富的含义："流行音乐在其产品制作上是以工

---

① 徐元勇：《中国流行音乐史导论》，《中国音乐学》2008年第4期。
② 陶辛：《流行音乐手册》，上海音乐出版社1998年版，第7页。
③ 陶辛：《流行音乐手册》，上海音乐出版社1998年版，第8页。
④ 参见沈汝发《且行且歌："流行音乐与青少年成长"研究》，《中国青年研究》2003年第1期。

业化的大批量生产方式为其生产基础,其产品具有明显的商品性,产品的生产和运作具备有市场经济条件下的一整套商业化运作机制,制作与传播手段依赖于现代科学技术成果,以大众信息传播网络为媒介,在文化行为上具有很强的参与性,以歌曲演唱形式为主,与商业性文化娱乐圈活动紧密相连,在观念上和表现内容上主要体现非主流意识形态,其受众群主要为青少年亚文化群,其文化性质属于以这一社会文化群的思想情感为主要表达内容、具有一定流行性和时尚性的大众娱乐文化。"①

当然,流行音乐的不同种类以及不同的文化特征决定了它的不同含义。对很多人来说,"它是一种亲切的声音,是一种新的生活的暗示,是一种新颖的,与生命律动合拍的节奏"②。

在这里,我们所说的"流行音乐"是发源于欧美后工业时代,以青少年为主要受众群体的大众音乐。它相对于古典音乐和传统音乐而言,内容和形式更为轻松自由,受众面广泛,追求时尚化和娱乐化,同时具有商品性和艺术性的多重特征,而且不断变换。

进而我们来看流行音乐文化这个词。这个由"流行音乐"和作为"流行文化"两个核心关键词构成的名词,因此,具有了双重意义的特征——既有流行文化的文化特征,又有流行音乐的音乐特点。③

《流行音乐的秘密》一书的作者罗伊·舒克尔曾这样概括流行音乐文化:"(它是)制作、传播、消费音乐的方式,与这些过程密切相关的经济和技术实践,以及由这些实践所创造的录音、声响、图像和论题。"④

根据以上的梳理,笔者认为,流行音乐文化是基于现代工业文明的一种大众文化现象,不仅指流行音乐作品本身,还包括流行音乐的创作、演唱(奏)、生产、传播等过程、消费流行音乐的方式以及由此产生的文化现象、学术研究和思想争鸣。

---

① 王思琦:《"流行音乐"的概念及其文化特征》,《音乐艺术》2003年第3期。
② 金兆钧:《光天化日下的流行——亲历中国流行音乐》,人民音乐出版社2002年版,第5页。
③ 参见沈汝发《且行且歌:"流行音乐与青少年成长"研究》,《中国青年研究》2003年第1期。
④ [新西兰]罗伊·舒克尔:《流行音乐的秘密》,韦玮译,世界图书出版公司2013年版,第3页。

二、流行音乐文化的特征

"作为单独一首歌,它或许没什么大不了的;作为一种文化,作为一种生活方式,你却无法抵挡它。"[1] 毫无疑问,流行音乐文化已经成为当今全球令人瞩目的最普及最熟悉的音乐文化。在我国学者王思琦将流行音乐的文化特征概括为九项,后又增加至十项,分别为"非主流社会意识形态倾向、娱乐性、商品性、流行性和时尚性、很强的参与性、传播手段的科技性、亚文化特征、商业运作机制、以歌曲演唱的表现形式为主和多细胞体"[2]。这种提炼在音乐学界得到较广泛的认可,对流行音乐的文化特征做了比较全面的概括。然而,流行音乐文化的特征又如何来划分概括呢?

罗伊·舒克尔对流行音乐文化的三个互动维度进行了这样的阐释:"象征形式或文本——生活性文化中被消费的部分;创造音乐文本的机构——技术过程;生活性文化——消费通俗(流行)文化的社会个体。"[3] 笔者认为,这三个维度有效地概括了流行音乐文化的三个层面,分别是审美表现层面、市场技术层面和意识形态层面。

(一)流行音乐文化的审美表现层面

与传统的民族音乐和西方的古典音乐不同,流行音乐诞生的独特历史文化背景,决定了它具有独特的审美范式。

流行音乐以歌唱为主要表演形式。流行音乐中也有不少器乐作品耳熟能详,如各类电声乐队演奏的乐曲、舞曲、轻音乐等,但我们不能否认,流行歌曲的数量、影响力、传播面都要比乐曲广泛得多。因此,一连串脍炙人口的歌手名字出现在人们的视野和记忆中,并以某种仪式性的方式保存下来:在美国《时代》杂志评选出的"百年地球十大文化偶像"活动中,这十位在20世纪对世界影响巨大的名人中赫然在列的有四位是流行音乐的歌星,分别是迈克尔·杰克逊、猫王埃尔维斯·普雷斯利、约翰·列侬和麦当娜。对于流行歌曲的词曲作

---

[1] G. Marcus, *Mystery Train*, London: Omnibus Press, 1977, p.58.
[2] 王思琦:《"流行音乐"的概念及其文化特征》,《音乐艺术》2003年第3期。
[3] [新西兰]罗伊·舒克尔:《流行音乐的秘密》,韦玮译,世界图书出版公司2013年版,第8页。

者，人们过去并不关心，国外有学者甚至概括为"词曲作者默默无闻"[①]，当然这一论断由于言之过早（出现在1982年），如今看来并非如此。流行音乐界越来越多原创力量的加入，使集演唱和创作于一身的唱作人更受到市场欢迎，这一点在中国台湾歌手周杰伦身上得到了很好的验证。

在演唱方面，流行音乐没有"字正腔圆"这样循规蹈矩的规定，而更需要一种人性深处的真实和纯粹。张燚在他的研究中指出，"流行歌曲中，演唱风格是它的生命线，与相应的曲调、音乐伴奏配合，构成了流行歌曲的音乐审美内容"[②]。因此，同样是歌唱爱情，可以像邓丽君那样用甜美柔婉的嗓音来演绎"任时光匆匆流去我只在乎你"这种急切表白的心情，也可以像杨坤那般用略带嘶哑的声音唱出"无所谓/谁会爱上谁"这样看起来洒脱实则深爱的"无所谓"的男人情怀。同样是华语乐坛的一姐，王菲的嗓音那样空灵悠扬、不食人间烟火，那英的嗓音却浑厚中略带沙哑、感染力十足，二者同时受到广泛的喜爱。到了当今全球化的互联网时代，各类音乐网站、各大电视音乐选秀节目中的"好声音"更是层出不穷，形成"乱花渐欲迷人眼"的态势。

同样地，在伴奏乐器方面，古典音乐有着严格的配器规定，而"流行音乐利用任何可以发出声响的器具"[③]。一个流行乐队的基本编制是一件键盘乐器、两把吉他、一套打击乐器和一把贝斯。只要编曲需要，任何乐器都可以随时加入到乐队里，萨克斯、小提琴、口哨、笛子已经是常见的乐器。在一些民谣风格的乐队里，我们经常会听到口琴和口哨，像《童年》《同桌的你》，还有些民族乐器，如《好汉歌》里的唢呐、《真的好想你》里的二胡、《灰姑娘》里的巴乌、《弯弯的月亮》里的笛子，等等。当然，随着多元化音乐文化的不断融合，流行音乐中的伴奏越来越多地融合了传统民族乐器的元素，从而形成了一种新景象。前几年的由德国作曲家老锣作曲、龚琳娜演唱的神曲《忐忑》中，不仅以笙、笛、提琴、扬琴等民族传统乐器伴奏，还运用戏曲锣鼓经作为唱词，融合老旦、老生、黑头、花旦等多种音色，在极其快速的节奏中变化无穷，独具新意。歌

[①] 参见［新西兰］罗伊·舒克尔《流行音乐的秘密》，韦玮译，世界图书出版公司2013年版，第7页。
[②] 张燚：《中国当代流行歌曲演唱风格发展脉络及其相关问题研究》，硕士学位论文，福建师范大学，2004年。
[③] ［法］亨利·斯科夫·托尔格：《流行音乐》，管震湖译，商务印书馆1998年版，第5页。

手谭维维在《中国之星》第三期演唱的歌曲《给你一点颜色》结合了华阴老腔与流行摇滚的特点，伴奏独设檀板的拍板节奏，呈现了传统和现代的完美融合。

（二）流行音乐文化制作传播的市场技术层面

流行音乐作为西方现代文化工业的产物，商品性是其根本属性之一。它是商业性的音乐消遣娱乐以及与此相关的一切"工业"现象，可以通过系统的商业性运作，主要包括市场调查、作品定位、偶像包装、宣传、销售传播等，并以销售、榜单、媒体播放率等形式进行量化。由于流行音乐像商品一样流通于市场，因此，存在着音乐创作和追求"商业化"之间不可调和的根本性矛盾。

流行音乐从诞生起，便以录音为主要制作、传播和保存方式，这和古典音乐的五线谱演奏和民族音乐的口耳相传有着本质的不同。当然，随着科技的发展和影响，也随着多元文化的不断融合，这一点逐渐走向趋同。从过去的黑胶唱片、磁带到 CD 光盘，再到 iPod；从广播到电视再到互联网，流行音乐以不同的媒介为邻，发展迅猛。

（三）流行音乐文化的意识形态层面

流行音乐文化还具有大众文化的基本属性，主要表现为以下几点：

第一，大众参与性。流行音乐无所不在，受众群体极广，根植于大众生活的丰富土壤之中。在商场里，看电视或者电影，乘坐公交或地铁，逛街或者在公园游玩时，一切能听到的几乎都是流行音乐，它和我们的日常生活无缝对接、完美融合。

流行音乐并不是把难度和技巧作为创作的重要原则，仅对科技进步带来的各类素材及创作中产生的开拓性技巧进行一般性处理，这与其大众文化的受众定位相适应，也容易引起人们的共鸣及自发参与。我们常常能够看到，无论是跳广场舞的大妈还是蹒跚学步的幼童，一听到诸如《小苹果》之类歌曲的旋律，都会自发启动"手舞足蹈"模式。从音乐院校声乐专业的教授到普通老百姓，在 KTV 里几乎都会毫无疑问地选择或热门或经典的流行音乐，却很难有高歌一曲《卡门》（西方歌剧片段）的场景。

第二，娱乐性。音乐能给人们带来愉悦的享受，而作为深受大众喜爱的流行音乐，毋庸置疑具有鲜明的娱乐性。不管是在 KTV 里伴随着旋律唱到筋疲力尽、声嘶力竭，还是戴着耳机一个人浅唱低吟、享受安静的音乐时光，抑或是坐在电视机前看着选秀节目中选手的表现评头论足一番，我们都是在不同的情景中，从不同的角度感受音乐，享受流行音乐带来的愉悦放松的快感。通过各种自娱自乐的方式，全民一起加入流行音乐的演唱和表演活动中，全民娱乐化，成为当今流行音乐的一个非常鲜明的特点。

第三，快速更迭性。任何事物都是不断发展变化的，这是事物发展的基本规律。由于受到一定时期经济文化的制约，流行音乐往往反映着人们最真实的生活和情感状态，是人们真实生活的写照，因此流行音乐的流行是短暂的，而且具有快速更迭性。随着时代的推移，流行音乐的风格和内容也将随之改变。例如，20世纪80年代末中国大陆流行歌坛曾掀起一阵"西北风"，而今天人们则更关注的是周杰伦式的"中国风"歌曲，这主要是因为当今时代人们的文化认同和审美心理发生了变化，因此，欣赏的口味也发生了很大的变化。

第四，多样性和融合性。流行音乐本身是一个复杂的难以准确定义的概念，不仅仅由于它的内涵难以界定，更由于它在音乐传统、风格、流派等角度的表现丰富多样。一方面，流行音乐研究的对象几乎涵盖了所有的流派和风格，甚至包括古典音乐，不同风格的音乐相互交融；另一方面，西方流行音乐也受到亚非等地区流行音乐的影响和同化。从这个意义上来说，流行音乐文化的多样性和融合性恰恰是全球化背景下不可逆转的文化趋势。

第五，以青少年为受众群体的亚文化性。流行音乐是青年人的音乐，是以青少年为主要消费群体的，这是流行音乐重要的文化属性。它往往伴随青少年的成长历程，弥漫在青少年的日常生活里，并且在潜移默化中也影响着他们对世界的认知、思维和行为方式，从而进一步影响他们的人生观、世界观。毫不夸张地说，在音乐课堂之外，流行音乐以迅猛的姿态影响着青少年。这种巨大的影响力，引发了教育界对它的关注和重视。这也是本书研究的重要出发点，在下一节内容中笔者将详细分析这一影响。

三、流行音乐文化的功能

"文化的功能，从根本上说是对作为社会活动主体的人的不断提高，提高他们的素质，完善他们的能力，使他们成为新人。"①因此，考察文化的功能，必须看它对人的影响。笔者认为，要全面理解流行音乐文化的功能，必须看它对大众的影响，这需要从受众自身和社会两个层面来考量。流行音乐文化的功能可分为本体和社会两个层面。

（一）本体层面

第一，认知功能。首先，从音乐的表现内容上看，与民族音乐、古典音乐相比，流行音乐更贴近现实社会，更全面地反映了当今人们的生活状态。其次，流行音乐作为一种大众文化，无论是在节奏、旋律上还是在内容上都比较通俗易懂，朗朗上口，再加上广泛的传播，人人都可以理解它并参与其中。通过这种理解和参与，人们可以了解音乐反映的社会生活以及思想情感等。而与之相对的古典音乐则缺少这样一种性质，古典音乐更为强调作品中复杂作曲技巧的运用，并拥有完整的美学范式，表现更为深刻的主题。从甜美的邓丽君到个性的王菲，从大气粗犷的"西北风"到柔美婉约的"中国风"，从"四大天王"到"超女"，人们在这样广袤的不拘一格的流行音乐文化空间里自由驰骋，获得丰富多彩的音乐视听生活以及不同的个人体验。当然，由于流行音乐风格的多样性，也存在一些小众的先锋音乐、地下音乐，但从整体来看，流行音乐"作为一种'无准备的音乐'，其认知功能从受众的接受程度方面较其他音乐艺术来讲，无疑具有最大的强度"②。

第二，审美功能。审美性是艺术的基本特性，而流行音乐作为音乐艺术的一种形式，更集中地体现了这一点。流行音乐主要表现当代社会生活，反映人们的喜怒哀乐的情感变化，借助科技手段，用特有的文化艺术形态来把握审美的价值和内涵，而且具有一定的时代性和民族性。经典的流行音乐旋律优美，格调高雅，歌词朗朗上口，通过对它们的欣赏演唱，可以带来美的愉悦享受，提高人们的审美水平。在音乐的审美过程中，人们不仅从听觉、视觉的角度欣赏音乐，而且通过各种各样的方式来宣泄内心的激情，真正地融入音乐所渲染的氛围中去。例如，以周杰伦"中国风"为代表的流行音乐，歌曲描绘了诗一

---

① 陈绮、刘奔：《哲学与文化》，中国社会科学出版社1996年版，第170页。
② 王思琦：《中国当代流行音乐文化功能研究》，《中国音乐学》2007年第2期。

般的意境，使人不禁心驰神往。值得一提的是，也正是由于流行音乐文化的这一功能，才更符合主流学校音乐教育以审美为核心的价值观。二者的结合，具有相当的说服力。从某种意义上说，以流行音乐为主的社会音乐生活承担了社会音乐教育的功能，具备了音乐普及、提高大众审美能力和音乐素养的潜在可能性。

第三，教化功能。指流行音乐对人的思想、道德、人格等精神方面产生的影响和作用。自古以来，人们就很重视音乐艺术的教化作用，将音乐视为教化的有力工具。音乐是一定意识形态的产物，流行音乐文化也不例外，流行音乐具有典型的大众文化和青少年亚文化意识形态；同时，受商业性的限制，流行音乐又不可能完全脱离主流意识形态的控制，是二者互相妥协后的产物。当然，为了不丧失受众群体的喜爱和追逐，这种教化功能并不是直接表现出来的，而是以"随风潜入夜，润物细无声"的状态潜移默化地影响着大众。这在"主旋律"流行歌曲中的体现尤其鲜明：如《爱我中华》《亚洲雄风》《红旗飘飘》《国家》等脍炙人口的爱国歌曲，都在对祖国的赞美抒情中，使人们受到深刻的爱国主义教育与鼓舞。就中国当代流行音乐文化而言，从历史发展的角度看，当社会的意识形态呈现单一化时，其教化功能将呈现弱化；反之，当社会意识形态呈现多元化时，其教化功能逐渐增强。这是由中国国情和文化背景所决定的，而教化功能主要通过流行歌曲的歌词来完成。

（二）社会层面

第一，娱乐功能。作为社会文化的产物，流行音乐的娱乐功能是其成为大众文化的重要原因。它提供了人们娱乐消遣的各种途径，在一定程度上舒缓了现代人的生存压力和精神压力。通过欣赏或演唱流行音乐，人们可以宣泄生活中的各种不快，抒发内心的情感，达到心情舒畅、轻松自然的状态。随着20世纪90年代"卡拉OK"在中国大陆的普及，以及歌舞厅、酒吧和KTV的大量出现，流行音乐的娱乐功能得到前所未有的彰显。流行音乐冲击着人们的视听世界，感官欲望的满足和享受成为最主要的娱乐目的，"它迎合、表达并且满足着大众的感官欲望与本能冲动，它常常让人联想起弗洛伊德所说的那种尊奉快乐原则的'本我'人格"①。

第二，消费功能。"十八、十九世纪的音乐大师们把音乐从上帝和教父们的手里夺回到人间，变成隽永的高雅艺术。而今天流行歌曲的歌手们和音像出版商则把音乐直接带向市场，成为一种特殊的商品。"②流行音乐作为近代西方工业文明的产物，它从一诞生便深深地打上了商品化的烙印，而消费功能正是流行音乐作为商品的基本功能，它改变了大众的消费观念，拓宽了消费途径，刺激了消费行为，形成了新的消费市场。这种消费功能既包含了物质层面上人们对流行音乐的消费行为，如购买流行音像制品、上网付费下载歌曲、购买演唱会门票等，又包含了意识形态层面上人们对流行音乐的聆听、欣赏、吸收和传播。除此之外，还包含了与之相关的消费行为，例如，人们在欣赏流行音乐的过程中，对音乐的热爱，学习音乐的积极性也被激发，会自觉产生进入KTV练习演唱，学习电钢琴、吉他、电贝司、萨克斯等伴奏乐器等消费行为，这些都推动了音乐类经济产业的发展。

第三，传播功能。流行音乐充分利用现代科学技术和大众媒体，以大规模批量化生产的磁带、唱片、光盘、MTV作为载体，扩大了音乐受众群体的范围，再通过报纸刊物、电视、广播、演唱会、互联网等各类途径传播，已成为无所不在的社会文化现象。社会环境的开放、传播技术的发展，都为流行音乐的传播功能提供了充分的条件。"据统计，1984年从广东入境的港澳同胞、华侨、外宾达1198.4万人次，就把不少外国通俗音乐、流行歌曲传播到青少年中间；同时，广东省1984年共接待国内各省市游客1600多万人次（不包括探亲访友和工作往来），这些人又从广东把国外通俗音乐、流行歌曲带到全国各地。"这段记载用数字形象地说明了流行音乐的传播功能。流行音乐传播的不仅是流行音乐自身，还有时代背景下的思想、观念、价值和文化。

第四，重构功能。流行音乐文化在一定的社会文化环境中产生，反之又推动了后者的发展。流行音乐在不停地随着社会的变迁而不断地发展和完善，一旦人们需要什么样的内容、风格的作品，流行音乐市场就会出现与之相适应的作品。因此，流行音乐在受到时代文化影响的同时又具有了重构时代文化的功

---

① 邓晓芒：《从寻根到漂泊：世纪之交的中国文学与文化》，羊城晚报出版社2003年版，第313页。
② 叶林：《流行歌曲商品化是一把双刃剑》，《人民音乐》2001年第6期。

能。以网络歌曲为例，最早的狭义的网络歌曲，是指在网上发表和走红的歌曲，如《东北人都是活雷锋》《老鼠爱大米》。随着这类歌曲的走红，出现了被专业音乐公司推出、在网上被网友推荐、传播的歌曲。网络歌曲有了广义的含义。受众出于对流行音乐的喜欢，不断地加强它的传播和推广，从而强化了流行音乐的文化内涵，形成了流行音乐文化的重构功能。

第五，反哺功能。关于流行音乐文化的反哺功能在王思琦的《中国当代流行音乐文化功能研究》[①]一文中有详细阐述，认为主要是存在于不同文化间的反哺。而笔者认为，这种反哺应包含不同时空不同类别的文化之间的反哺。这种功能首先表现在流行音乐对古典音乐和民族音乐的反哺，如"高雅音乐通俗化""民族音乐流行化"。其次是流行音乐对学校音乐教育的反哺，例如《哈尔滨日报》刊登过一篇名为《听孩子们的话，教周杰伦的歌》的报道，"征求家长、孩子的建议，将流行音乐引进校园欣赏课，学生可听可学可唱，第一堂课欣赏的周杰伦歌曲定为《听妈妈的话》和《本草纲目》"[②]。青少年学生对于流行音乐的喜爱和了解对教师的知识结构也进行了一定程度的反哺。最后是中国内地流行音乐文化对港台地区，以及世界流行音乐的反哺。例如，筷子兄弟演唱的《小苹果》神曲在华人地区风靡；来自丹麦的音乐组合 Michael Learns to Rock 的第 6 张大碟《Take Me to Your Heart》的同名主打歌改编翻唱自中国香港歌星张学友的成名曲《吻别》，同样大受欢迎。

第二节　中国当代流行音乐发展概述

如果要进一步思考和分析流行音乐文化对青少年的影响，坦然直面流行音乐文化，首先必须对中国当代流行音乐的发展历程有个大致的了解，从而才能真正认识其存在的状况和价值。

从 1927 年黎锦晖创作出我国第一首流行歌曲《毛毛雨》开始，便开启了我国现代流行歌曲的先河。从 20 世纪二三十年代的大上海时代追溯至今，我国流行音乐已经走过了近百年的历史。但我国内地流行音乐文化真正得到发展，要

---

① 参见王思琦《中国当代流行音乐文化功能研究》，《中国音乐学》2007 年第 2 期。
② 王静：《听孩子们的话，教周杰伦的歌》，《哈尔滨日报》2009 年 3 月 3 日第 4 版。

从20世纪七八十年代开始算起。其中既包括中国内地地区流行音乐的发展，也包括香港、台湾地区流行音乐文化在内地的发展。由于本书研究的对象主要是流行音乐影响下的我国内地的学校音乐教育，因此，在这里不再单独对香港和台湾地区的流行音乐做一一详述，只对相关内容进行概述。

一、1978—1985：复苏与萌发（关键词：邓丽君、李谷一、《我的中国心》）

随着长达十年的"文革"的结束，中国的政治经济发生了前所未有的巨大变化，文化的发展也随之进入了一个新纪元。中国共产党的十一届三中全会之后，改革开放成为共识，人们封闭压抑已久的内心世界开始渴望追求新鲜事物。此时，以邓丽君为代表的港台歌手的歌声飘入了中国内地，走入了人们生活之中，引起了听众的好奇、喜爱以至追逐模仿，流行歌曲风靡一时。但由于时代的原因，这些歌曲仍受到不少质疑和争论，此时期的抒情歌曲还是人们聆听的主流。

有学者曾慨叹："新时期初苍生有幸，有邓丽君的天籁之音，邓丽君又让人们意识到，原来还有这样一种唱法，让人人能开口歌唱，让人人都觉得自己也有歌唱才能。以前那纯粹表演声音的美声太艺术了，让人敬而远之。"[1] 由于"文革"后不久，邓丽君甜美的歌声在迅速流行的同时又备受争议。但邓丽君带来的柔情歌曲及其通俗易懂的唱法和演唱风格引导了中国内地第一批流行歌手的演唱，模仿邓丽君成为20世纪80年代初期的一种时尚。可以说，邓丽君对中国内地当代流行乐坛的贡献是巨大的，在新旧文化的交替中，邓丽君不自觉地承担并完成了承前启后的使命。

邓丽君对中国内地流行乐坛影响甚大，其中最重要的就是影响了当时一批女歌手的演唱风格，即所谓的"气声唱法"，李谷一便是其中一位。1979年12月31日晚，中央电视台在《新闻联播》之后播放了电视纪录片《三峡传说》，李谷一演唱的《乡恋》作为片中插曲播出。这位湘妹子歌手，通过邓丽君式的气声发音和人称代词"你"，情真意切地演唱出了对祖国山河的依恋之情，一经

---

[1] 谢轶群：《流光如梦：大众文化热潮三十年》，广西师范大学出版社2008年版，第29页。

播出便风靡大江南北。谁知在引起关注的同时，也招来无数批评的声音，"当时中国音乐家协会、中央乐团的领导都为此向李谷一亮出了黄牌"①。

我们今天来看李谷一这首当年引发争议的歌曲，不过稀松平常，甚至缺乏成熟的演唱技巧，在当时这种气声的演唱方法引起了很大的争论。不过，值得庆幸的是，三年后，在1983年的中央电视台春节联欢晚会上，观众热线高密度点播禁曲《乡恋》，广播电视系统的领导只得冒着风险，咬牙同意李谷一在全国人民面前演唱这首歌曲。《乡恋》终于在春节晚会得以"正名"，被誉为中国内地流行歌曲的"开山之作"。

在1984年的春节联欢晚会上，身着中山装、戴着眼镜、貌不惊人的张明敏演唱了一首《我的中国心》，以深情的爱国热情、铿锵有力的节奏一炮而红，风靡全国。当时只是香港二线歌手的张明敏成为国人心目中颇有地位的巨星。这首歌曲改变了国人心中港台歌曲等于"靡靡之音"的一贯印象，唤起了观众和海外华人的爱国热情。值得一提的是，这首歌曲目前已经被收录于2012人教版新教材音乐七年级下册第一单元，以及苏教版音乐教材八年级上册第一单元。

二、1986—1989：发轫与崛起（关键词：百名歌星演唱会、崔健、西北风）

这个时期是中国内地流行音乐文化的发轫与崛起期。1986年首届百名歌星演唱会的举办、流行乐坛"西北风"的出现、中国摇滚第一人崔健的呐喊都是中国流行音乐崛起的阶段性标志，是对港台流行音乐的新的超越。在这一阶段，流行音乐文化日益繁荣，出现了许多新的发展，并进入了中国的主流社会。

> 1986年是通俗音乐发展史上的一个重要年份。这一年内，中央电视台举办的全国青年歌手大奖赛中开始设置通俗唱法，中国音协等单位主办了"孔雀杯"民歌通俗歌曲大奖赛……而最有影响又最有意义的活动则是献给世界和平年的百名歌星演唱会。②

---

① 黄力之：《当代审美文化史论》，中央编译出版社2001年版，第129页。
② 金兆钧：《来也匆匆，风雨兼程——通俗音乐十年观》，《人民音乐》1990年第1期。

1986年，内地音乐人郭峰发起，并联合东方歌舞团、中国录音录像出版总社以及北京电视台等共同举办了以"让世界充满爱"为主题的演唱会，韦唯、蔡国庆等上百名歌星参加了演出。在此之前的1985年，美国摇滚巨星迈克尔·杰克逊等多名歌星在洛杉矶举行了为非洲灾民募捐的大型义演。同年，中国台湾的罗大佑、张艾嘉等人也发起了"明天会更好"演唱会。两场演唱会的主题歌《We Are the World》和《明天会更好》表达了博爱的情怀和宏大的主题，一炮而红，成为流行歌曲中的经典之作而被广为传唱。

"让世界充满爱"正是在这两场音乐会的震撼和启发下举办的。和前两首歌曲一样，由郭峰等人作词、郭峰谱曲的主题歌《让世界充满爱》由于思想的博爱和宏大的叙事视角，超越以往小情小爱的主题，从而大获成功。数据显示，"《让世界充满爱》录音带发行量突破300万盘，荣获1986—1987全国盒式录音带金奖；1987年2月，共青团中央、广播电影电视部、中国音乐家协会授予'让世界充满爱'为歌唱社会主义精神文明建设优秀歌曲奖"[①]。这首中国流行歌曲中的经典作品，一举突破了之前人们对流行音乐的争议和批评，以一种主流文化的姿态进入了中国社会。当时的专家学者给出了这样的高度评价："这也给了人们一个明确的回答，流行歌曲是可以和能够表现好重大题材的。那种认为流行音乐只能唱唱风花雪月、只能哼哼卿卿我我的观点是十分片面的。事实上，与传统音乐和严肃音乐相比，通俗音乐最善于表达群众的强烈愿望，最能够直接表现时代的尖锐主题，包括政治性的题材。"[②]

可这场演唱会的成功绝不仅仅于此。李皖在《中国60年：歌曲中的时代偶像》中这样写道：

> 5月9日，北京工人体育馆，"1986国际和平年"纪念演唱会上，一个大家叫不上名字的男青年走上了舞台：
> 我曾经问个不休／你何时跟我走／可你却总是笑我／一无所有
> 我要给你我的追求／还有我的自由／可你却总是笑我／一无所有

[①] 张燚：《中国当代流行歌曲演唱风格发展脉络及其相关问题研究》，硕士学位论文，福建师范大学，2004年，第35页。
[②] 梁茂春：《通俗歌曲的重要收获——评歌曲〈让世界充满爱〉》，《北京音乐报》1987年5月20日。

这声音突然迸出,很憋,很高,很刺激,很难听。但是它又很吸引你。《一无所有》的磁带出版后,这首歌流进了北京文化圈子的聚会。[①]

在音乐评论家李皖口中的这个"大家叫不上名字的男青年"正是日后对中国内地乐坛乃至中国流行音乐史都有着举足轻重影响的歌手——崔健。在此次演唱会上的登台亮相,他演唱了一首《一无所有》,这是个里程碑式的作品。在那个"变动四处发生……价值观、处世态度、行事规则、生活可能、未来前景……已经全然不同"的时代,"许多话都还说不出来"[②],而崔健用摇滚的方式呐喊出了年轻人最苦涩最迷惘的心里话。《一无所有》被公认为是中国内地摇滚乐的开山之作,标志着内地摇滚乐的正式诞生,因此崔健也在中国文学史上被称为中国"当代的首席摇滚诗人"[③]。随后,一大批摇滚乐队和歌手进入了人们的视野:黑豹乐队、唐朝乐队等,这些新兴的摇滚乐势力也成为 20 世纪 80 年代后期至 90 年代中国内地流行音乐在境外影响最大的一个群体。

《一无所有》采用了把具有西北高原特色的民族音调纳入摇滚性音乐的整体构思,而当时由著名歌手程琳演唱的《信天游》也采用了西北民歌素材,而且两首歌也都具有粗犷淳朴的摇滚风格和民族音乐的传统神韵。至此,以崔健演唱的《一无所有》为代表,歌坛"西北风"拉开了序幕,《信天游》《黄土高坡》《我热恋的故乡》等作品,在中国内地乐坛刮起了一阵"西北风"。其风格特点就是"歌词上的文化批判意识,音调上寻找北方慷慨悲凉的音乐素材,编曲和演唱上则借鉴摇滚乐的形态和技法,追求一种大感觉和大力度"[④]。不过,由于各种原因,"西北风"的流行很快便过去了。1989 年以后,中国内地流行音乐进入了低谷期,创作大致朝着三个方向发展:"一是继续延承港、台浪漫主义风格写作,二是向纯'摇滚乐'方向发展,三是向民歌风抒情歌曲创作传统回归。不同风格之间的界限逐渐分明。在 1989 年内,主要创作倾向仍以民歌风抒情歌曲为主。"[⑤]

[①] 李皖:《中国 60 年:歌曲中的时代偶像》,《羊城晚报》2011 年 7 月 24 日第 b1 版。
[②] 李皖:《中国 60 年:歌曲中的时代偶像》,《羊城晚报》2011 年 7 月 24 日第 b1 版。
[③] 陈思和:《中国当代文学史教程》,复旦大学出版社 1999 年版,第 326—328 页。
[④] 金兆钧:《光天化日下的流行——亲历中国流行音乐》,人民音乐出版社 2002 年版,第 123 页。
[⑤] 金兆钧:《流行音乐:1989》,载《中国音乐年鉴》编辑部编《中国音乐年鉴》,山东教育出版社 1990 年版。

三、1990—1999：繁荣和衰退（关键词：卡拉 OK、摇滚乐队、民谣、1994 新生代）

这一阶段是我国内地流行音乐不断发展的阶段。在卡拉 OK 普及社会家庭的情况下，港台音乐对内地歌坛影响加深，摇滚乐队和各类民谣在得到了较好的发展之后，达到了一定程度的繁荣。至 1994 年内地歌坛出现了创作繁荣、风格多样化的局面，新生代歌手不断涌现，不少歌曲成为经典曲目传唱不衰。可惜好景不长，由于种种原因，中国内地流行音乐从 1995 年以后开始走下坡路，开启了漫长的调整和整合。

在"西北风"衰落之后，由于中国内地改革开放进程加速，社会大众的消费能力得到了进一步增强，适于大众模仿的"卡拉 OK"设备在中国都市方兴未艾，甚至走进寻常百姓家。

由于卡拉 OK 的普及，港台流行歌曲在它的推动作用下进一步迅速传播和发展，对内地乐坛造成了强烈的冲击："忽然有一天所有歌舞厅都改成卡拉 OK 厅，有伴奏、有歌词，任何人都能开口唱歌。内地没有片源，听的几乎都是港台音乐。"[1] 至 1994 年之前，已俨然形成港台流行歌曲一统天下的格局。值得关注的是，这种大家唱活动对青少年的影响是比较大的，"严重冲击着校园，（学生们）纷纷走进卡拉 OK 厅，或在家搞卡拉 OK 派对"[2]。笔者就曾经有过这样切身的体验：在小学六年级左右（1992 年），笔者的四舅家当时买了一台卡拉 OK 机，我们在新奇之余引吭高歌，这成为全家老小经常欢聚一堂的家庭活动。

为了遏制港台流行歌曲的势头，1991 年由中国唱片总公司、中国录音录像出版总社和北京文化音像出版社等单位联合制作出版《中华大家唱（卡拉 OK）曲库》，从某种程度上冲击了港台流行音乐，但终究无法扭转流行音乐跟风港台的现实。

而此时内地的摇滚乐一枝独秀。经过 20 世纪 80 年代后期的初试啼声，进入了 90 年代的全面辉煌。在整个社会文化生活中，摇滚乐的影响也越来越大。从北京工人体育馆到香港红磡，崔健的"新长征路上的摇滚"、黑豹乐队的狂

---

[1] 金兆钧：《流行音乐：想把中国唱给世界听》，《中国艺术报》2012 年 3 月 19 日第 7 版。
[2] 佚名：《学生大唱卡拉 OK 有害无益》，《源流》1994 年第 2 期。

野激情、唐朝乐队的文化穿越、"魔岩三杰"（窦唯、何勇、张楚）的文艺真诚，使内地摇滚乐的热潮一浪高过一浪。值得注意的是，这一时期摇滚乐许多作品的配乐和填词具有浓烈的民族气息。据《十年——1986—1996中国流行音乐纪事》记载："1989年3月，中国摇滚乐第一张专辑崔健的《新长征路上的摇滚》面世。4月和5月，香港、台湾相继出版并发行崔健的专辑《一无所有》（即内地版《新长征路上的摇滚》）。该专辑在海峡两岸三地同时引起震动。"①

20世纪90年代初期，中国的改革开放进入了一个新的发展时期。"经济的振兴促进了文化产业的大发展，中国流行音乐就这样在几年的尝试和反思中获得了又一次大发展的机遇。"②1993年，李春波演唱的《小芳》、艾敬演唱的《我的1997》等歌曲体现了对青春年华的眷恋和对美好未来的向往，以独特的音乐风格风靡一时，被称作"城市民谣"。随后不久，出现了《同桌的你》《睡在我上铺的兄弟》《青春》《b小调雨后》《那天》等校园民谣作品，代表歌手有老狼、叶蓓等。他们带来了青春的回忆故事和校园的清新之风，受到大众的喜爱和欢迎，尤其是青少年学生的喜爱。据《南方声屏报》当时的报道："这一期间，大学生自己创作并演唱、反映当代青年现实生活及其情感状态的'校园民谣'，以及以'校园民谣'为主体发行的音像制品开始在学生和城市青年中引起广泛的影响。"③

1994年左右的内地乐坛，陈小奇、李海鹰、解承强、毕晓世等"岭南派"音乐人创作出《涛声依旧》《晚秋》《轻轻地告诉你》《大哥你好吗》《小芳》《快乐老家》《爱情鸟》《你在他乡还好吗》《牵挂你的人是我》等大批贴近百姓生活、通俗易懂、易学好唱、容易引起情感共鸣，又不失文学底蕴的佳作。李春波、孙悦、杨钰莹、毛宁、陈明、林依轮、那英、甘萍、白雪、谢东、于文华、陈红等一大批被媒体称为"九四新生代"的歌手脱颖而出。据《十年——1986—1996中国流行音乐纪事》记载："从1993年到1994年，大陆流行乐坛有上百张原创专辑面世，不胜枚举，歌坛之繁荣与活跃由此可见一斑。"④

---

① 北京汉唐文化发展有限公司编著：《十年——1986—1996中国流行音乐纪事》，中国电影出版社1997年版，第54页。
② 金兆钧：《光天化日下的流行——亲历中国流行音乐》，人民音乐出版社2002年版，第171页。
③ 周集：《校园民谣，正确引导迫在眉睫》，《南方声屏报》1994年第53期。
④ 北京汉唐文化发展有限公司编著：《十年——1986—1996中国流行音乐纪事》，中国电影出版社1997年版，第148页。

1994 年以后，虽然中国内地流行音乐风格多变，但仍有永恒不变的东西，例如歌颂亲情和美好生活的歌曲每年都会"经久不衰"地流行一首或几首。乐评人李皖对此做了如下的总结：1995 年的《纤夫的爱》《今儿个高兴》；1996 年的《大花轿》《九月九的酒》《懂你》；1997 年的《祝你平安》；1998 年的《相约九八》《知心爱人》；1999 年的《常回家看看》。[①]

四、2000—2015：多元与融合（关键词：网络音乐、韩流、周杰伦、超级女声、音乐选秀）

自进入 21 世纪以来，中国内地流行音乐的发展与过去相比有了非常大的变化。随着全球化的文化风潮，传播技术的发展日新月异，中国内地流行音乐文化受到日韩和欧美音乐影响日渐加深，音乐创作上出现了新风格，音乐制作与推广方面也出现了新机制。总之，内地流行音乐的发展呈现出多元、融合的总体特征。

乐评人金兆钧认为，"进入新世纪之后，蜕变、彷徨、寻根与围城可以说是对中国当代流行音乐发展状况较为贴切的定位"[②]。这句话比较客观地概括了自 21 世纪以来中国内地流行音乐的发展。21 世纪初，以"韩流"和以周杰伦等歌手创作的"中国风"流行歌曲风靡内地，2005 年以后随着"超级女声"活动拉开了长达十年的音乐选秀节目序幕，并且愈演愈烈，到了 2012 年《中国好声音》播出以后，音乐选秀和网络音乐一起成为新时代的音乐文化现象。

首先，流行歌曲传播方式的悄然改变。2001 年，雪村创作的《东北人都是活雷锋》是第一首真正意义上的网络流行音乐。它开辟了原创流行音乐推广的新途径：歌手没有签约唱片公司，没有进行商业包装，作品没有版权协议，也不通过音像商店售卖，仅仅依靠互联网就得以迅速而广泛传播。[③]

其次，从一炮而红的雪村到 2004 年网络红人杨臣刚、庞龙，再到后来的

[①] 参见李皖《偶像的力量（1994—2009）——"六十年三地歌"之九》，《读书》2011 年第 12 期。
[②] 杨和平：《对当代流行音乐发展的历史反思——文艺批评家金兆钧访谈》，《文艺报》2014 年 10 月 10 日第 3 版。
[③] 参见王思琦《网络流行音乐与网络上的流行音乐——新世纪中国内地流行音乐发展回顾之一》，《歌唱世界》2015 年第 10 期。

香香，网络歌手以惊人的速度红遍大江南北，网络歌曲成了流行乐坛的新生力量。《老鼠爱大米》《两只蝴蝶》《香水有毒》《爱情买卖》等歌曲均迅速蔓延，并以迅雷不及掩耳之势火遍全国，席卷了大街小巷，拥有广泛的传唱度。这类歌曲呈现的特点是平民化较强，作品短小简洁，用最直白的语言做歌词来描述生活。由于手机、互联网等传播媒体的普及，后来涌现的大量的彩铃、网络歌曲等，其中不少存在歌词低俗、旋律直白的特点，亦称"口水歌"。

面对这种现象，一方面，国内的词曲作家闫肃、徐沛东等人曾于2007年10月联名发起《抵制网络歌曲恶俗之风，倡导网络音乐健康发展》倡议书。另一方面，"2007年以后，唱片公司在抱怨网络流行音乐抢占其原本就岌岌可危的市场的同时，也在不断反思并努力寻找新媒体时代背景下的发展道路。……网络流行音乐质量出现了较大的提升"①。

笔者认为，网络流行歌曲是全球化发展的必然趋势，是流行音乐传播技术进步的又一种表现形式，如何用开放的眼光去看待一种深受喜爱欢迎的新生事物成功背后的价值，并寻找可以总结的经验；如何处理商品化与艺术化之间的矛盾、拉近雅与俗的距离，这是我们应该重视并解决的问题。

随后，以"韩流"为代表的日韩流行音乐文化席卷了中国内地。早在1998年，随着H.O.T等一批韩国歌手及音乐组合形式进入中国内地音乐市场，"韩流"一词就进入了我国的文化视野。"在电影、电视剧和流行音乐等多种构成'韩流'的方式中，韩剧的观众众多，影响也最为广泛。而流行音乐则特点更为鲜明，在青少年中引起的反响也最为强烈。"②《音乐周报》上有这样的描述：

> 仔细观察日、韩流行音乐的现状，其舞台表现形式大多模仿欧美，超大屏幕的播放巡演盛况，现代化的音响、灯光装饰；服装、发型的夸张；音乐节奏热烈而浓重等。一场晚会结束，几乎让人没有喘息的机会。③

由于过度商业包装、模仿欧美、缺乏个人风格等多方面原因，21世纪初

---

① 王思琦：《网络流行音乐与网络上的流行音乐——新世纪中国内地流行音乐发展回顾之一》，《歌唱世界》2015年第10期。
② 滕青：《流行音乐中"韩流"现象之反思》，《哈尔滨工业大学学报（社会科学版）》2010年第1期。
③ 贺冰新：《流行音乐现状》，《音乐周报》2000年7月21日第7版。

"韩流"音乐在中国持续时间并不久便开始走下坡路。但 2012 年出现了特别的现象：韩国歌手 PSY（鸟叔）带着网络神曲《江南 Style》，跳着搞笑的招牌骑马动作出现时，通过互联网的快速传播，几个月内红遍全球，在中国也是风靡大江南北。由此可见，韩国流行音乐文化的影响不可小觑。

这个时期，以周杰伦音乐为代表的说唱音乐受到广泛欢迎。自 2003 年开始，随着周杰伦与方文山合作的流行歌曲《东风破》的问世，"中国风"开始以一种颇有影响力的音乐形式呈现，具有代表性的歌手和作品有：周杰伦的《东风破》《菊花台》《青花瓷》，陶喆的《望春风》《Susan 说》等。"2006 年 8 月，周杰伦在全球首发单曲《千里之外》的开篇旁白中强调：'每一张专辑都要有一首中国风歌曲'。至此'中国风'终于确凿命名。"①

2005 年湖南卫视举办了第二届《超级女声》选秀，李宇春、周笔畅、张靓颖这三名默默无闻的普通女生在这场平民狂欢盛宴中一举成名，"pk""粉丝"等新鲜名词也成为日常用语。自《超级女声》选秀火爆之后，国内还跟风出现了一大批类似的音乐选秀节目如《最美和声》《中国梦之声》《中国最强音》等，令人目不暇接。似曾相识，却难以辨识，长达十年的选秀时代由此开始。直至 2012 年浙江卫视打造的《中国好声音》、湖南卫视 2013 年《我是歌手》以及 2014 年中央电视台推出的《中国好歌曲》，音乐选秀节目开始呈现更加精英化、专业化的制作风格，并出现了吴莫愁、吉克隽逸、姚贝娜等新一代人气歌手。

因为互联网和手机强大的传播功能，这一时期的流行乐坛"你方唱罢我登场"的局面日益显现，令人眼花缭乱。流行歌曲的产量剧增，走红期却越来越短；流行歌手和偶像的名字很多，知名度却是"流星"一般转瞬即逝；流行音乐的商业化达到了前所未有的程度，因此，也有媒体称之为"光天化日下的衰竭"②。笔者认为，随着经济文化产业的全球化，这一时代虽然充满了各种复杂因素，但流行音乐创作也在调整中不断走向民族化、多元化和国际化，组合演唱等形式越发成熟，也沉淀下来许多传唱度非常高的作品。

---

① 肖婷：《青少年对流行音乐"中国风"的文化解读》，硕士学位论文，复旦大学，2010 年。
② 邹焕庆：《中国流行音乐："光天化日下的衰竭"》，《中国文化报》2005 年 6 月 24 日第 1 版。

第三节　流行音乐文化与青少年[①]成长

一、理论批评家们对流行音乐的批评

20世纪40年代，德国大众文化研究学者阿多诺曾经在他《论流行音乐》一文中毫不客气地发表过对流行音乐的批评。他认为流行音乐能使人精神涣散和听觉退化：

> 流行音乐的刺激所遇到的问题是，人们无法将自己的精力花在千篇一律的歌曲上，这意味着他们又变得厌烦无聊起来。这是一个使逃避无法兑现的怪圈。而无法逃避又使得人们对流行音乐普遍采取了一种漫不经心的态度。……一方面，生产与传媒宣传领域预料到了精神涣散，另一方面它们又生产出了精神涣散。[②]

阿多诺从文化工业批判的角度出发，指出流行音乐是商品化、标准化、伪个性化的，并认为流行音乐主要成为一种社会黏合剂[③]。这标志着对流行音乐的研究进入了一个理论化的时期。

笔者认为，流行音乐是现代西方工业文明的产物，阿多诺的研究对当今世界特别是中国的流行音乐研究有着其特殊的贡献：尽管有其片面性和时代局限性，但也展现出它的合理性和影响力，而且对于后来学者关于青少年亚文化的研究有一定的启示作用。

在我国，"文革"结束以后，随着港台音乐传入内地，许多歌星开始模仿港

[①] 本书中的重要名词"流行音乐文化"是一种深受青少年喜爱的大众文化，也是青少年"亚文化"中最重要的组成部分，对青少年的观念和行为有着巨大的影响。根据莫晓春《关于"青少年"年龄界定问题的思考》一文中对于青少年的界定，特指12—17岁的未成年人。故本书中的青少年主要指中学生。

[②] Theodor W.Adorno, "On Popular Music", *Cultural Theoryand Popular Culture: A Reader*, London: Routledge, 1998, p.205.

[③] Theodor W.Adorno, "On Popular Music", *Cultural Theoryand Popular Culture: A Reader*, London: Routledge, 1998, p.206.

台流行音乐的风格，中国内地的流行音乐再次得到发展。20 世纪 80 年代末内地流行音乐逐渐兴盛之时，作家陈志昂在《流行音乐批判》《论通俗音乐》两篇文章中连续就流行音乐对青少年的影响展开了严厉的批评：

> 以邓丽君为代表的台湾、香港"时代曲"，利用我对外开放之机乘虚而入，严重地冲击了我们的音乐阵地。某些投机取巧的音乐家也起而效尤，如法炮制。缺乏鉴别力的青年趋之若鹜，他们的心灵受到麻醉，他们的审美能力受到损害。①……
>
> 某些负责人和评论家转而迎合落后群众的低级趣味。几年来，上下交煽，愈煽愈炽，流行音乐终于泛滥成灾。我国通俗音乐的发展，走入了严重歧途。……庸俗的流行音乐在这里是没有用场的。我们既不需要无病呻吟，也不需要歇斯底里。②

陈志昂在文章中，用"麻醉心灵、损害审美能力"等严厉字眼拉开了"流行音乐"批判的序幕。1990 年《人民音乐》第 5 期发表陈志昂的《流行音乐再批判》一文，对流行音乐展开了又一次的严厉批判。陈志昂在文章中指出：

> 我认为流行音乐就是庸俗音乐，其中最恶俗的可以称为粗劣音乐……因此，不言而喻，根本不存在什么好的流行音乐。好的音乐，不论如何流行，也不属于流行音乐的范畴。这种观念并不是出自杜撰，而是从对于通俗音乐的历史进行认真的考察所得出的结论。……余心言同志指出："一大批宣传淫秽、色情、荒诞、暴力的出版物和音像制品，毒害了大批群众，特别是青少年，实际上起了培养暴徒的作用"（见 1989 年 10 月 22 日《北京日报》）。事实的确正是这样。③

在这篇文章中，陈志昂对于流行音乐对青少年的影响进行了更猛烈的批判，用了"毒害""培养暴徒"的字眼，表明其坚决反对流行音乐的立场。

---

① 陈志昂：《流行音乐批判》，《音乐研究》1989 年第 4 期。
② 陈志昂：《论通俗音乐（武汉音乐学院学报）》，《黄钟》1989 年第 4 期。
③ 陈志昂：《流行音乐再批判》，《人民音乐》1990 年第 5 期。

如果说，这三篇文章主要是由于特殊历史时期，音乐理论界是出于意识形态对文化的不同理解，那么随着商品经济的发展，流行音乐的娱乐性和商品性逐渐占据了上风，评论家和学者们对此也有了进一步的思考。

2001 年音乐评论家金兆钧发表了《是我们改变了世界，还是世界改变了我们？中国流行音乐的世纪末批判》一文。在文中，他认为当代中国流行音乐出现了"创作的低迷，制作的粗糙，表演的拙劣……"①。金文一针见血地指出了流行音乐的弊端所在：为了追求商业利润对文化消费者曲意逢迎，流行音乐逐渐丧失了艺术的独立性。社会环境过度的商业化扭曲了社会文化的导向，流行音乐的负面效应显示出越来越强大的影响力。金文中还对流行音乐教育与青少年的关系表示担忧，他说：

> 没有良好的音乐教育，中国的流行音乐怎么能够后继有人？第一代音乐人几乎全部出身于专业，第二代大部分出身于业余，所以就多是"一首歌主义"，第三代该如何？我知道现在很多音乐学院的学生们悄悄地介入流行音乐了，我们从教育上能做点什么？不同于前十年，现在的孩子们学习音乐的条件好多了，谁去给他们活泼生动的音乐教育，民族音乐又如何让他们从小入耳入心？②

自进入 21 世纪以来，学者们纷纷撰文批评流行音乐对青少年的影响。其中，以王思琦的《略论中国当代流行音乐的负面效应——从文化功能分析的角度出发》为代表，文章从文化功能的角度，对流行音乐的负面效应做了比较客观的概括：

> 概括地说，流行音乐的负面效应主要表现在对社会资源的浪费、对严肃音乐和传统音乐的排挤、"审美餍足"与音乐审美的相对剥夺、管理不规

---

① 金兆钧：《是我们改变了世界，还是世界改变了我们？中国流行音乐的世纪末批判》，《人民音乐》2001 年第 2 期。
② 金兆钧：《是我们改变了世界，还是世界改变了我们？中国流行音乐的世纪末批判》，《人民音乐》2001 年第 2 期。

范造成的社会负面影响等方面。[①]

值得注意的是，王思琦在文章中特别提出了流行音乐"导致受众群，尤其是青少年群体对严肃音乐、传统音乐审美能力、审美注意力的衰退"的批评。

以上仅仅简单列举了国内外一些理论家批评流行音乐对青少年影响的代表观点，更详细的内容梳理将在本书第二章的第一节呈现。笔者认为，作为市场经济社会中过度商品化娱乐化的流行音乐，在具有其正面功能和价值的同时，负面效应确实是不容小觑的。尤其是对于青少年的成长来说，流行音乐的影响是我们必须冷静面对和理智探讨的话题。

二、中国当代流行音乐文化发展与青少年成长

自改革开放以来，通过广播、电视、杂志、音像制品、演唱会、歌舞厅、卡拉OK等各种途径，流行音乐已渗透在人们的音乐生活中。作为流行音乐最广泛的受众群体，青少年受到其影响最大。下面我们将依据流行音乐发展的分期来讨论流行音乐发展与青少年成长的关系。

（一）流行音乐的发展初期

在这一时期，我国内地的流行音乐尚处于复苏萌发阶段，从歌词内容，到音乐的旋律、节奏、乐器及演唱方式上都让听惯了革命歌曲的人们难以适应，当时人们普遍存在这样的观念，作为"靡靡之音"的流行音乐使人颓废，更会污染青少年纯洁的心灵。严格地说，在80年代初，虽然邓丽君等人的歌曲开始风靡内地，但李谷一等歌手也都饱受着各种非议和批评，流行音乐并非社会音乐文化的主流。

当时最走红的词曲作家是王酩、王立平、谷建芬、张丕基等人，音乐上更多的还是对20世纪50年代和60年代初期抒情群众歌曲传统的继续和拓展，虽然歌词上增强了抒情性，但手法上基本还是延续了从田汉到乔羽的传统，歌颂

[①] 王思琦：《略论中国当代流行音乐的负面效应——从文化功能分析的角度出发》，《人民音乐》2010年第10期。

祖国、民族、时代和劳动的题材占主要部分。① 以广州这个开放性较高的沿海城市为例，受外来文化影响较早，"这些外来文化极大地冲击着原有的文化基础，影响着人们，特别是青年人的价值观、人生观、道德观、恋爱观、艺术观和消费观等"②。港台流行歌曲、粤语歌曲对学生们的影响较大。

> 据统计，1984年从广东入境的港澳同胞、华侨、外宾达一千一百九十八点四万人次，就把不少外国通俗音乐、流行歌曲传播到青少年中间；……根据调查，轻音乐文化在青少年中的传播是广泛的。③

流行音乐创作这块也有较早的尝试，但仍以抒情性的校园歌曲为主，校园原创音乐在广州高校掀起热潮。1986年④出版的专辑中校园原创歌曲《向大海》是中国内地第一张全部由大学生自己作词作曲并演唱的校园歌曲盒带专辑，⑤收录了十六首校园原创歌曲，歌名多带有典型的抒情时代特征，例如《假日里我们冲浪去》《校园，祝福你》等。

流行音乐通俗易懂、传唱率高等特点，使青少年这个追求新奇时尚潮流的群体无法回避，他们常背着大人偷偷摸摸地去听、去学，甚至开始了创作。流行音乐的青少年亚文化性质得到了较充分的体现。

下面这段记载李谷一演唱会情景的文字颇为生动有趣地描述了那个时代的追星场面：

> 最多的时候，李谷一一年要演唱200多场。她出现的演出场合，歌迷即便是和现在的各路"粉丝"相比，也是狂热非常的。半夜两三点就到首体排队买票，把台阶都踩塌了。演出结束后，堵在剧场门口等着李谷一出来，一等就是一两个小时；在天津演出，观众围得水泄不通，还整齐划一地喊起了口号："一二三，李谷一，我们爱死你了。"为了能够退场，乐团

---

① 参见佚名《李谷一一曲〈乡恋〉被批亡国、亡党》，《南方人物周刊》2007年10月26日。
② 廖洪薇：《流行歌曲与大学生心理》，《五邑大学学报（人文社会科学版）》1988年第2期。
③ 何争等：《轻音乐文化与青少年素质》，《青年研究》1985年第8期。
④ 尽管该专辑出版于1986年，但创作却在此之前，笔者注。
⑤ 《中大传唱"好歌曲"——四张校园原创专辑〈桃李芳馨〉发行》，《羊城晚报》2014年12月31日第b7版。

医生、其他女演员围上头巾乔装打扮，引开视线，掩护她从后台溜走，人太多了，警察也来了，乐队的小伙子拿起电棒帮着"挡驾"……

以上这段文字描述，在一定程度上体现了这一时代青少年对于流行音乐和歌星的欢迎与喜爱，流行音乐的影响在广大青少年中的影响日渐扩大，青年们开始寻求建立自己的文化市场。大众传播媒介的进步，港台文化的不断引入，为青少年流行音乐文化市场的形成提供了有利的条件。再加上校园文化的兴起，又为流行歌曲在青少年学生中开辟了一块宽广的阵地。流行音乐成了他们易于、便于接受的娱乐形式。在日益宽松的政治文化环境中，青少年在求知的同时，也寻求愉悦和放松。

但这并不能完全反映当时社会主流文化的选择，因为在当时，"青少年对流行音乐的态度并不是绝对的、非理性的、盲目从众的。这在一些调查报告中以及一些青少年自己的笔录中有所反映"[1]。从1987年《人民音乐》登载的两篇高中生所写的文章《流行歌曲的一二点思考》[2]和《关于"歌星"的一点想法》[3]中可以管窥一二。可惜的是此时的音乐教育界以及政府、媒体等部门并没有及时重视这一现象，也没有合理地引导，而是将流行音乐拒之于千里之外。这也直接导致了日后备受争议和诟病的"追星"现象以及教育界头痛的流行音乐对青少年的负面影响。

（二）20世纪90年代初期

在这一时期里，青少年学生较普遍地热衷于流行音乐，而且行为呈外显性，不再是偷偷摸摸地去学、去听。无论是学校老师还是家长怎样阻挠和干涉，青少年对流行音乐的热情依旧由于主动或被动地接受而未受影响。流行音乐的亚文化特征在这一时期得到加强，这种特征使得流行音乐表现出强烈的个性。随着中国摇滚乐的出现，这种个性的影响也日渐扩大，直接影响了当时的学生们。

1990年的《中国音乐年鉴》有过这样的描述："富有的个体经商者以及功

---

[1] 王思琦：《1978—2003年间中国城市流行音乐发展和社会文化环境互动关系研究》，博士学位论文，福建师范大学，2005年，第69页。
[2] 参见徐韶晖《流行歌曲的一二点思考》，《人民音乐》1987年第3期。
[3] 参见李元《关于"歌星"的一点想法》，《人民音乐》1987年第3期。

课、就业压力大的青少年成了流行音乐的主要消费者,其嗜好和口味左右着流行音乐内容的变化。"①而当时的青少年消费的究竟是什么呢?流行音乐磁带。王思琦的博士学位论文里这样记载:"1986年全国生产盒式音带7400万盒,1988年以中国西部民歌风格为主体的'西北风'流行歌曲生产量也达到了最高峰,这一年单是这一种类型的音像产品全国生产量就是4600万盒。音像出版业的生产规模扩大,无疑为流行音乐的发展提供了广阔空间。"②

由此可见,作为社会成员一分子的青少年学生,他们在课堂和校园之外的社会生活几乎都被流行音乐文化包围着,必然受到直接影响,这种影响在很大程度上是来自心理和文化上的认同感。更重要的是他们对流行音乐方面还有着一种强烈的求知欲、认同感。关于流行音乐对青少年成长的影响问题在社会上也引起了广泛的争论。以摇滚乐为例,《音乐周报》从1990年3月23日起辟专栏讨论"作为文化现象的摇滚乐",五个多月里,共收到近百份来稿,刊登出来自中学生、大学生、工人、干部、中小学教师、社会文化工作者以及音乐专家的39篇文章。③

面对流行音乐的铺天盖地之势和它的巨大影响,一方面,教育界的专家、学者、一线教师们对流行音乐始终持谨慎和怀疑的态度;另一方面,青少年学生们(甚至流行歌手)则心中存有困惑,在遇到流行音乐方面的问题时,希望在音乐课上能得到老师的专业指导,却往往得不到解答:

> 流行音乐在中国当代发展的十余年间一直没有出现专业的流行演唱培训机构,这就使得一些流行歌手求师无门,只有靠"录音机"这个"老师"来学习,确切地说是通过听别人的演唱进而去模仿来完成所谓的"学习"。④

当时教育界对流行音乐的无视和冷漠,与青少年学生流行音乐曲不离口的

---

① 舒泽池等:《流行音乐与磁带市场现状评析》,载《中国音乐年鉴》编辑部编《中国音乐年鉴》,山东教育出版社1990年版。
② 王思琦:《1978—2003年间中国城市流行音乐发展和社会文化环境互动关系研究》,博士学位论文,福建师范大学,2005年,第93页。
③ 参见王思琦《1978—2003年间中国城市流行音乐发展和社会文化环境互动关系研究》,博士学位论文,福建师范大学,2005年,第108页。
④ 王思琦:《1978—2003年间中国城市流行音乐发展和社会文化环境互动关系研究》,博士学位论文,福建师范大学,2005年,第76页。

现状之间形成了极大的反差，其结果导致流行音乐在青少年生活中恣意蔓延，学校和教师不予梳理、不加引导，甚至反对批评，这无疑对正处于成长中的青少年是不利的，甚至是不负责的。

（三）20 世纪 90 年代中后期

20 世纪 90 年代中后期，改革开放的节奏不断加快，中国经济获得了长足的发展，流行音乐文化消费市场也逐步形成。由于卡拉 OK 日益普及催生了青少年对港台歌手的"追星"热潮，形成了以青少年为主体的、巨大的流行音乐消费群体。这一时期青少年的"追星热"究竟是怎样的呢？1994 年《青年研究》杂志登载的一篇名为《"追星热"的社会学思考》记载：

> 调查表明，在"追星族"中 30 岁以下的年轻人占 90%，在这些年轻人中，又主要是以初、高中学生为主的青少年学生，而且其中大部分是初中生，并且是以女学生为主。据北京音乐台的调查：北京在校青少年中 60% 的人有程度不同的"追星心态"，达到狂热程度的占 10% 左右。[1]

1996 年，唐勇强《从音乐欣赏心理看当前流行歌曲对青少年的影响》一文详细地描写了当时中学生追星的情景：

> 一位叫"老狼"的歌星在长沙亮相，一曲唱毕，坐在我不远的一位女中学生将早已准备好的鲜花带上，越过体育馆内看台护栏，冲上舞台向"老狼"献花，并踮起脚在他脸上亲了两片红印，满心欢喜地跑下来。音乐会刚散，我便上前询问她对此有何感受，怎么这样有胆量。她说：我觉得我是世界上最幸福的人，我实现了我在同学们中间说的话，因为她（他）们说我没有这个胆量。[2]

而据《从流行文化到大众文化——都市中的卡拉 OK 现象》一文记载：

---

[1] 邵道生：《"追星热"的社会学思考》，《青年研究》1994 年第 2 期。
[2] 唐勇强：《从音乐欣赏心理看当前流行歌曲对青少年的影响》，《中国音乐教育》1996 年第 6 期。

时下参加卡拉 OK 活动的人绝大多数都是年轻人。据北京西城及有关部门的调查，光顾卡拉 OK 歌厅的顾客，21—30 岁的占 70%，31—40 岁的占 27%，40 岁以上的占 3%。①

这个数据是对卡拉 OK 歌厅消费群体的统计，其中占 70% 的应该多为大学生和其他社会青年。而作为中学生这个群体，由于消费能力不强，数据里并没有体现出来。但在笔者印象中，90 年代初，当时笔者所在的班级曾经每年举办一次卡拉 OK 晚会，类似现在的新年狂欢会之类的活动。同学们都纷纷忘情地演唱《小芳》《吻别》等流行歌曲。尽管笔者当时在安徽一个二级城市读初中，仍有一定的代表性。

针对这一现象，教育工作者和青年研究学者已经开始意识到了流行音乐以及追星行为对青少年的重要影响，纷纷撰文呼吁青少年远离流行音乐，更提出"流行音乐不许进课堂"的观点。事实上，青少年的成长除了受到学校教育的影响，更多的是受到社会、家庭、朋辈群体的认知态度以及大众传媒的影响。当时的一位初三的女生曾这样抱怨道：

现在许多报纸批评追星，为什么同时有许多报，不光是小报，又在大量地登明星的私生活，介绍他们喜欢的颜色和怎么睡觉什么的……好像这样很时髦，不这样追星就不够档次。这些津津乐道的报道，似乎在引导什么，是不是有商业目的？②

正如该文所云："作为对少男少女的正常发展负有重大责任的社会，是无法消除，不应该消除，也不可能消除'青春崇拜'现象的，然而对于当代少男少女'青春崇拜'中的某种具有消极的倾向却是负有不可推卸的纠偏的责任和义务的。"③

同时，我们应看到，青少年的追星行为也有其合理性，值得成人关注、尊重、认同和正确引导。如果只是一味地指责，反而会使青少年产生逆反心理。

---

① 张继焦：《从流行文化到大众文化——都市中的卡拉 OK 现象》，《民俗研究》1997 年第 2 期。
② 邵道生：《"追星热"的社会学思考》，《青年研究》1994 年第 2 期。
③ 邵道生：《"追星热"的社会学思考》，《青年研究》1994 年第 2 期。

广州的一位中学生这样说道：

> 青少年追星，渴望的是寻找一块自己的天地，盼望自己也能像偶像一样有成就，被万人拥戴。但这心理没人理解，也没人去引导该追些什么，应该怎样追。大人们只会责怪我们不认真读书，不务正业，只会赶时髦。[1]

笔者认为，一个健康的现代社会，不应当听任流行音乐文化充斥一切，也不应由于它对青少年一代的巨大影响力（即使是消极的）就予以强行抑制。因此，在包括电视广播等媒体的播放、音乐市场的管理等环节上，包括政府、学校和家庭在内的整个社会，如果都能够自觉地承担应有的社会责任，采取妥当措施对流行音乐进行适当的引导和教育，而不是一味地放任或者压制的话，青少年的成长环境将会更为健康有序。

（四）21世纪以来

这一阶段里，由于互联网的广泛普及和推动，流行音乐界出现了网络音乐、"韩流"、"中国风"和选秀等风潮现象，对青少年的影响可以说是前所未有的巨大。教育界对于"流行音乐"的讨论成为热点，各类研究文章层出不穷，这里不再一一列举，仅就《中国青年研究》杂志在2003年和2015年刊登过的两次有代表性的关于"青年文化"讨论的调查报告做简要梳理。

第一次是由《中国青年研究》杂志社策划、实施、完成的"流行音乐（歌曲）与青少年成长"的调查，于2003年1月刊登在《中国青年研究》：

> 为准确把握青少年流行文化现象的发展态势，深入了解流行文化现象背后的青少年心理、心态、思想和观念，进而揭示青少年流行文化现象的内在含义、产生原因、整体特征及其发展规律，加强与改善新世纪新阶段我国青少年的文化建设工作，共青团中央于2002年4月—11月，开展了一项题为"青少年流行文化现象与对策研究"的调研活动。

调研报告分为《嵌在青春的日子里：大学生与流行音乐》《浓甘肥辛非真

---

[1] 刘小钢、赵宪生：《广州青少年"追星热"与辅导对策》，《青年研究》1993年第8期。

味：社会青年与流行音乐》《"中学生与流行音乐"访谈实录》《岁月如歌："青少年与流行音乐"访谈比较》《且行且歌："流行音乐与青少年成长"研究》五个部分，分别从大学生、社会青年、中学生和其他青少年的视角进行了访谈，结论显示：

> 流行音乐已经融入青少年的日常生活中，在潜移默化中影响着青少年的观念与行为方式。[①]

> 虽然在对流行音乐的态度上，两代人有一定的矛盾，但是青少年喜欢流行音乐自有其合理因素，禁止是拙劣而无效的，唯有理解和引导才是明智的态度。[②]

第二次是由易旭明、张萌、傅小旭等人撰写的《电视选秀如何影响青少年？——选秀十年对90后大学生影响调查》的调查报告。调查组对"上海市在校大学生进行了深入调查，从学习、价值观、审美、消费观四个方面，研究十年选秀节目对90后大学生当时和后续实际产生的影响"[③]。

调查结果显示：

> 电视选秀对青少年成长的不良影响的确部分存在，但影响面并不大，持续影响者并不多，总体没有形成"误导青少年成长"的严重局面。……现实中，绝大多数青少年都能从家长、学校、传媒那里获取充分信息、不同观点，逐步形成自己对电视选秀的理性认知，进而采取理性行为。这恰恰也说明，教育引导、大众舆论、学术批评、政府规制、传媒自律，对引导青少年成长以及对电视媒体良性发展非常重要。

从两次相隔12年的大规模调查可以看出，对于青少年而言，流行音乐已不仅仅是一种音乐风格，而是形成了一种社会大范围的文化氛围，一种与青少年生存、成长息息相关的社会文化氛围。这不是青少年的自觉主观选择，而是一

[①] 沈汝发：《且行且歌："流行音乐与青少年成长"研究》，《中国青年研究》2003年第1期。
[②] 刘扬等：《岁月如歌："青少年与流行音乐"访谈比较》，《中国青年研究》2003年第1期。
[③] 易旭明等：《电视选秀如何影响青少年？——选秀十年对90后大学生影响调查》，《中国青年研究》2015年第4期。

种客观存在的现象。不管是否喜欢，是否在意，流行音乐总是萦绕在耳边。

从以上对流行音乐发展和青少年成长的梳理，我们不难发现，流行音乐文化对青少年的影响由无到有，由小到大，都是随着大众媒体的变革和发展而进行的。"它先将青少年的意识形态用歌曲或者乐曲的形式表现出来，随后通过包装，媒介传播推广，形成引领消费的时尚，给人时尚和潮流的感觉，让青少年盲目地进行一轮又一轮或主观追逐或被动跟风的文化消费。"[①]流行音乐充分利用现代科学技术和大众媒体，以大规模批量化生产的音乐磁带、唱片到卡拉OK、MTV，再到互联网，再通过报纸刊物、电视、广播、演唱会、互联网等各类途径传播，成为对青少年影响至深的社会文化现象。

笔者认为，随着教育界对于流行音乐认识的提高，加之现实的教学问题凸显，对于流行音乐与青少年以及学校音乐教育的研究必然会成为焦点。我们也将在下一章详细讨论二者之间的历史纷争。

---

① 杜兴东：《流行音乐对青少年思想的影响的思考》，硕士学位论文，西南交通大学，2012年，第12页。

# 第二章

流行音乐文化对中学音乐教育的影响

本章首先全面梳理了改革开放四十多年以来学校音乐教育对于流行音乐的争议和讨论，"流行音乐进课堂"在我国经历了一个漫长的从反对到争议到接受到再思考的过程。接着从核心价值和延伸价值两个层面，客观分析了流行音乐文化在我国学校音乐教育中的价值，指出它对学校音乐教育的潜在负面影响，这往往也是教育界讨论关注的焦点。最后在分析利弊的基础上，阐述流行音乐进入中学音乐教育课堂研究的理论依据和现实基础，以论证流行音乐进课堂的现实性和可行性。

第一节　学校音乐教育对流行音乐的争议和讨论回顾

自改革开放以来，我国学校音乐教育对于流行音乐文化，一直存在争议和讨论。很多专家学者都视其为"洪水猛兽"，认为这种"靡靡之音""唠声唠气、低级庸俗、乌七八糟、秽人耳目"的流行音乐对音乐教学，特别是中学生音乐教育会产生十分恶劣的影响。然而历史证明，不管对它怎样地品评、褒贬，它却以其独特的性格，依然存在于大众生活当中，并且成为我国社会音乐生活的重要组成部分。流行音乐似乎与中学生群体有着天然的亲密关系，它不断渗透在中学生的音乐生活之中，成为教育界不得不关注和重视的重要课题，"流行音乐进课堂"经历了一个漫长的从反对到争议到接受到再思考的过程。

一、80年代关于流行音乐对音乐教育影响的讨论

改革开放初期到20世纪80年代末，我国内地的流行音乐从复苏萌发阶段逐渐走向成熟。这一时期，"中国流行音乐发展的第一个特点，也是最大的特点就是争论多，并且贯穿始终。争论的内容不仅涉及作品的题材，更多地涉及演唱方法、演唱形式、演唱风格方面。这些讨论包括对抒情歌曲的讨论、'对港台流行音乐的讨论'、'对流行音乐概念的讨论'、'对具体演唱形式、演唱风格的讨论'、对'票房价值'与社会价值的讨论等"[①]。其中，对流行音乐与学校音乐教育的讨论相对比较少，更多的是针对流行音乐带给青少年的影响展开的探讨。

（一）对流行音乐带给青少年的影响展开的探讨

对于这个话题，当时的讨论分成三种观点：第一种观点认为流行音乐是"靡靡之音"而展开严厉批判，认为其腐蚀了青少年一代的纯洁心灵。大多认为流行音乐的内容和情调不大健康，甚至低级庸俗，是十足的诱惑人堕落的靡靡之音：

[①] 王思琦：《1978—2003年间中国城市流行音乐发展和社会文化环境互动关系研究》，博士学位论文，福建师范大学，2005年，第41页。

如《别在星期天》："……在音乐和演唱上，特别强调那种粘连迷荡、矫揉造作的低级情绪，这一切渲染着一种污秽肮脏的情调，卖弄着倦媚勾引的味道，是十足的诱人堕落的靡靡之音。"①

有的是宣扬资产阶级骄奢淫逸、及时行乐的人生哲学；有的充满庸俗无聊的低级趣味和悲观厌世的思想；某些抒发个人感情的爱情歌曲，也多是表现卿卿我我和别恨离愁，宣扬爱情至上、醉生梦死的生活方式。②

持这类观点的文章还有周荫昌的《怎样看待港台"流行歌曲"》、杨民望的《几点商榷——评谭冰若同志〈对流行音乐的几点看法〉》和瞿维的《关于"流行音乐"的对话》等。

以上文章在批判流行音乐对青少年存在负面影响的同时，也开始反思出现这种情况的原因。大概可归纳为以下几点：（1）音乐教育的缺失。"由于'十年浩劫'，以及长期以来对美育的忽视，广大青年的音乐素养十分欠缺，对音乐的鉴赏能力不强。"③"目前的青少年在学龄时期遭到了'十年动乱'，他们失去接受正常文化教育的机会，也不可能受到美育教育。因此缺乏辨别良莠、高下的能力，会'错把腐朽当神奇'。"④（2）音乐创作的滞后。"'四人帮'垮台后，我们的创作一时跟不上群众需要，港、台'流行音乐'在这种情况下流传进来，就被一些青少年感到'新鲜'。"⑤（3）审美趣味的低下。"这种社会现象固然与'十年动乱'期间闭关锁国，造成对音乐的窒破有直接关系，也和缺乏音乐修养，对音乐培养人们心灵美的作用认识不足分不开"⑥，"是社会主义道德风尚遭到严重破坏之后在艺术鉴赏趣味上的一种反映"⑦。（4）由流行歌曲本身特点决定的："歌词比较口语化，使用了民族音调，曲调易于上口，形式通俗，易于被群众接受。"⑧

值得一提的是，当时有学者提出："要改变这种状况，必须加强中小学的音

---

① 周荫昌：《流行歌曲略析》，《中央音乐学院学报》1981年第4期。
② 冯光珏：《用健康的音乐陶冶青年一代的心灵》，《高教战线》1983年第2期。
③ 崔其焜：《从"流行歌曲"所想到的》，《广州音院学报》1981年第3期。
④ 瞿维：《关于"流行音乐"的对话》，《人民音乐》1981年第8期。
⑤ 周荫昌：《流行歌曲略析》，《中央音乐学院学报》1981年第4期。
⑥ 冯光珏：《用健康的音乐陶冶青年一代的心灵》，《高教战线》1983年第2期。
⑦ 瞿维：《关于"流行音乐"的对话》，《人民音乐》1981年第8期。
⑧ 瞿维：《关于"流行音乐"的对话》，《人民音乐》1981年第8期。

乐教育，从普及音乐教育着手。……音乐的普及工作也应该采用灵活多样的方式，向全社会深入展开。例如：开展业余歌咏活动、举办各种类型的音乐欣赏会、广播讲座等。"① 这也从一个侧面反映了这一时期之后几年音乐教育界对于流行音乐的正视和讨论是必然和迫切的。

第二种观点认为，流行音乐是我国改革开放后在特殊的政治生活、经济生活、文化生活中产生的一种社会现象，其存在是合理而且必然的，应该正视它对青少年的影响，并积极引导。有人从社会学的角度分析，认为流行音乐的存在有其历史原因，不应该一锤定音地认为其思想不健康。例如瞿维在《关于"流行音乐"的对话》②中提出，因为流行音乐有其存在的历史原因，所以当务之急是要以社会主义的健康的流行音乐来取代不健康的流行音乐。有人认为优秀的流行音乐蕴藏着强大的生命力，例如谭冰若认为流行音乐的存在是合理和必然的，不应该笼统地排斥这样的流行音乐，反而应该积极宣传给群众。③ 还有人认为流行音乐对青少年的影响是积极的，青少年从音乐主题中认识人生哲理，从歌词中吸收文化知识，从音乐旋律中体验现代美感，从音乐环境中提高文明修养。对于培养适应我国现代化建设的全面发展的人才是有益的。持这种观点的文章有何争等的《轻音乐文化与青少年素质》④等。

除此之外，还有一种观点认为不能简单判断流行音乐对青少年的影响是积极还是消极的，需要进行科学分析。例如黄虹提出，对流行音乐的讨论应建立在更科学的基础上，应该从流行音乐的历史（包括社会渊源、艺术手法和内容题材等）方面来考察它的发展："无论持哪种看法，各自都有一定理由，如果彼此都能从音乐史的角度了解一点流行音乐的来龙去脉，那么这种讨论将会建立在更科学的基础上。"⑤ 田涛则从社会心理学和流行文化的角度，考察了包括流行音乐在内的流行文化，认为这是一种"青年文化"，它的产生完全符合当代中国社会自身发展的逻辑程序，有着不可否认的社会心理和文化心理背景，对青少

---

① 瞿维：《关于"流行音乐"的对话》，《人民音乐》1981年第8期。
② 参见顾叙《流行音乐与音乐流行》，《社会》1985年第3期。
③ 参见谭冰若《我们同属一个世界——漫谈通俗音乐》，《人民音乐》1986年第5期。
④ 参见何争等《轻音乐文化与青少年素质》，《青年研究》1985年第12期。
⑤ 黄虹：《流行音乐来龙去脉管见》，《青年探索》1983年第1期。

年人有着积极影响,也有消极作用。①

这一阶段关于流行音乐的争论,主要是围绕着它对青少年的影响展开的。由于流行音乐进入我国的时间还不长,因此不同观点的碰撞也仅仅集中在比较小的范围内,还没有形成广泛的讨论。

(二)对流行音乐与学校音乐教育展开的探讨

需要指出的是,这一阶段,由于流行音乐处于刚刚起步发展的阶段,因此对其关注讨论的主要是音乐理论界的学者,而音乐教育界对流行音乐的认识和关注还比较少,对于流行音乐与学校音乐教育的讨论也比较零散。

据笔者掌握的资料,这一时期的讨论主要见于以下几篇文章:孙占白的《音乐教育与精神文明建设》、刘延辉的《音乐教学和流行音乐》、苏耀孺的《"小霸王"和济公歌——利用流行歌曲改变后进学生》、周文燕的《不要一味地教给小学生流行歌曲》、韩韧的《流行歌曲冲击音乐教学所引起的思考》、顾克宽的《如何排解流行音乐对音乐课的冲击》。这些文章大致可分为三种观点:

一种观点认为流行音乐是不健康的靡靡之音,应通过普及音乐教育来抵制黄色污染。"随着音乐教育的大力发展和普及,人们对音乐的鉴赏能力提高了,那些不健康的靡靡之音就会销声匿迹;那些外来盒式磁带中的不健康的东西,便会没有市场,某些表演团体及个人不健康的演唱,自然会遭到广大群众的唾弃。"②

另一种观点认为文艺应百花齐放,流行音乐的存在也是合理的,但音乐教育应有自己更高的教学要求。"课堂不是剧场,音乐教育工作者不等同于一般的音乐工作者,青少年学生听什么唱什么更不能与成人无区别。……需用高尚的、健康适合学生年龄的音乐作品给他们听、给他们唱。"③"音乐教师应重视音乐课的教学,全面贯彻教学计划和教学要求,不要一味地教给小学生流行歌曲。音乐工作者要替儿童着想,多为儿童谱写更多更好的儿童歌曲。"④

---

① 参见田涛《流行文化对当代大学生的影响》,《汉中师院学报(哲学社会科学版)》1986年第1期。
② 孙占白:《音乐教育与精神文明建设》,《河南师大学报(社会科学版)》1984年第3期。
③ 刘延辉:《音乐教学和流行音乐》,《音乐探索》1986年第1期。
④ 周文燕:《不要一味地教给小学生流行歌曲》,《小学教学研究》1989年第8期。

还有一种观点更趋于理智，认为流行音乐对于音乐教学的冲击有利也有弊，应该给予正视和进一步研究。"对于流行音乐中好的作品，应大胆地吸收进教材。对流行音乐中不健康的东西应坚决抵制。"[①]"不如因势利导，精心挑选一些比较适合青少年儿童唱的、听的流行歌曲引进音乐课堂，以满足孩子们唱、听流行歌曲的愿望。……但是，我们中小学的音乐课，绝不能以流行歌曲为主流，只能是有选择地作为教材的补充，其分量应该是有限的。"[②]

此外，还有一篇来自一线教师苏耀孺的文章颇值得关注。在这篇题为《"小霸王"和济公歌———利用流行歌曲改变后进学生》的文章中，他生动描述了1986年的春天，如何用流行歌曲、电视剧《济公》主题曲对后进生四一班的"小霸王"小陈同学进行思想教育的过程。这也从侧面反映了流行音乐的教化和审美的功能。

笔者认为，这个时期对于流行音乐的讨论，主要还是停留在它的负面作用上，这也反映出音乐理论界和音乐教育界对流行音乐认识存在相对滞后的问题。什么才是流行音乐中优秀的好的作品？什么是不健康的颓废的作品？在对其标准没有进一步认识和讨论的情况下，对现实的指导意义难以令人信服。

二、90年代关于"流行音乐能不能进课堂"的大讨论

20世纪90年代，中国流行音乐"解脱了80年代中后期的大文化使命逐渐向纯粹的娱乐性大众文化身份转换"[③]。这种娱乐化特征日益显著的流行音乐发展迅猛，对社会经济与文化的发展，尤其是对青少年学生的影响越来越大，对学校音乐教育的冲击也与日俱增。所以，教育界开始了对"流行音乐进课堂"的大讨论。

最早正式提出对"流行音乐进课堂"的讨论，是在1990年召开的第四届国民音乐教育改革研讨会上。1990年11月30日至12月5日，由中宣部教育局、国家教育委员会艺术教育委员会、文化部少儿司、中国音乐家协会音乐教育委员会、中国音乐教育研究会、北京音乐家协会、北京市教育局联合主办的第四

[①] 顾克宽：《如何排解流行音乐对音乐课的冲击》，《音乐世界》1989年第6期。
[②] 韩韧：《流行歌曲冲击音乐教学所引起的思考》，《中小学音乐教育》1989年第1期。
[③] 金兆钧：《1994——中国流行音乐的局势和忧患》，《中央音乐学院学报》1994年第4期。

届国民音乐教育改革研讨会在北京召开。在这次研讨会上,宣布"流行音乐不准进中小学音乐课堂"[①]。

1994年10月26日,国家教委艺术教育委员会召开通俗音乐与学校音乐教育座谈会,由艺教委主任赵沨主持。与会者对当时的音乐环境,特别是流行音乐的泛滥进行了热烈的发言。国家教委负责人听取了大家的意见后表示,必须克服经济前进、文化倒退的现象,要制定具体措施,加强学校音乐教育。参加会议人员呼吁要为青少年创造良好的音乐环境,流行音乐不准进课堂,因为那些低级庸俗的流行歌曲正在摧残着青少年的心灵。[②] 至此,在国家教育行政部门层面,关于流行音乐能否进课堂的讨论似乎告一段落。

而此时,隶属于联合国教科文组织下的国际音乐理事会——国际音乐教育学会(ISME)同年(1994)却在其重要文件《信仰宣言》和《世界文化的音乐政策》中提出:

全世界音乐的丰富性和多样性是促进国际理解、合作与和平的文化之间学习的机会,是值得庆幸的事业。

任何音乐教育体系都接受由多种文化形成的音乐世界的存在事实,以及对其学习和理解的价值,并把这一观念作为音乐教育的新起点。[③]

这实在是一个值得我们深思的现象。由于历史的原因,我国长期沿袭欧洲古典音乐的教育体系,虽然也学习传统民族音乐以及世界民族音乐,但都是在"西方音乐文化语境中学习的",更毋论被视为"靡靡之音、洪水猛兽"的流行音乐了。这种和世界音乐教育"提倡多元文化教育"相悖的理念,既反映了我国音乐教育的滞后性,又预示着我国音乐教育在不久未来的多元发展趋势。果然,在2001年,"理解多元文化"开始写入我国修订的义务教育音乐课程标准中。这将在后文中阐述。

而此时,在音乐教育领域尤其是一线教师内部,关于这场"流行音乐能否

[①] 李石林:《"流行音乐不准进课堂"》,《中小学音乐报》1990年12月25日。
[②] 参见佚名《国家教委艺教委召开通俗音乐与学校音乐教育座谈会》,《音乐研究》1994年第3期。
[③] 刘沛译:《国际音乐教育学会的"信仰宣言"和"世界文化的音乐政策"》,《云南艺术学院学报》1997年第3期。

进课堂"的大讨论则一直在激烈进行着，许多期刊、报纸如《人民音乐》《中国音乐教育》《音乐生活》《中小学音乐报》等都开辟专栏进行了讨论。尤其是《中国音乐教育》，在1994—1996年曾连续几期在"探索与争鸣"专栏里针对这个问题进行了讨论。总体而言，这一时期音乐教育界关于"流行音乐能否进中小学课堂"的争论很激烈，总体上可以分为两派观点。

第一派观点呼声较高，认为流行音乐是"洪水猛兽"，对音乐教学，特别是中学生音乐教育会产生恶劣影响，因此反对"流行音乐进课堂"。持这类观点的文章有：王思安的《从"流行音乐不准进入课堂"说开来》、陈辉的《小议社会文化环境与学校音乐教育》、王立明的《为什么通俗音乐不能进入中小学音乐课堂》、莽克荣的《流行音乐与国民音乐教育》、邵祖亮的《关于当前学校音乐教育的几点思考——也谈"流行歌曲不能进课堂"》、罗丁凡的《关于流行歌曲不准进课堂之我见》、尹森林的《对"流行歌曲不能进课堂"的再思考》等。

有人认为，流行歌曲的歌词创作，大多格调低下，语言贫乏，内容苍白，情感虚假，体裁单一，"情歌"占了较大篇幅。流行音乐不准进入课堂，有利于青少年儿童身心健康。[①] 也有人认为，流行音乐成了整个社会文化生活的主流，严肃音乐举步维艰。连学校这块神圣的领地也被流行音乐污染，校园也成了流行歌曲的传播场所。学生虽然在课堂上受的是传统教育，但一走出校门，就会迅速被流行歌曲大潮淹没，应该竭力抵制不健康的流行音乐进课堂。[②] 有人指出，流行音乐的泛滥，已使学校美育失去了对象，使鉴赏美与创造美能力的培养几乎成了一句空话，流行音乐的侵入还造成教师与学生的对立情绪，因此，要抵制流行音乐的影响。[③] 还有人认为流行音乐不具备教育的功能，而且对青少年思想意识的健康发展表现出很强的反作用。[④] 也有人提出流行歌曲的演唱发声方法不适合中小学生。这种唱法将严重损害正在发育和变声期的中小学生的声带，甚至于有损他们的歌喉。[⑤] 因此，有人提出，政府应限制流行音乐，下大力气发展民族的、清新健康的通俗音乐，下真功夫发展我国的音乐教育事业。[⑥]

---

① 参见王思安《从"流行音乐不准进入课堂"说开来》，《中国音乐教育》1994年第3期。
② 参见陈辉《小议社会文化环境与学校音乐教育》，《中国音乐教育》1994年3期。
③ 参见张宪生《流行音乐对学校教育的影响及对策》，《齐齐哈尔师范学院学报》1996年第5期。
④ 参见罗丁凡《关于流行歌曲不准进课堂之我见》，《中国音乐教育》1996年第7期。
⑤ 参见王立明《为什么通俗音乐不能进入中小学音乐课堂》，《中国音乐教育》1996年第7期。
⑥ 参见莽克荣《流行音乐与国民音乐教育》，《中国音乐教育》1994年第5期。

第二派观点认为流行音乐虽然有消极作用，但也有其积极的一面，不应该一味回避，而应该因势利导。持这类观点的文章主要有：李崇、叶幼玲的《音乐教学与通俗音乐》，阮惠华的《堵·放·导——也谈学校对流行歌曲的对策》，李崇、秦德祥的《学校音乐教育与流行歌曲》，唐勇强的《从音乐欣赏心理看当前流行歌曲对青少年的影响》，赵晓爱的《青年学生与流行歌曲》，陈静梅的《浅谈如何引导中师生正确对待流行歌曲》，宋伟的《如何看待通俗音乐在中学音乐教学中的作用》，王中田的《学校传统教学与通俗音乐》，芮文元的《回避不如引导——高中音乐课讲"流行歌曲专题"的实验报告》，古全林的《浅论流行歌曲的审美价值与音乐教育》，蔡音颖的《流行音乐与音乐教育》等。

其中，有人认为，"高雅""通俗"本是艺术整体中的两个面，没有什么贵贱、上下之分，然而任何艺术的形成都有"优劣"之别，都离不开寓教于乐、健康向上的要求和审度。音乐教育工作者要在新的形势下审时度势，把握时机，在音乐教学内容、形式、手段上走出新路子，跟上时代节拍。[①] 有人认为，针对不同的流行歌曲，学校应有区别地采取"堵、放、导"的对策。[②] 有人提出，有小部分的流行歌曲适合学生们唱，因此，因势利导、趋利避害，引导中师生正确对待流行歌曲非常重要。[③] 有人指出，部分学生对于流行歌曲的兴趣，可以通过教师精心选择的曲目使之得到一定的满足。通过正确而有效的引导，将学生音乐兴趣爱好逐步提高到较高的层次。[④] 还有人认为，应该站在现实的、历史的高度，以开放的态度来面对青少年喜欢流行歌曲这个现实，因势利导地、有目的地选择流行歌曲中那些精品之作编入我们的音乐教材。[⑤] 面对流行音乐的广泛"流行"和巨大挑战，中学音乐教育与其让中学生的课外欣赏放任自流，还不如勇敢地面对挑战，承担起自己的责任。[⑥]

除了以上两种泾渭分明的观点之外，还有研究者站在相对中立和客观的立

---

① 参见李崇、叶幼玲《音乐教学与通俗音乐》，《苏州教育学院学报（社会科学版）》1995 年第 12 期。
② 参见阮惠华《堵·放·导——也谈学校对流行歌曲的对策》，《中国音乐教育》1995 年第 2 期。
③ 参见陈静梅《浅谈如何引导中师生正确对待流行歌曲》，《中国音乐教育》1996 年第 1 期。
④ 参见李崇、秦德祥《学校音乐教育与流行歌曲》，《中国音乐教育》1995 年第 4 期。
⑤ 参见古全林《浅论流行歌曲的审美价值与音乐教育》，《苏州丝绸工学院学报》1998 年第 12 期。
⑥ 参见蔡音颖《流行音乐与音乐教育》，《浙江师大学报（社会科学版）》1999 年第 6 期。

场来看待这个问题。有人认为流行音乐重在迎合，而非提高；重在娱乐，而非教育。一些学校的音乐教师对流行音乐采取审慎的态度，并不无道理。①有人从第22届国际音教会世界大会的主题得出结论：流行音乐在音乐教育、公共教育、音乐学校和音乐学院中已确定为"渐趋平等的地位"。不让流行歌曲进校园是不明智的，应变堵为导，引导学生认识歌曲的好坏，取其精华，去其糟粕，以符合时代的特点。②有人认为，"流行音乐"的概念在各人心目中存在差异，众说不一，难以界定，再加上"不准进入中小学音乐课堂"的语言表达比较含糊，因此缺乏可操作性。③

在讨论中，来自中小学一线教师和中学生的真实发声尤其值得我们关注。《人民音乐》1991年第7期的《中、小学音乐教师谈流行音乐》和《中国音乐教育》1993年第5期刊登的《从音乐教育看流行音乐——座谈会发言摘要》比较全面客观地反映了教师的态度。

《中、小学音乐教师谈流行音乐》是根据北京教育学院音乐系八七、八八级音乐大专班的学员期末试卷（1990年5月）整理出来的，较为真实地反映了当时中小学音乐教师对流行音乐的认识。作者分别从"流行音乐的社会活动与宣传"和"现状与音乐教育"两个方面展开了流行音乐对社会文化生活，尤其是青少年教育影响等问题，但并没有涉及"流行音乐进课堂"。

《从音乐教育看流行音乐——座谈会发言摘要》是《中国音乐教育》编辑部委托北京市教育局教研部组织北京市的音乐教师和教研员召开的"流行歌曲与音乐教育"问题座谈会，就流行音乐对学校音乐教育的影响展开讨论之后根据发言整理而成。④

这场座谈会的历史背景值得关注。1993年2月13日，中共中央、国务院颁布了《中国教育改革和发展纲要》(以下简称《纲要》)。《纲要》中提出："美育对于培养学生健康的审美观念和审美能力，陶冶高尚的道德情操，培养全面发展的人才，具有重要作用。要提高认识，发挥美育在教育教学中的作用。根

---

① 参见杜卫《音乐教育与流行音乐》，《中国音乐教育》1992年第8期。
② 参见毛礼义《从国际音教会主题看流行歌曲去向》，《中国音乐教育》1996年第4期。
③ 参见肖鉴铮《我的几点看法——也谈流行音乐不准进课堂》，《中国音乐教育》1996年第6期。
④ 参见秦枕戈、郭秀芬《从音乐教育看流行音乐——座谈会发言摘要》，《中国音乐教育》1993年第5期。

据各级各类学校的不同情况,开展形式多样的美育活动。"而这场座谈会正是在这样的背景下开展的,与会者在关注如何发挥音乐在美育中的积极作用的同时,也开始思考流行音乐对学校音乐教育的影响。笔者摘取了其中比较有代表性的两段话:

> 改革开放以来社会音乐生活的大部分被流行歌曲占据了。占据的阵地太多了,这是不合理的,不正常的,的确冲击了学校音乐教育,而且冲击得太厉害了,这个问题领导上有责任。电视台、电台应该有导向作用。现在在孩子心目中的音乐就是流行歌曲。
>
> 过去上面规定比较生硬,不许听,不准进校园与课堂,这样做反而引起学生的反感和好奇心,他们盲目地、偷偷地去听流行歌曲。对待这个问题,我们要疏导,不能堵。要引导学生提高鉴赏能力,帮助他们自己去分清是非。

笔者认为,这场座谈会的发言,比《中、小学音乐教师谈流行音乐》里讨论的内容要更加充分。与会者一致认为以流行音乐为主的社会文化大环境对音乐教育的冲击很大,有人认为流行音乐宜疏不宜堵,有人认为流行音乐与音乐教育要分开,还有人认为应明确不能进课堂的是哪一类流行音乐,更有人认为音乐课时量太少,对学生的影响很小,呼吁加强正面教育。

除了一线教师和教育工作者的视角,有几篇来自中学生发声的文章也颇有意味,对于我们了解"流行音乐进课堂"这段争议的历史有了更丰富的层次。这几篇文章分别为1993年《中国音乐教育》的《中学生谈流行歌曲与音乐教育》、1994年《音乐天地》的《流行音乐——挡不住的诱惑:校园师生流行音乐大讨论》以及1999年的《情有独钟为哪般——流行歌曲与中学生》。相比较前两者的发言整理,《情有独钟为哪般——流行歌曲与中学生》作为一篇中学生自己写的文章,更直接彰显了他们的心声。"到处是他们的影子,连闭上眼睛也不成""主阵地上无排长,老师怎么啦?""你别说,这歌还有些小意思"几个口语化的小标题把流行音乐与中学生的关系生动地描述了出来。

这一时期,关于"流行音乐能否进入中小学课堂"的大讨论形成了从"不准进课堂"逐渐演变为"如何变堵为导"的趋势。笔者认为,在流行音乐成为社会文化重要组成部分的大环境下,流行音乐必然会对青少年的成长产生积极或消极的影响,但这种影响绝不只是学校音乐教育能够决定的。因此,生硬地通过教育部门的行政命令实施"不准流行音乐进入课堂"是行不通的。一方面,在 20 世纪 90 年代音乐教育现状本身比较薄弱的情况下,国家相关部门没有采取有效措施整治社会文化环境,而把加强音乐教育的全部重担交给音乐教师。在音乐课时少和教材更新慢的双重限制下,此举既不公平,也不现实。另一方面,流行音乐的飞速发展与学校音乐教育的缓慢推进形成了鲜明的对比,也产生了不可调和的冲突和矛盾。一味阻止流行音乐进入学校课堂,人为地把学校音乐教育与社会音乐教育、家庭音乐教育割裂开来,从而导致"教育与人的生活世界分离,难以体现教育的全部生活意义与生命价值,教育在生活世界的意义失落中艰难前行,不能为学生建立起有价值的生活秩序和生活方式"①。

意味深长的是,教育部门一方面不准流行音乐进入中小学课堂,另一方面却出现了开办流行音乐补习班的举动。据《音乐周报》报道,1993 年 7 月 18 日,中国音乐家协会音乐教育委员会与中央音乐学院音乐学系在北京联合举办通俗音乐理论讲座,"这次讲习班的目的是帮助中小学音乐教师了解有关通俗音乐的知识,使他们面临学生们对通俗音乐提出的各种各样问题,能给予信服的回答"②。这反映了当时国家教育主管部门既迫切希望流行音乐得以控制,又期待教师能够正确引导青少年学生的诉求。

事实上,当广大中小学一线音乐教师对"流行音乐能否进入课堂"展开热烈讨论时,在音乐教育的另一个领域——高校,音乐专业高等院校已经开始考虑开设流行音乐专业了。与此同时,一些民办的、有关流行音乐教育的学校也开始崭露头角,并为流行音乐界输送着各类人才。③这种实践上的差别不仅仅是缘于思想认识的差异,更重要的是由流行音乐对其受众体——青少年的影响程度的大小而决定的。

---

① 郭元祥:《生活的重建——回归生活世界的基础教育论纲》,博士学位论文,华中师范大学,2000 年,第 5 页。
② 娜:《中国音协音教委、中央音乐学院举办通俗音乐理论讲习班》,《音乐周报》1993 年 5 月 28 日第 5 版。
③ 参见王思琦《1978—2003 年间中国城市流行音乐发展和社会文化环境互动关系研究》,博士学位论文,福建师范大学,2005 年,第 247 页。

三、21世纪以来的进一步讨论

自进入21世纪以来,随着互联网等传播技术的推动,流行音乐广泛进入中小学校,进入中学生生活领域,还有部分流行音乐进入了音乐教材,纳入了中小学音乐课教学。流行音乐在学校音乐教育中的地位逐渐得到提升。在这期间,理论界对流行音乐进入课堂的讨论仍在进行着,但讨论的内容已从"流行音乐能否进课堂"转到了"引什么""如何引""引入后如何教学"等一系列的问题上。

(一)包括音乐学在内的文科学者的多视角发问

自进入21世纪以来,关于流行音乐与学校音乐教育的问题得到了音乐学界和文科学者的关注,他们从崭新的视角对这个问题进行了探讨。这一类的研究有:管建华的《美国的多元文化音乐教育与中国音乐教育的思考》以多元文化的视角,提出了中国的音乐教育是继续保持封闭还是接受全球多元文化(包括流行音乐在内)音乐教育挑战的问题。[1] 陶东风的《流行歌曲中的种族主义——从〈蜗牛〉等歌曲入选爱国主义歌曲说起》,评论了《蜗牛》《中国人》等入选音乐教材一事,提出应警惕流行歌曲中存在着种族主义倾向。[2] 王建元的《对于音乐院校开设流行音乐专业的思考》提出,高校流行音乐教育是一个新学科,也是一个全新的音乐教育领地,它对中国音乐教育的发展来说,既存在广阔的前景,也具有极大的挑战性。[3] 孙云晓的《青春期"追星综合症"观察与透视》,从为何追星:追星心态面面观、"追星热"的积极性、"追星热"的消极性和如何面对青少年的"追星热"四个维度对青少年追星行为进行了观察和透视。[4] 张燚的《流行音乐与青少年亚文化》认为,青少年亚文化在流行音乐中有特殊意义,使其成为当前流行音乐研究不能回避的焦点之一。青少年亚文化和流行音乐之间有着很强的相互作用力,对流行音乐的考察需要注意到这一点。[5] 资利萍

---

[1] 参见管建华《美国的多元文化音乐教育与中国音乐教育的思考》,《黄钟》2001年第1期。
[2] 参见陶东风《流行歌曲中的种族主义——从〈蜗牛〉等歌曲入选爱国主义歌曲说起》,《散文百家(杂文)》2005年第10期。
[3] 参见王建元《对于音乐院校开设流行音乐专业的思考》,《音乐艺术》2003年第3期。
[4] 参见孙云晓《青春期"追星综合症"观察与透视》,《中国青年研究》2002年第6期。
[5] 参见张燚《流行音乐与青少年亚文化》,《美与时代》2009年第3期。

的《重论流行音乐进课堂》提出了对流行音乐定义和内涵的重新审视，认为不仅存在流行音乐能不能进课堂的问题，还存在传统音乐课堂能否承担这一教学等系列问题。①

（二）高校硕士研究生学位论文的专题研究

自进入21世纪以来，对于流行音乐进课堂问题的研究也得到了高校音乐教育专业师生的重视，并以专业理论研究的高度进行了较以往更全面、系统的研究，主要体现在硕士研究生学位论文方面。笔者共收集了关于流行音乐与学校音乐教育的硕士毕业论文20余篇，分别为：华中师范大学刘丹的《论中小学实施流行音乐教育的可行性》、内蒙古师范大学田梅荣的《流行音乐与中学音乐教学》、河南大学石兰月的《涌浪中的理性审视——新时期流行歌曲与青少年价值观教育问题研究》、南京师范大学王红艳的《流行音乐与中学生音乐教育》、河南大学张雪芳的《流行音乐进中学音乐课堂的理论与实践研究》、东北师范大学郑洋洋的《关于当代流行歌曲在普通高中音乐课堂多元化应用的探析》、西北师范大学赵少英的《通俗音乐与中学音乐教学的碰撞与交流》、湖南师范大学王小波的《新时期流行音乐对我国中学音乐教育影响及对策研究》、四川师范大学曹海旦的《流行歌曲在中学音乐教学中的理论与实践研究》、苏州大学蒋邦飞的《中学开展流行音乐教学的现实意义和策略研究》、西南大学唐莉娜的《中小学音乐教学的开放性研究——流行音乐进入中小学音乐教学的思考》、陕西师范大学陆露的《"流行风"为高中音乐课堂带来一股清流——论高中音乐鉴赏中的流行音乐》、福建师范大学姚海燕的《流行音乐对中小学音乐教育的影响及对策研究》、南京师范大学汤健的《以流行音乐推进中学传统音乐教学研究》、山东师范大学程帆的《以流行歌曲为课程资源的中小学音乐课堂教学实验探索》、河南大学高慧娟的《新课程背景下流行音乐与中学音乐课堂教学衔接初探》、湖南师范大学周素梅的《流行音乐进中学课堂的现状研究与实践探索》、曲阜师范大学白云凤的《流行音乐纳入学校音乐教育的理论研究》、湖南师范大学袁茜的《中学生偏爱流行音乐的心理分析及策略研究》、四川师范大学何艳梅的《广东省顺德容桂中学初中生爱好流行音乐的现状调查》、内蒙古师范大学常静的《浅谈流

---

① 参见资利萍《重论流行音乐进课堂》，《中国音乐教育》2000年第11期。

行音乐对中学音乐教学的影响——以包头市东河区三所中学为例》、湖南师范大学杨丹的《作为小型社会的中小学音乐课堂》等。这些文章对于流行音乐与学校音乐教育之间的关系进行了思考和探讨，有一定的学术意义。

（三）一线音乐教师的实践和思考

随着时代的发展和课改的推进，艺术和文化的融合得到加强，流行音乐也顺理成章地成为音乐教育的重要组成部分之一。因此，近年来关于流行音乐走进课堂的研究逐渐成为热点话题。值得肯定的是，一线音乐教育工作者对待"流行音乐进课堂"持更加开放和宽容的心态，在肯定流行音乐对音乐教学积极影响的同时，也开始探索将流行音乐引入课堂的途径和策略。"流行音乐进课堂"究竟该教什么，具体应该怎么教？大家众说纷纭，却始终无所适从。综观一线音乐教师关于"流行音乐进课堂"的研究，大多是从课堂实践出发的经验总结类文章[1]，且更关注引入流行音乐的必要性、可行性，以及引入流行音乐的策略和方法以及存在的问题。总体而言，理论水平虽然普遍一般，却为这类的研究提供了大量的教学实践案例。其中，值得关注的有秦德祥的《走出两难境地——流行歌曲进课堂面面观》等。秦德祥以流行歌曲的界定为出发点，从"流行歌曲与中国音乐教育"以及"流行歌曲与学生的音乐兴趣"两个层面探讨了当前音乐教育的两难境地，并提出了解决问题的具体策略。

美国音乐教育家雷默曾毫不讳言地指出："不看音乐的内在品性而对任何音乐加以排斥，就是毫无来由地对音乐价值的判断。仅仅因为音乐在年轻人当中流行就判定它不适用于音乐教育是说不通的。"[2] 从本节对"流行音乐进课堂"历程的梳理，我们不难看出：对于流行音乐文化，正统的学校音乐教育一开始是完全抗拒和排斥的，随着社会的发展和时代的进步，学校音乐教育在各种争议之后逐渐接纳了流行音乐，并面临着新的思考和挑战：流行音乐是否需要教？具体怎样教？音乐教师有没有这方面的经验？这些都成为流行音乐影响下学校音乐教育面对的新挑战。笔者认为，要解答这些问题，前提是必须正视流行音乐文化的功能和价值，尤其是在学校音乐教育中的独特价值。当然，还要认真

---

[1] 21世纪以来关于这方面的论文数量太多，无法一一列举，这里不再详述。
[2] ［美］贝内特·雷默：《音乐教育的哲学》，熊蕾译，人民音乐出版社2003年版，第187页。

严肃面对流行音乐带来的负面效应，然后才能进一步探讨如何教学的问题。

第二节 流行音乐文化在中学音乐教育中的价值及潜在的负面影响

从历史唯物主义和辩证唯物主义的角度来看，自改革开放以来，流行音乐文化对国人的生活方式、消费方式、情感追求和价值观念等方面产生了潜移默化而深刻复杂的影响。而在市场经济中，逐渐商品化娱乐化的中国当代流行音乐在具有其正面功能和价值的同时，负面效应也日益凸显。其中，青少年这个流行音乐文化最重要的受众群体受其影响最大。学校音乐教育不得不正视这一问题的存在。

在我国，对于"流行音乐进课堂"的争议和讨论经历了漫长的阶段，"虽然目前流行音乐已经被编入了教科书，我们的音乐课堂之门已经朝流行音乐打开了，但客观地说，这扇门依然开得很小"[1]。因此，对流行音乐文化价值的认识，关系到它在学校教育中应处于何种地位。对于学校音乐教育而言，流行音乐文化究竟具有什么价值？它又有什么负面影响？这是我们必须冷静面对和理智探讨的重要话题。笔者将从学校音乐教育的视角，对流行音乐文化的核心价值及延伸价值两个维度进行考察论述，并在此基础上分析它对学校音乐教育的负面影响。

一、流行音乐文化在中学音乐教育中的价值

（一）核心价值

如前文所述，流行音乐文化具有认知、审美和教化的功能。其中，审美功能是流行音乐作为艺术形式和文化品种的根本功能。流行音乐文化也具有教化认知等多种功能，但这些功能的实现都与审美发生关系，都必须建立在审美功能的基础之上。也正是因为自身独特的审美价值，流行音乐才能够在经历众多争议后得到正视，进入学校教育体系。笔者认为，这种审美的功能和价值符合

---

[1] 郭声健：《从多元智能结构理论看音乐教育的育人价值》，《人民音乐》2004年第4期。

学校音乐教育的内涵。音乐教育的内涵是什么？郭声健教授用通俗的语言告诉我们，它主要体现在两个方面："第一个方面是'通过教育学音乐'，这是音乐教育的直接目标；第二个方面是'通过音乐教育人'，这是音乐教育的终极目标，二者是相辅相成、不可分割的。"①

流行音乐文化对中学音乐教育最重要而独特的价值就是它的审美价值，并突出表现为培养和提升青少年群体的审美感知能力和感性素质。

1. 丰富青少年课外生活，培养青少年敏锐的审美感知能力

多元化音乐教育观认为，音乐文化的构成是多元的，既包括古典音乐、传统民族民间音乐，也包括世界民族音乐、流行音乐等各种音乐形式。音乐教育也是如此。然而长久以来，我们的音乐教育课堂成了西方古典音乐教育体系下技能训练、理论知识成长的场所，却忽视了课堂之外鲜活的、丰富的社会音乐生活。

在1993年《中国音乐教育》编辑部组织的中学生座谈会上，有中学生这样说道："平时上课时欣赏世界名曲，《拉德茨基进行曲》《蓝色多瑙河》等同学们听不懂，在底下乱嚷嚷。对柴科夫斯基、施特劳斯什么的，知道得很少。但在课外，对流行歌曲、小虎队什么的却知道得很多。"②

事实上，在我国，"音乐教育的地位并不乐观，许多学校不能开足音乐课，一些乡镇中小学甚至没有开设音乐课。不管课程开设情形怎样，与学生对音乐的需求和期待相比，我们的音乐课堂是非常有限的"③。无孔不入的流行音乐丰富了青少年的生活，弥补了学校音乐教育发展的不平衡。流行音乐以青少年群体为主要受众群，它是青少年的音乐，记载了青少年的故事，诉说着青少年的心情。流行音乐题材多样，风格多变，语言丰富，再加上歌手充分的演绎，在无形之中潜移默化地培养了青少年的审美素质。因此，以流行音乐为主的社会音乐在不自觉中承担了社会音乐教育的功能，为青少年和社会其他人群提供了一种相对学校音乐教育成本更低的大众音乐教育。

首先，流行音乐的主题丰富、表达直白，令青少年容易产生审美共鸣。流行音乐关注时代生活，总能以最快速、最便捷的方式及时反映和表达青少年所

---

① 郭声健：《从多元智能结构理论看音乐教育的育人价值》，《人民音乐》2004年第4期。
② 《中国音乐教育》编辑部：《中学生谈流行歌曲与音乐教育》，《中国音乐教育》1993年第6期。
③ 郭声健：《美国中小学音乐教育带给我们的反思》，《大众文艺（理论）》2009年第9期。

关注的人生主题，包括青春、友情、爱情、校园、城市、国家、教育、战争、和平、未来、回忆……这些题材中的一些歌曲更是以青少年的生活成长经历作为创作对象的。比如台湾地区早期和大陆20世纪90年代的校园民谣，较为脍炙人口的有罗大佑的《童年》《光阴的故事》，老狼的《同桌的你》《睡在我上铺的兄弟》，以及反映少男少女心情的部分歌曲，如周亮的《女孩的心思你别猜》、徐怀钰的《我是女生》、张震岳的《爱之初体验》、陶晶莹的《姐姐妹妹站起来》、任贤齐的《对面的女孩看过来》、S.H.E的《不想长大》、花儿乐队的《嘻唰唰》、许嵩的《小烦恼没什么大不了》。以《同桌的你》这首经典的校园民谣为例，直白的歌词，加上吉他的旋律，缓缓地在"明天你是否会想起，昨天你写的日记，明天你是否还惦记，曾经最爱哭的你。老师们都已想不起，猜不出问题的你，我也是偶然翻相片，才想起同桌的你"的吟唱中勾起人们对青春和校园生活的回忆。总之，流行音乐记载着青少年的喜怒哀乐，表达了他们内心的追求，并与之产生强烈的共鸣。

其次，流行音乐演唱风格多样，带给青少年丰富的音乐审美体验。"流行歌曲中，演唱风格是它的生命线，与相应的曲调、音乐伴奏配合，构成了流行歌曲的音乐审美内容。"[①] 流行音乐的演唱风格极其丰富，有温柔低吟的情歌，嘶喊粗犷的摇滚，直白轻快的城市民谣，节奏感极强的劲歌舞曲，含蓄优雅富有韵味的中国风歌曲，还有宛若天外之声的宗教音乐，等等。不同的音乐风格带给青少年不同的感受和体验，特别是麦克风以及电声乐器的发明和应用，加上商品社会对歌曲歌星的包装打造，极大地推动了流行歌曲演唱风格的发展。既有邓丽君的深情柔婉，又有崔健的嘶吼呐喊；既有李宗盛、罗大佑不加雕饰的直白，又有李玟、蔡依林繁复华丽的闪亮；既有张学友浑厚磁性的魅力，又有王菲那空灵独特的嗓音；既有周杰伦时尚独有个性的创新，又有李宇春自信从容的强大气场……不管是"西北风"还是"中国风"，流行歌曲不同的演唱风格满足了社会大众特别是青少年的审美需要，成为当代社会音乐文化中的灿烂篇章。此外，加上流行音乐的演唱音域相对集中，令青少年在演唱中较易产生自信心和满足感，这也是他们在流行音乐中获得审美体验的重要原因。

[①] 张燚：《中国当代流行歌曲演唱风格发展脉络及其相关问题研究》，硕士学位论文，福建师范大学，2004年，第21页。

再次，流行歌曲的歌词富有魅力，提高了青少年的文学审美修养。文学是语言的艺术，歌词作为一种音乐语言，有自身的独特性。正如著名词作家乔羽指出的那样："音乐这种诉诸听觉的时间艺术严格地制约着它的歌词，使歌词这种文学体裁区别于任何其他文学体裁，即它不是看的而是听的，不是读的而是唱的，因此它必须寓深刻于浅显，寓隐约于明朗，寓曲折于直白，寓文于野，寓雅于俗。"[①] 经典的流行歌曲，历经时间考验，歌词既有下里巴人的通俗，又有阳春白雪的高雅，凝练、质朴、直白却不失雅趣、精巧。从 2008 年评选出的"30 年经典流行歌曲"[②] 中，我们不难发现，《涛声依旧》《弯弯的月亮》《东风破》等以文学性著称的口碑佳作都赫然在榜。"带走一盏渔火，让它温暖我的双眼；留下一段真情，让它停泊在枫桥边"，这段由唐朝诗人张继的《枫桥夜泊》改编而来的歌词，在陈小奇的笔下呈现出一种虚实结合的意境，表达了对纯真情感的追忆及对未来的迷茫。此外，崔健的《一无所有》中用"我曾经问个不休，你何时跟我走，可你却总是笑我，一无所有"这样铿锵有力的语言表达出内心的迷茫和苦闷，崔健因此被称为"当代的首席摇滚诗人"。陈思和在《中国当代文学史教程》中称赞道："真诚地投射出他心灵的困惑与激情，由反抗和选择的倾向、碰撞所突现的是个体在承受文化反抗角色时的剧烈感受，所有的痛苦都表达为愤怒，所有的绝望都呈现为力度。"[③]

最后，笔者认为，对流行歌星、选秀歌手的欣赏和喜爱，也是影响青少年审美观的重要力量。从 20 世纪 80 年代的邓丽君，到 90 年代的"四大天王"，再到 21 世纪的周杰伦、李宇春、TFBOYS，这些不同时代流行音乐的歌手，成为无数青少年心中的偶像。对于"青少年追星"的影响已经有众多研究和评价，尽管教育界对此有诸多批判之声，但我们必须承认，作为流行音乐最忠实的受众者，青少年对流行音乐和偶像的追求一刻也不会停止。因此笔者认为，考量流行歌星对青少年的作用，也是判断其审美观的重要因素。2007 年《中国青年研究》杂志的一项有关青少年和选秀节目的调查显示，青少年喜欢选秀明星的理由占前三位的分别是"有个性和人格魅力""外形、气质好""喜欢他（她）的歌、舞等专业技能"。对偶像的认知和态度，证明了青少年所说的"大人们的担

---

① 乔羽:《歌词创作美学》，首都师范大学出版社 2000 年版，序言。
② 《30 年经典流行歌曲》，《黄河之声》2008 年第 21 期，第 28 页。
③ 陈思和:《中国当代文学史教程》，复旦大学出版社 1999 年版，第 328 页。

心，虽然有一定道理，但是没有那么严重""我们有辨别是非的能力"。[①] 尽管这仅是一个个案，我们也可以从中管窥到当代青少年的审美取向——具有人格魅力、外表美、气质美、音乐技能好，这些无疑都是和当代音乐教育的审美观不谋而合的。

流行音乐在青少年的生活中占据着特殊地位，它反映了社会和时代的进步，歌颂了可贵的真情和美好的青春，表现了青少年对理想的憧憬和对生活的热爱。流行音乐丰富了青少年的精神世界，提高了他们对美的鉴赏和感受能力，使他们开始了对生命的遐想和对人生的思索。

2. 培养青少年的感性素质，使他们获得丰富的心灵享受

英国流行音乐专家西蒙·弗里斯指出："介入流行音乐是青少年长大成人的重要过程，通过音乐，他们得以认识和进入社会，涉足文化，给自己在世界中定位，从而找到他们与主流媒体和教育话语的关系，发现他们的审美价值和意识形态。"[②] 笔者认为，弗里斯的观点有利于帮助我们探讨流行音乐与青少年亚文化之间重要的互动关系。

首先，流行音乐满足了青少年的心理需求，提供了表达情感的途径。"青少年期是一个过渡期，处于一种'社会游移'的状态，目标不再明确，前方道路混沌不清，充满迷茫"[③]，是一个"为赋新词强说愁"的年龄阶段。作为大众文化的流行音乐，贴近生活、反映时代，抒发内心的情感，诉说青少年心中的喜悦、悲伤、迷惘、挣扎和梦想。几乎每个年轻人在流行音乐中都能找到共鸣。流行音乐表达感情直白，弥补了学校音乐教育里传统严肃音乐文化过于深刻含蓄的不足，同时在一定程度上也满足了中学生个性心理发展的需求，使得有着这样一群心理特征的青少年找到了精神依靠。西蒙·弗里斯认为流行音乐往往以歌传情，"最明显的例子就是爱情歌曲的普及和流行，它们有助于我们表达诸如痛

[①] 郑欣：《"有请当事人"：青少年眼中的选秀节目及其实证研究》，《中国青年研究》2007 年第 7 期。
[②] 转引自赵勇论文《从精神涣散到听觉退化——试析阿多诺的流行音乐接受理论》，《音乐研究》2003 年第 1 期。
[③] 雷雳、张雷：《青少年心理发展》，北京大学出版社 2003 年版，第 7 页。

苦、快乐、困惑等各种情绪与情感"[1]。流行音乐强调个人的情绪、情感、反应和直觉等感性思维，为青少年提供了最好的表达情绪的方式。

其次，流行音乐还是青少年展示和表达青春的一种特殊方式。青少年有冲动，有活力，有激情，他们需要大声地唱歌，渴望在流行音乐中留下他们成长的印迹。弗里斯指出："关于流行音乐最深刻的记忆，往往出现在青少年时代，那是人生发展历程中最为重要的时刻。"[2]正如陶喆的《我们的故事》里唱的那样："我们的故事真难忘，太多的回忆和希望，不管它有多疯狂，我愿意一生收藏。"流行音乐记述着青少年的故事，诉说着青少年的心情，记载着他们的青春和记忆。

此外，对于青少年来说，他们思维敏捷、反应迅速，对新颖事物感兴趣，情感也比成年人来得集中、强烈。一个新歌手、一种新风格、一个新作品，首先会引起青少年的极大兴趣，抢先去聆听、去欣赏、去体验；一有新潮流，青少年就会热切地向往，去融入、去模仿、去推波助澜。用音乐评论家金兆钧的话说就是"受大众传媒娱乐化影响，谁火就追谁"[3]，流行音乐的时尚性和更迭性对于青少年而言，正是其无限魅力的体现。

从多元文化的视角看，作为学校音乐教育的具体实施者，我们不能不关注这些广泛存在于青少年课外生活之中的流行音乐。从流行音乐的审美价值上来看，流行音乐文化具备音乐普及、提高青少年审美能力和音乐素养的潜在可能性。正如弗里斯指出的，"我们应该关注的，不是流行音乐表现了'人'的什么，而是流行音乐如何塑造'人'"[4]。

---

[1] Frith, S., "Towards an aesthetic of popular music", In R. Leppert & S. McClary（Eds）, *Music and society: The politics of composition, performance and reception*, Cambridge, UK: Cambridge University Press, 1987, pp.141-142.

[2] Frith, S., "Towards an aesthetic of popular music", In R. Leppert & S. McClary（Eds）, *Music and society: The politics of composition, performance and reception*, Cambridge, UK: Cambridge University Press, 1987, pp.141-142.

[3] 金兆钧：《流行音乐：想把中国唱给世界听》，《中国艺术报》2012年3月19日第7版。

[4] Frith, S., "Towards an aesthetic of popular music", In R. Leppert & S., *Music and society*:（1987）*The politics of composition, performance and reception*, Cambridge, UK: Cambridge University Press, 1987, p.137.

（二）延伸价值

1. 传承时代文化和传统民族文化

以流行音乐为主流的社会音乐既是对当代文化的反映，又是对传统文化的传承。

首先，流行音乐的创作内容来源于现实生活，展示了人们在特定历史发展阶段的真实存在状态，是对时代文化的反映和折射。"从音乐的表现内容上看，流行音乐则是当今社会的一面镜子。……是当代社会的主流音乐。"[①] 每一时代的流行音乐都受到这一时期的政治、经济、文化的制约，都有其独特之处。其中，既有歌唱友情和爱情的，也有歌唱祖国、家乡的；既有揭示人们内心世界的，也有探讨人生哲理的。20世纪80年代，从西北《黄土高坡》刮来一阵西北风，表达了对家乡的热爱和依恋。90年代由于商品经济的发展，发家致富成为时代的热浪，但社会公德、诚信问题等却日益凸显，于是人们开始《雾里看花》。到了21世纪，在经济生活飞速发展的同时，对传统文化的重视和呼唤又成为人们的心灵归属。于是《青花瓷》中描绘了一幅柔美雅致的景象。

其次，从流行音乐的发展来看，对传统民族音乐的元素的借鉴和传承非常重要。这是流行音乐艺术化的源泉和根源。中国流行音乐在一定程度上代表着大众文化的审美趋向，在经历了国外流行音乐的冲击之后，逐渐形成了自身的流行音乐文化系统。其中最为突出的典型代表是20世纪80年代"西北风"和21世纪"中国风"，前者大气粗犷，表达了对故乡深切的眷恋，如《黄土高坡》《信天游》等；后者则多柔美含蓄，体现了一种文艺气质，如《东风破》《花田错》《Susan 说》等。它们不仅仅是中国流行音乐寻找自我发展道路的表现，更代表着中国流行音乐开始注重民族文化体验的理性回归。

2. 促进人际交往，增进社会和谐

在中国，无数青少年是听着流行音乐长大的，流行音乐对他们的生存状态和价值取向的影响是深刻的。也就是说，"流行音乐不只是一种艺术现象，也不是个体现象，而是社会文化现象"[②]。以中学生为主的青少年生活节奏单调、生活

[①] 张俊：《针对流行音乐的社会地位问题，陈小奇指出流行音乐是当代社会的镜子》，《广东科技报》2009年7月31日第13版。
[②] 陶东风：《流行歌曲与社会心理》，北京出版社2002年版，第11页。

内容贫乏，学习压力大，流行音乐缓解了他们生活的压力与心中的郁闷，从社会学的角度看，它起到了"安全阀"的作用。流行音乐给他们提供了一个寄托情感和调剂生活的途径，促进了他们健康人格的自我修复。流行音乐还可以促进人与人之间的交往。艺术的本质属性是审美，而审美的超越性使得艺术成为人与人之间相互交流的一条重要途径。流行音乐作为一种典型审美形态的音乐艺术形式，可以超越种族、跨越时空，让人心灵相通，彼此尊重。可以说，一切优秀的流行音乐作品都是对人与人之间沟通与理解的心灵呼唤。音乐无时无刻不在唤起个体内心的生活热情，帮助个体敞开心扉，抚慰心灵的麻木，打开心灵的枷锁。青少年学生们以此为爱好和主题，跨越国别、年龄和性别，形成独特的交往圈。如很多中学生喜爱周杰伦的歌曲，他们自称为 JAY 迷。超女李宇春的歌迷更是起了独特的名字叫作"玉米"，只要一谈起各自偶像和他们的歌曲，素不相识的青少年就会顿时熟络和友好起来。而参与音乐活动的过程，为人与人之间的情感交流提供了一个能有效突破对话障碍、具有安全感和充满人文情怀的审美场，这一审美场里所体现的不仅是一种彼此合作的关系，更是一种审美化、艺术化的人际关系，是一种充满着爱的关系。

3. 提升以青少年为主的受众群体的创造力

首先，流行音乐音响材料的"非空间造型性"与"非语义符号性"特征，使得音乐的声音具有非自然性、非语义性、非对应性特点，也使得音乐作为一种时间的表象、虚幻的空间、想象中的运动而存在。这一切都意味着，音乐这一独特的音响感性材料为个体提供了最广阔的创造和想象的空间。其次，流行音乐创作、表演、欣赏这三种实践方式，无一不是最具有创造性的活动，个体参与任何一项音乐活动，都能够充分发挥自身的创造性和想象力，激活形象思维，维护主体性和自主性，提高创新精神和实践能力。流行音乐演唱方式简单易学、旋律自然、歌词内容贴近生活，不仅极大地激起了学生对音乐学习的兴趣，同时也使学生对流行音乐产生了强烈的模仿欲、表演欲甚至创作欲。这具体表现在两个方面：一方面，学生能够在一些原有经典音乐作品的基础上，对其表演方式、旋律、节奏等进行改编，最终以流行音乐的形式来对原作进行全新的演绎；另一方面，学生能够在其个人音乐学习的基础上，尝试自己创作旋律、填写歌词，并亲自演唱，积极主动地参与到与流行音乐表演有关的校园歌手比赛之类的文艺活动中。

二、流行音乐文化对学校音乐教育的潜在负面影响

首先,流行音乐文化的全方位发展,使得学校音乐教育"通过教育学音乐"的传统地位受到影响。流行音乐改变了青少年的生活方式,对学校音乐教育造成了很大冲击:一方面,青少年在课外生活中与流行音乐的全方位接触,使得他们拥有丰富的流行音乐知识和体验,"喜爱流行歌曲却对学校音乐课不感兴趣"的情况并不鲜见。音乐教师却由于传统音乐教育背景,缺乏对流行音乐的教学经验而不知所措、难有作为,只能简单地将一些学生喜欢的流行歌曲引入课堂,缺乏学理性的分析和教学。另一方面,流行音乐占据了社会音乐生活的大部分空间,从而使古典音乐和传统民族音乐存在的空间不断缩小,使学校音乐教育被迫无奈成为保留后者的唯一阵地。

其次,流行音乐文化的过度商业化和世俗化,使学校音乐教育"通过音乐教育人"的理想受到严重打击。学校音乐教育在传统的课堂教学中希望通过音乐教学使学生成为人格健全的全方面发展的人。但现实中这种美育的理想却在世俗化的流行音乐影响下不堪一击。部分媒体文化从业者只注重追求经济利益却忽视了对民族文化的认同感、对民族文化弘扬和保护的责任——当下中国流行音乐的过度商业化、娱乐化和浮躁化带来了音乐市场的繁荣和音乐内涵的贫瘠,优秀音乐难以生存。流行音乐歌词创作出现了低俗、媚俗和庸俗的倾向,对青少年价值观造成了一定的消极影响。有研究者提出,"有的青少年则把获奖当作成功唯一的评价标准,这势必会给他们带来过大的功利心,不利于他们正确价值观的形成"[1]。

最后,流行音乐审美的趋同性,也在一定程度上影响了青少年的创造力和审美观。自进入 21 世纪以来,音乐选秀节目成为社会热点现象,并对青少年产生了重要影响。他们在津津乐道的同时,也产生了审美观的转变。一方面,这些节目大多并非"中国创造",而是从西方引进购买版权后的"舶来品"。而随着《超级女声》《我是歌手》等音乐选秀节目的热播,对经典歌曲的翻唱、模仿、二度创作一时成为热门,原创性歌曲严重匮乏,反映当今时代的作品乏善可陈。

---

[1] 申玉:《流行歌曲与青少年价值观交互影响的多视角研究》,硕士学位论文,山西大学,2008年,第 21 页。

一味地跟风创作使音乐作品趋于雷同，佳作甚少，网络上更是出现了大量的质量低下的音乐产品。另一方面，随着一批质量精良的选秀音乐节目的出现，华丽的舞台表演和歌手对音乐演唱技巧的熟练掌握似乎成为审美的唯一标准，观众对音乐的接受变得模式化，这种审美的趋同性使流行音乐从音乐艺术价值的发展转向音乐技巧和舞台效果的展现。流行音乐的包装渐渐远离了音乐本身，高度的外化抽取了音乐本身的内容，本质精神被肤浅化、表象化了。逐渐被商品化的流行音乐正在销蚀音乐艺术的精神价值，消解艺术的本性，对于青少年的审美水平发展极为不利。

传统的学校音乐教育一向重视古典音乐和传统音乐等所谓的精英文化，但对大众文化的流行音乐还仅仅停留在关注和偶尔用之的层面。作为教育者，我们常常忽略或者低估青少年的判断力，在教学中忽略掉青少年的兴趣，认为他们在流行音乐方面受到荼毒和洗脑，从而以成年人的判断和价值观单方面地去约束青少年的思想，而使他们丧失了独立判断的机会。然而，谁没有自己的青少年时代呢？随着年龄的增长，心理、生理的渐渐成熟，社会阅历的丰富和视野的开阔，他们成长为成年人以后，会逐渐拥有新的追求，也会逐渐认识到所应担负的社会责任。[①]

在多元文化教育的理念下，如何用更平等、更开放的眼光来看待当代的音乐教育体系？如何让流行音乐在学校音乐教育中更好地发挥其效用？如何建立以学生为主体的教学观，积极地建设和引导青少年的审美价值观？这是从事音乐教育的每个人必须正视和深思的问题。如果缺少专业、规范的流行音乐教育做保障，青少年对流行音乐的追求无疑会停留在较低的水平。因此，对于流行音乐的引导和把控离不开学校这块重要的阵地。笔者认为，我们不能因为青少年学生喜爱流行音乐，就无条件地在学校音乐教育中全面采用流行音乐；也不能因为流行音乐的负面影响，就将其视为低俗文化，敬而远之。对于"当代中国流行音乐这个生机勃然而又先天不足的胎儿"[②]，社会和政府应给予及时的关注引导和大力扶持。对于教育部门来说，加强流行音乐师资队伍的培养，做好和社会音乐文化部门的对接以及探索"扬弃式"的流行音乐教学应是我们未来重视的课题。

[①] 张燚：《流行音乐与青少年亚文化》，《美与时代》2009 年第 3 期。
[②] 金兆钧：《是我们改变了世界，还是世界改变了我们？中国流行音乐的世纪末批判》，《人民音乐》2001 年第 2 期。

第三节　流行音乐进入中学音乐教育的理论和现实依据

尽管目前国内对于流行音乐与中学音乐教育已经有了广泛的讨论和思考，但大多数研究者仅仅是从实践教学谈经验、做文章，而对支撑该论点的理论基础的深掘和现实依据的分析却相对不足。笔者认为，在流行音乐文化的影响下，我国中学音乐教育中的流行音乐教学，作为一种教学活动、一种教学实践，与我国的音乐教育现实紧密相连、息息相关，有着其发生、发展的理论依据与现实基础。

本节拟从音乐教育哲学、音乐教育心理学、流行音乐与青少年文化等方面来探讨流行音乐进入中学音乐教育的理论依据，通过对我国当前学校音乐教育政策和背景的现实依据的分析来阐述流行音乐走进中学音乐教育的现实依据。

一、流行音乐文化进入中学音乐教育的理论依据

流行音乐进入中学音乐教育的问题属于音乐教育领域的研究，其理论研究涉及社会学、心理学、哲学、美学、教育学等多个学科领域，这里着重选对流行音乐教学有重要启发意义的音乐交叉学科的基本理论进行阐释。

（一）埃里奥特的实践音乐教育哲学观

音乐教育哲学是音乐教育学的理论基础，同时又是教育哲学的一个分支，具有交叉学科的性质，其理论基础是哲学。音乐教育的本质是什么？人们从不同的角度提出不同的观点，以美国贝内特·雷默（Bennett Reimer）为代表的诸多音乐教育家认为，音乐教育是以音乐艺术为媒介的情感教育，属于审美教育的范畴。此观点简称为"审美观"。雷默的学生，美国音乐教育哲学家戴维·埃里奥特（David Eliot）则提出自己独特的音乐教育观，主张学生通过亲身的表演参与音乐实践活动，强调音乐教育中学生主动参与行动的重要性，从而形成自己独特的实践音乐教育观。此观点简称为"实践观"。

1. 埃里奥特的主要学术观点

埃里奥特为纽约大学表演艺术系音乐教育专业教授和博士研究生导师。埃

里奥特的博士学位论文《爵士乐教育的描述、哲学、实践基础：以加拿大人的视角》探讨审美哲学的特殊局限性问题，在文章的结论中，提出修正审美哲学，使其基本原则适合爵士乐和类似爵士乐风格的教育，并提出以爵士乐教育的"本土化"与音乐教育事业"全球化"并行的哲学基础。1986年发表的《作为审美教育的爵士乐教育》一文，强调"听赏"的审美哲学爵士乐音乐制作方式参与是爵士乐的审美特征，并非思考。1987年发表的《爵士乐的结构和情感：音乐教育哲学基础的再思考》一文指出，雷默审美哲学的绝对表现主义基础并不能解释超越于西方艺术音乐之外的音乐的情感反应范围。1990年发表的《音乐作为文化：走向艺术教育的一个多元文化概念》一文，由原来对审美的"质疑"和"修正"转变为"批判"态度，对美国的官方音乐教育哲学——雷默所倡导的审美哲学进行尝试性批评。1991年发表的《音乐作为知识》一文则旗帜鲜明地反对"作为审美教育的音乐教育"的哲学基础。1993年，埃里奥特在《音乐、教育与学校教育》一文中，对审美的音乐教育哲学批判更加严厉。直至1995年，埃里奥特完成并出版了《音乐的种种问题：一种新的音乐教育哲学》，构建了实践的音乐教育哲学体系，并形成了与审美的音乐教育哲学"二元对峙"的局面。①

他在《关注音乐实践：新音乐教育哲学》（*Music Matters: A New Philosophy Of Music Education*）和《实践的音乐教育：反思与对话》（*Praxial Music Education: Reflection and Dialogue*）等著作中提出了新的音乐教育哲学思想，即"实践哲学"的观点，核心思想是："音乐是一种具有目的性的人类行为""音乐是一种多样化的人类实践活动"，音乐教育的本质取决于音乐的本质。他的"实践音乐教育哲学"思想构建了一种新的音乐教育理念，开辟了音乐教育的新思路，是对传统的"文化音乐教育哲学""社会音乐教育哲学""审美音乐教育哲学"观的反思与超越，对我国学校音乐教育教学改革也极具重要的启示价值。

（1）关于音乐的本质。埃里奥特认为，"音乐从本质上来说，是一种有意

---

① 以上内容参见郭小利《美国审美音乐教育哲学思想的历史演变》，《中国音乐学》2008年第2期；王秀萍《从审美范式到反思性实践范式——历史视域中的音乐教育范式转换研究》，《中国音乐学》2008年第3期。

义的人类活动"①，"简单地说，音乐是什么，音乐是人类的有目的的行为"。"从根本上说，音乐是一种人类活动。这是一个确凿无疑的、多维度方式的出发点，它引导解释了音乐是什么和为什么音乐重要。"②他认为，音乐是人类技能中一种至关重要、最具能动性和实践性的追求，它是个体和集体全面发展的基础。

（2）关于音乐的实践属性。埃里奥特指出，"音乐是一个多维的人类现象"，它"包括两个有目的的人类活动的交织形式：音乐创造和音乐聆听。这些活动不仅有联系，而且互相界定和强调。我们称这个交织关系所构成的人类现实为音乐实践"。他特别强调的基本论题是："音乐是一个多样化的人类实践。在世界各地，有很多（非常多）音乐实践或音乐类型。每一种音乐实践都取决于该实践的专业工作者，即（业余的或专业的）音乐创造者的共同理解和努力。因此，每种音乐实践都产生了具体类型的音乐产品、音乐作品或可听到的东西。这些产品被认同为特定的音乐实践的成果。"③

（3）关于多元文化音乐教育。埃里奥特提出，多元文化"意味着一个社会理想，一个维护政策，为了使不同群体之间的人们互相交流，丰富所有人的生活，同时尊重和维护每个人的整体性"④。他认为，音乐本来就具有多元文化的特性，是人类表达的方式（尤其是创造音乐的行为），应该将多元文化音乐教育视为人文主义教育，建议一种以实践哲学为基础的多元文化音乐教育，让学生在多种多样的音乐实践中受到教育并发挥作用。⑤

2. 对流行音乐进入学校音乐教育的启示

埃里奥特的实践音乐教育哲学思想对现代音乐教育理论的建构做出了重要贡献，也为学校音乐教育教学的改革提供了指导性和可操作的理论依据，对本研究更是有着极大的启示价值和适用价值。

---

① [美]戴维·埃里奥特：《关注音乐实践——新音乐教育哲学》，齐雪、赖达富译，上海音乐出版社2009年版，第48页。
② [美]戴维·埃里奥特：《关注音乐实践——新音乐教育哲学》，齐雪、赖达富译，上海音乐出版社2009年版，第37页。
③ [美]戴维·埃里奥特：《关注音乐实践——新音乐教育哲学》，齐雪、赖达富译，上海音乐出版社2009年版，第41—42页。
④ Yiannis Miralis, Clarifying the Terms "Multicultural," "Multiethnic," and "World Music Education" through a Review of Literature, *Applications of Research in Music Education*, 2006, 24（2）.
⑤ 参见[美]特里斯·M.沃尔克《音乐教育与多元文化——基础与原理》，田林译，陕西师范大学出版社2003年版，第9页。

首先，埃里奥特提出："音乐教育工作者需要一种系统、灵活和互动的方式来组织音乐课程并涵盖音乐、音乐素养和音乐作品的本质和价值。"[①]因此，将他的实践音乐教育哲学思想运用到教学实践中的原则就是：实践—交流—再实践—再交流，如此循环往复，使音乐教育的价值在做中教、做中学的实践过程中得到彰显。对于当前的学校音乐教育而言，音乐知识已不仅局限于教师在教室里传授的课本上的知识，还包含了广大生活世界之中的音乐文化，其中就包括深受学生喜爱和欢迎的流行音乐。而音乐课程的实践内容在文化层面上也应该是多维多元的。教师应该引导学生进入一个多样化的音乐世界中，了解不同的音乐文化。因此，教师有必要采取灵活多样的教学方法，帮助学生了解、欣赏和学习各种音乐知识，"流行音乐进课堂"的实践活动有助于加强中学生对流行音乐作为一种大众文化而存在的深层理解。

其次，埃里奥特强调要引导学生主动参与音乐实践活动，并明确指出，只有通过音乐实践，才能给学生提供与创造对陌生音乐文化语境达成理解的机会。"流行音乐进课堂"正是建立在实践的基础之上的，学生不仅聆听欣赏音乐，还经历模仿、表演和创作等实践环节获得相关知识。其中，流行音乐表演是青少年最热衷，也是最适合开展的音乐实践活动。因此，实践音乐教育哲学一方面科学诠释了流行音乐深受中学生喜爱的原因，另一方面为流行音乐进课堂的实施提供了科学理念。

（二）默赛尔的音乐教育心理学理论

音乐教育心理学是专门研究在音乐学习过程中，师生相互作用的各种心理现象以及教与学的心理规律的一门科学。它是音乐教育学与音乐心理学发展到一定阶段，相互渗透的产物。它既汲取了与音乐学相关的各学科的丰硕研究成果，又受到了教育学与心理学深入发展的影响，并在学科的构建中确立了研究对象、范围与目的。詹姆斯·默赛尔（James L. Mursell）是20世纪初美国最著名的音乐教育心理学家之一，他和梅布尔·格连（Mabelle Glenn，也译梅贝

[①] [美] 戴维·埃里奥特：《关注音乐实践——新音乐教育哲学》，齐雪、赖达富译，上海音乐出版社2009年版，第27页。

尔·格连）合著的《学校音乐教学心理学》①几乎影响了整整一代美国音乐教育。默赛尔在这部著名的著作中将心理学的研究成果融入了音乐教育的学习与教学理论，强调艺术教育中"发展的"观点，在音乐的学习和教学理论方面提出了自己的看法。

1. 默赛尔的主要学术观点

（1）关于音乐学习的理论。默赛尔反对机械的学习理论，提出学习是一个创造性成长的过程，而不是机械过程。他认为学习的发生源于兴趣和态度。"在音乐学习上，学习者的态度和兴趣对于决定他学会什么和学不会什么，远比他在那研究的范围里来回走的次数更重要得多。""学习要建立在兴趣和冲动上，它是由热心带来的变革，热切要学习的学生倾向于进行新的发现，为自己找到新的更好的方法。"②

他强调学习者的态度也同样重要，"参与者"和"旁观者"是截然不同的。"有了参与者的态度就会去利用成功。人们是热望成功的，成功来到时，就会承认它并且重复它。所以参与者的态度的创造和保持，在音乐学习中是很重要的。"③他认为，学习的愿望是学习者取得成功的重要因素，"它必须始终采取类似这样的情绪表现方式：'让我们做这个；让我们唱这个；让我们享受这个；让我们达到这个；让我们精通这个！'它始终是对一种特定的方案的特定的进取态度"④。而"一切学习都应当依照学生的想象力和欲望的限定范围内的目标来进行"⑤。

（2）关于音乐教学的理论。默赛尔首先阐述了音乐教学的性质，即"音乐教学的意思只是创造和保持一种环境，使音乐学习得以适当地进行。……一切条件都有利于实行三种音乐教学方案——听赏、演出和创作——音乐通过它们

---

① 该书中译本名为《中小学音乐课教学法》，由章枚根据1931年纽约版翻译，四川人民出版社1983年出版。
② [美] 詹姆士·L. 穆赛尔、梅贝尔·格连：《中小学音乐课教学法》，章枚译，四川人民出版社1983年版，第40、43页。
③ [美] 詹姆士·L. 穆赛尔、梅贝尔·格连：《中小学音乐课教学法》，章枚译，四川人民出版社1983年版，第54页。
④ [美] 詹姆士·L. 穆赛尔、梅贝尔·格连：《中小学音乐课教学法》，章枚译，四川人民出版社1983年版，第57页。
⑤ [美] 詹姆士·L. 穆赛尔、梅贝尔·格连：《中小学音乐课教学法》，章枚译，四川人民出版社1983年版，第60页。

就得到发展"①。相对音乐学习的心理而言，他对音乐教学提出了这样的要求："凡是不能为音乐经验和完成有感染力的音乐教学方案提供大量各种机会的学校音乐课教学计划，都不能认为是充分的计划。"②

默赛尔认为，教师应该激励学生有利于学习的态度，而这种最有利于学习的赞成态度是"一种积极的倾向，一种寻找优点而加以赞赏的态度，而不是寻找缺点并加以责备的态度。教学艺术一部分在于采取这种观点而同时又不致牺牲高标准，退到一种完全不加批评的和蔼态度里去"③。除了语言激励外，最重要的激励是从音乐本身中获得的办法——"音乐教学必须建立在音乐本身的直接的、有趣味的感染力上……采用优秀的音乐教材是多么必要。"④除了激励，默赛尔还认为树立有效的、起作用的标准同样也很重要。他提出"教师可以通过个人的示范和表演来树立标准……音乐的各种可能性的亲身体现"⑤。

2. 对流行音乐进入学校音乐教育的启示

默赛尔关于音乐学习与音乐教学的理论对本研究有着很大的启示，特别是对学校音乐教育中有关流行音乐的教学策略的具体指导有很大帮助。主要体现在以下几个方面。

（1）应尊重学生的兴趣和爱好，使他们变被动学习为主动学习。默赛尔关于学习者态度的理论告诉我们，学习建立在兴趣的基础上。流行音乐音域适当，旋律易记易唱，结构精致简单，聆听每一首流行音乐时所产生的情感体验极富自我特点，每一个人都可以根据自己的理解进行阐释，从而获得创造性的满足感。因此，处于青春期阶段的中学生倾心于跟他们情绪接近、能表达原始感情、歌词又通俗易懂的流行音乐。而"流行音乐进课堂"这种实践性定位的音乐教学活动，通过实践性的授课法激发和利用学生们的这些潜能，来达到提高他们

---

① ［美］詹姆士·L. 穆赛尔、梅贝尔·格连：《中小学音乐课教学法》，章枚译，四川人民出版社1983年版，第75—76页。
② ［美］詹姆士·L. 穆赛尔、梅贝尔·格连：《中小学音乐课教学法》，章枚译，四川人民出版社1983年版，第78页。
③ ［美］詹姆士·L. 穆赛尔、梅贝尔·格连：《中小学音乐课教学法》，章枚译，四川人民出版社1983年版，第82页。
④ ［美］詹姆士·L. 穆赛尔、梅贝尔·格连：《中小学音乐课教学法》，章枚译，四川人民出版社1983年版，第84页。
⑤ ［美］詹姆士·L. 穆赛尔、梅贝尔·格连：《中小学音乐课教学法》，章枚译，四川人民出版社1983年版，第85页。

音乐表现能力和音乐美学素养的目的。其出发点应该是学生们对于流行音乐的欣赏和演唱等实践活动。

（2）应多鼓励学生积极参与流行音乐的欣赏、演唱及创作。从默赛尔的学习者态度的视角来看，"参与者"的态度决定了学生学习的成功与否；而从教学性质的视角看，音乐教学只是为学生的学习创造一种环境，真正的音乐能力的发展必须通过听赏、演出和创作来完成。因此，在流行音乐教学时，可以采取多种途径，充分调动学生的学习热情，让他们积极参与到音乐学习中来：除了在课堂上进行流行音乐的专题欣赏和课外的自我欣赏外，还可以在班级或学校举办流行音乐演唱比赛等活动，鼓励学生积极参加。此外，还可以鼓励学生进行创造或改编。

（3）应尝试开发优秀的流行音乐校本教材。按照默赛尔的教学激励理念，作为音乐课堂的重要媒体和资源的音乐教材是最直接也最有感染力的激励工具。而教材的编写修订有较长的周期，不可能在较短时间内频繁更新，因此难免出现滞后性等先天不足。如果学校和音乐教师能够依据本校的特点及经济情况自主研发教材，则可以起到一定的弥补作用。在符合课标教学理念、目标的基础上，教师可以结合教学实情选用一定的流行音乐资源，进行校本教材的自行开发。这些熟悉的流行音乐，可以激发和增强学生学习音乐文化的兴趣和热情，从而使学生能更轻松地熟悉音乐、热爱音乐。

（4）应尽可能提高教师的流行音乐素养。默赛尔的音乐教学理论中对教师的亲身示范非常重视。而我国的实际情况是，由于音乐教师大多毕业于传统的音乐院校，没有受过流行音乐相关知识的专业训练，对于流行音乐的认识和研究均处于不明朗的摸索阶段，实际教学中也多处于"仁者见仁，智者见智"的状态。因此把流行音乐成功地引入中学音乐课堂，要求音乐教师必须具备丰富的流行音乐文化素养。教师可以通过多种途径，主动学习关于流行音乐的创作、表演、传播以及商业运作等各方面的知识，了解流行音乐的教学是一种综合了音乐艺术教学、社会文化教学等多项内容的教学。音乐教师应该认真研究教学法，并在自己的教学实践中将这些综合知识有机结合起来。除此之外，教师要深入了解学生的课外音乐生活，在相信他们的理解力和鉴赏力的基础上，虚心地听取他们的见解，从而在师生之间进行平等而有效的交流。

（三）班尼特的流行音乐文化观

安迪·班尼特（Andy Bennett）现担任国际流行音乐研究协会（IASPM）英国和爱尔兰分会主席，同时也是英国社会学协会青少年研究小组的召集人，著有《流行音乐和青少年文化：音乐、身份和场所》《吉他文化》《流行音乐文化》等。他的《流行音乐文化》是第一本研究西方流行音乐和青少年亚文化的专著。书中从文化、社会和历史等角度全面梳理了战后流行音乐的不同流派，包括摇滚、重金属、朋克、说唱等；并分别考察了由这些音乐流派催生出的不同风格的青少年文化，并从空间、场所、种族、性别、创新、教育、休闲等方面梳理了它们的文化影响。

1. 班尼特的主要学术观点

第一，班尼特关注流行音乐的全球化进程，指出了流行音乐在当代青少年日常生活中的重要性，并认为这"已经跨越了国界，成为一种全球现象"[①]。他在《流行音乐文化》中梳理了"二战"以来青少年文化和流行音乐之间关系的发展演变，运用了在英国、美国、德国、荷兰、瑞典、以色列、澳大利亚、新西兰、墨西哥、日本、俄罗斯和匈牙利等国的研究所取得的成果，对流行音乐的兴起、变迁进行了描述，并指出了流行音乐的形成和现代社会发展的关系，揭示了青少年文化与流行音乐之间的密切关系。[②]

第二，班尼特认为流行音乐流派与青少年之间形成了相互影响的互动关系。社会经济环境促进了青少年市场的发展，各种不同的流行音乐流派对年轻听众产生了深远的文化影响；同时，青少年的"反文化"运动等也对某些流行音乐风格具有持久影响。[③]在《流行音乐文化》一书中，班尼特探索了与青少年听众相关的一系列流行音乐风格，从20世纪50年代的摇滚乐，一直到当今的舞曲音乐，对研究流行音乐风格及其观众的主要成果进行了分析和评估。

第三，班尼特指出了流行音乐与教育的关系。他认为"流行音乐不仅仅是一种音乐风格和流派，还对个人和社会有着重大的意义"，可是事实上"在学校课程中，流行音乐的教学远远滞后于古典音乐的教学"，为此，"教师可以利用他们的古典音乐背景，将其理念和技术运用到流行音乐的旋律、节奏的教学中来"。[④]

[①] ［英］A.班尼特：《流行音乐文化》，北京大学出版社2006年版，第1页。
[②] 参见［英］A.班尼特《流行音乐文化》，北京大学出版社2006年版，第1—7页。
[③] 参见［英］A.班尼特《流行音乐文化》，北京大学出版社2006年版，第25—36页。
[④] ［英］安迪·班尼特：《流行音乐文化》，曲长亮译，北京大学出版社2012年版，第149页。

2. 对流行音乐进入学校音乐教育的启示

班尼特的流行音乐文化观为本研究中关于中学生喜爱流行音乐的原因提供了理论支持，主要有以下几点启示：

第一，按照班尼特的研究理论，青少年喜爱流行音乐不是个别偶然现象，而是全球化的普遍现象。因此，"流行音乐进课堂"也理应受到广大音乐教育工作者的强烈关注和重视。作为一线教师，更应该理解和支持中学生喜爱流行音乐的举动，并思考该如何对这种音乐活动进行一定的引导。

第二，从班尼特的流行音乐与青少年文化互动论不难看出：一方面，中学生由于受到社会文化环境影响和其特定时期的心理特征制约，近乎狂热地偏爱流行音乐，成为流行音乐文化的主要消费者；另一方面，流行音乐文化流派及其环境又反过来影响着中学生的身心发展，成为中学生精神信仰的一部分。

第三，班尼特指出了流行音乐对个人和社会发展的重大意义。对于主要受众群体的中学生和青少年来说，这种意义更是具有不可估量的影响和作用。在现实生活中，由于流行音乐同时具有积极和消极的影响，音乐教师对其态度总是谨慎小心的，如果可以大胆利用、正确对待，就会使其成为不可多得的教育资源。在学生喜爱流行音乐的兴趣基础上，鼓励其追求审美体验的同时，也提高其音乐基本技能的水平，何乐而不为？

上述三种理论从不同角度为"流行音乐进课堂"研究提供了理论依据。其中，埃里奥特的实践音乐教育哲学观为"流行音乐进课堂"的研究奠定了理论基础，指明了发展方向；默赛尔的音乐教育心理学理论为"流行音乐进课堂"的教学策略提供了科学依据；班尼特的流行音乐文化观揭示了流行音乐与青少年学生的密切关系，体现了"流行音乐进课堂"的可行性与现实意义。因此，"流行音乐进课堂"作为一种教育现象、一种教学实践活动，不是在单一思想、理论影响下实现的，而是多种理论思想及教育环境共同影响、协同作用的结果。

二、流行音乐文化进入中学音乐教育的现实基础

自进入 21 世纪以来，随着互联网等传播技术的推动，流行音乐广泛进入中小学校，进入中学生生活领域，还有部分流行音乐进入了音乐教材、纳入了中小学音乐课教学。这种现象，顺应了时代的发展和要求，与学校教育的环境和

社会大背景密不可分——国际、国内的社会和教育环境有其产生、发展的现实依据和基础。

（一）国际国内的教育政策背景

1. 国际音乐教育学会对多元音乐文化的提倡和发展

国际音乐教育学会（International Society for Music Education，ISME），是联合国教科文组织下属的全球性音乐教育组织，1953 年成立于比利时。学会在其发展初期就确立了自己的理念和目标，即共享国际信息与资源，鼓励所有不同形式和不同背景下的音乐教育，以促进世界各国的音乐教育，增进国际的相互理解。[①] 学会开展的所有活动都始终围绕着这些目标展开。

"共享世界音乐，力求国际音乐教育的多元化发展"是国际音乐教育的一个热点话题。从国际音乐教育学会历次大会的主题可以明显感受到这一点。1958 年在丹麦哥本哈根举行的第 3 届 ISME 国际大会的主题为"东方世界和西方世界的音乐——作为国际理解的一种手段"；1963 年在日本东京召开的第 5 届会议主题为"音乐世界的东方和西方与音乐教育"；1984 年在美国俄勒冈州召开的第 16 届会议主题为"为了我们地球的音乐"；1992 年在韩国汉城（现首尔）召开的第 20 届会议主题为"让我们共同拥有全世界的音乐"；2000 年在加拿大埃德蒙顿召开的第 24 届会议主题为"地球的音乐"；2002 年在挪威卑尔根召开的第 25 届会议主题为"音乐与超越疆界多样社会的各种活动"；2006 年在马来西亚吉隆坡召开的第 27 届会议主题为"超越不同文化和民族的音乐的融合"[②]。由此可见，音乐教育要"面向世界"，尊重多元音乐文化，提倡音乐的文化认同，已经成为普遍的共识。从世界音乐文化的视角来看，音乐是文化的一种普遍形成；当音乐被置于社会的和文化的语境中并作为其文化的一部分，才能获得最佳的认知；所有的音乐体系都是有价值的，都值得学习、理解和欣赏。[③]

目前，世界上各发达国家的音乐教育大都放弃了对西方音乐的盲目推崇或

[①] 参见玛丽·麦卡锡《纵观国际音乐教育学会（ISME）的发展历史》，蔡丽红译，《中国音乐教育》2010 年第 8 期。
[②] 崔学荣：《从历届国际音乐教育（ISME）会议看音乐教育的发展趋势》，《人民音乐》2008 年第 12 期。
[③] 参见刘沛《音乐教育哲学观点的历史演进——兼论多维度音乐课程价值及逻辑起点》，《中国音乐》2004 年第 4 期。

对本民族音乐的故步自封，一致认为音乐教育必须融合多元文化与本土文化，只有这样，音乐教育才有出路，才能走向世界并保持领先优势。[1]

2. 国内政府教育行政部门教学文件的相继出台

2001年对于音乐教育来说是一个重要的年份。这年7月，教育部颁布了《全日制义务教育音乐课程标准（实验稿）》（以下简称"课标"）。课标是教育部组织学科专家，依据《基础教育课程改革纲要（试行）》精神，借鉴发达国家音乐教育的最新成果，总结20世纪90年代以来全国音乐教学的实际状况，经过充分考量、精心设计而成，它是21世纪第一个中小学音乐教育纲领性文本书件。[2] 课标提出的课程理念有：以音乐审美为核心，以兴趣爱好为动力；面向全体学生，注重个性发展；重视音乐实践，鼓励音乐创造；突出音乐特点，重视学科综合；弘扬民族音乐，理解多元文化。[3] 课标还提出："音乐课程要以审美为核心，以学生的兴趣和爱好为基础，把优秀的音乐引入课堂，激发学生的表演热情，让学生成为课堂的主体，适应新课程的发展要求。"

课标的颁布虽然没有明确提到流行音乐进课堂，但"把优秀的音乐引入课堂"却为流行音乐进中学音乐课堂提供了政策依据和生存空间。《音乐课标解读》一书也提出："我们应该尽一切可能给学生提供各种类型、风格多样的音乐体验，尽力开阔学生的音乐视野，培养具有音乐审美分辨能力的音乐听众。为了达到这一目的，我们必须有效地调整音乐教育的内容和方法。"笔者认为，优秀的风格多样的音乐体验，无疑是包含了流行音乐在其中。这也为一线教师将流行音乐引入课堂提供了思路，即必须"调整音乐教育的内容和方法"。

2011年，教育部公布了《义务教育音乐课程标准（2011年版）》（以下简称"2011版课标"）。该课标是在总结近十年音乐课程改革经验的基础上，广泛听取专家意见和一线音乐教师的建议后对课程标准实验稿所做的修改和完善。该课标明确指出："随着时代的发展和社会生活的变迁，反映近现代和当代社会生活的优秀中国音乐作品，也应纳入音乐课的教学内容。"该课标中提到了"反映近现代和当代社会生活的优秀中国音乐作品"，这似乎更加清晰地提出把流行音乐

---

[1] 参见郭声健《当代音乐教育改革与发展的若干特征》，《人民音乐》2003年第1期。
[2] 参见杜永寿《中小学音乐教材论》，博士学位论文，福建师范大学，2006年，第55页。
[3] 参见中华人民共和国教育部制订《全日制义务教育音乐课程标准（实验稿）》，北京师范大学出版社2001年版。

中优秀的作品涵盖进来。

2022年，教育部公布了《义务教育艺术课程标准(2022年版)》，以下简称"新课标"。新课标坚持目标导向、问题导向和创新导向，在以上两版课标的基础上进一步进行了修订完善。新课标指出："坚持实践与理论相结合，深入发掘、充分利用体现中华美学精神的艺术资源、美育资源，将丰富多样的优秀艺术资源与艺术课程教学有机结合。要强化思想性与艺术性、实践性与创新性、民族性与世界性等的有机统一。"也进一步明确了具有优秀价值和内涵流行音乐经典作品的育人价值。

（二）现实生活：流行音乐逐渐进入中小学教材和教育部门主流价值观视野

在以上几项教育行政部后，流行音乐便逐渐以一种超越大众文化价值的姿态出现在中小学教材①和教育部门主流价值观的视野中，让我们看到了中国社会时代文化与时俱进的融合。对此，报纸期刊也做了相关的报道。

2001年：《蜗牛》和《好大一棵树》《水手》《真心英雄》一同被选入了上海"二期课改"初中一年级上学期使用的《音乐》教材，被收入励志歌曲单元。

2002年：张敬轩的旧作单曲 My Way 获得了第八届共青团精神文明建设"五个一工程"优秀文化作品奖，这首励志歌曲更被团中央推荐拟入选中小学音乐教材。

2005年：上海中学生爱国主义歌曲推荐目录除了《蜗牛》《真心英雄》之外，还有刘德华的《中国人》。②

2014年：语文新版教材小学一、二年级和初中一、二年级目前已经通过教育部验收。而此次语文出版社最新修订的小学语文教材，二年级上学期第二课，歌曲《天路》以诗歌的形式入选教材；三年级的延伸阅读中居然收录了台湾歌手周杰伦的歌曲《蜗牛》。③

---

① 这里的教材不单指音乐教材，还包括了引人关注的语文教材等。
② 参见 Babe《入选教材的10首华语流行歌曲》,《流行歌曲》2009年第2期。
③《周杰伦的〈蜗牛〉"爬"进教材》,《北京晚报》2014年6月16日第2版。

在笔者看来，媒体的报道和音乐教材的改革修订是一种很奇怪的不相符的现象。事实上，在 21 世纪两次新课改的背景下，全国不同版本的义务教育和高中音乐教材以一种静默的状态完成了对流行音乐作品的收录——虽不尽相同，但都具有相当重的分量。

以笔者掌握的资料而言，在义务教育阶段的初中音乐教材方面：人民音乐出版社初中音乐教材（简称"人音版"）收录了《祝你平安》《我心永恒》《东方之珠》等 7 首流行歌曲；[1] 人民教育出版社初中音乐教材（简称"人教版"）收录了《弯弯的月亮》《红旗飘飘》《好汉歌》等 12 首流行歌曲；广东教育出版社和花城出版社 2006 年出版的初中音乐教材（简称"花城版"）收录了《我的中国心》《爱的奉献》《同一首歌》等 26 首流行歌曲；[2] 花城出版社 2012 年出版的初中音乐教材中收录了《重逢》《我和你》《生死不离》等 29 首流行歌曲。2012 年版义务教育音乐教材收录了"爱祖国、爱家乡、爱中华文化、崇尚科学、追求真理、讲诚信等题材的优秀音乐作品，如……《大中国》……《三个和尚》"以及"具有生动活泼的表现形式和艺术美感、贴近学生生活、能激发学生学习兴趣，并富有时代感的优秀新作，如《吉祥三宝》《天路》《我和你》《爱我中华》"[3] 等流行歌曲。

在高中音乐教材方面，人教版高中音乐教材收录了《天堂》《青藏高原》等 7 首流行歌曲；人音版高中音乐教材收录了《懂你》《沧海一声笑》《思念》《我的未来不是梦》等 10 首流行歌曲；湖南文艺出版社（简称"湘版"）高中音乐教材收录了《天堂》《黄土高坡》《常回家看看》等 18 首流行歌曲。[4] 花城版高中音乐教材收录了《天堂》《阿姐鼓》等 10 首流行歌曲。

---

[1] 参见蒋立平《论音乐教材的内容设置——以人音版初中音乐教材为例》，《大众文艺》2011 年第 1 期。
[2] 在笔者《粤港两地"流行音乐进教材"比较研究——基于花城版和港音版初中音乐教材的分析》中有具体介绍，这里不再详述。
[3] 林琳、王安国：《让美好的音乐浸润学生心灵——2012 年版义务教育音乐教材修订》，《艺术教育》2014 年第 8 期。
[4] 以上均为 2003 年高中音乐课程标准实施下的教材，见于周文思的硕士学位论文《三种版本（人音版、湘版和人教版）高中教材之比较研究》的统计。

第三章

流行音乐文化影响下的中学音乐教育现状

前两章通过对流行音乐文化的概述以及学校音乐教育对流行音乐文化的争议和讨论梳理,大致勾勒出了流行音乐文化对中学音乐教育的影响和发展脉络。为更好地了解流行音乐进入中学音乐课堂的现状,在本章中,笔者选择了广州市四所具有代表性的中学,分别从音乐教师和中学生两个维度对四所中学"流行音乐进课堂"的现状进行了问卷调查和访谈。其后,用图表等方式对数据进行了比较详细的描述,通过对样本数据的整理与分析得出调查结果,真实地呈现了中学流行音乐教学以及流行音乐对中学音乐教育的影响情况,最后得出调查结论并进行初步反思。

第一节 研究的调查设计与实施

在全面了解各学校的基本情况（包括办学条件、社会声誉和等级评定等），特别是音乐课堂教学的情况后，笔者选取了广州市四所具有代表性的重点中学作为调查对象。2013 年 9 月至 2015 年 11 月，笔者对这四所具有代表性的学校进行了实地考察，并采用量化研究方法（问卷调查法）和质化研究方法（访谈法）相结合的形式进行了调研。

需要说明的是，由于条件限制，这次调查仅在一定范围内展开，调查数据以及分析的结果有一定的局限性，但四所学校在音乐教学方面各有特点，具有一定代表性。因此，调查结果在把握流行音乐进入中学音乐课堂现状以及流行音乐对中学音乐教育的影响等问题上有一定程度的说服力。

一、调查对象与样本的选择

（一）抽样学校的背景简介

本次调查以关键个案抽样为主要原则，"从总体中选取具有代表性的若干人或典型单位进行调查。这类调查深入、细致，对调查结果侧重于定性分析"[1]。为了尽可能真实全面地了解广州市学校流行音乐进课堂以及流行音乐对音乐课堂影响的现状，笔者选取了广州市四所在音乐教育方面各具代表性的学校作为样本，分别为义务教育的初中阶段和高中阶段的各两所学校。

根据上述抽样原则，笔者选取的四所中学分别是 A 学校初中部、B 学校初中部、C 学校高中部和 D 高中学校。具体介绍如下：

A 学校创办于 1988 年，位于天河区中心繁华地带，占地 1.7 万平方米，是一所完全中学的初中校区，共有初一、初二两个年级。教育教学设备设施完善，本着"为每一位学生提供适合其发展的教育"的办学理念，教学质量稳步发展。该校初中部共有 36 个初中教学班，学生 1565 人，教师 115 人，其中音乐教师 3

---

[1] 马云鹏、孔凡哲主编：《教育研究方法》，东北师范大学出版社 2006 年版，第 106 页。

人。学校每年举办艺术节，有管乐队等学生艺术社团。

B 学校创办于 1978 年，位于中心城区，学校秉承着"为了学生的可持续发展"的办学理念，致力于"创造适合学生"的教育教学模式，形成了"重发展个性潜能，重素质全面提高"的办学风格。学校分初中、高中两个校区，占地面积 3.3 万平方米，建筑面积 23592 平方米。学校现有教学班 69 个，在校学生 3135 名，教职工 261 人，其中音乐教师 5 人。学校坚持每年举办的艺术节，已成为学生施展才艺的舞台。

C 学校创办于 2006 年，位于黄埔开发区，学校占地 15.3 万平方米，拥有先进的办学理念、雄厚的师资力量、优美的育人环境、一流的硬件设施，是一所新建的全日制寄宿制公立完全中学。共 66 个教学班，3000 多名学生，246 名教师，其中音乐教师 8 名。学校拥有独立的艺术楼，建筑面积 3666 平方米，舞蹈训练厅、形体训练厅、音乐制作室、音乐合唱室、表演厅、乐器室、道具服装室、音乐课专用教室、琴房等一应俱全。

D 学校创办于 1888 年，是一所拥有百年历史的名校，首批省一级学校，国家级示范性普通高中。校园面积 10.5 万平方米，有教学班 44 个，其中新疆班 4 个，学生 2200 多人。学校拥有悠久的历史、深厚的底蕴、光荣的传统、优秀的师资、优良的校风、鲜明的特色、显著的业绩。学校有专门的艺术楼，音乐科组有 3 名教师，有省特级教师、基础教育名教师 1 名，市百佳音乐教师 1 名，"全国中小学校园集体舞"骨干培训者 1 名，获得过"全国艺术教育先进单位"称号。

（二）调查对象的确定

学生：A 校初中生 100 人、B 校初中生 100 人、C 校高中生 100 人、D 校高中生 100 人，共 400 人。

教师：A 校初中音乐教师 3 人、B 校初中音乐教师 4 人、C 校高中音乐教师 8 人、D 校高中音乐教师 3 人，共 18 名。除此之外，还选定由华南师范大学音乐学院承办的"2015 年广东省中小学音乐骨干教师培训项目（第二期）"中来自广东省各县市的 35 名中学音乐骨干教师为问卷调查对象。共 53 人。

1. 选择广州市的理由

之所以选择广州市，一是因为广州是广东省的省会，全国一线城市，音乐教育水平在国内较为领先。二是因为广州毗邻港澳,是中国内地当代流行音乐的重要阵地,青少年从小接触到的流行音乐较多,对流行音乐进课堂的调查有一定的代表性。三是因为笔者就读的学校位于广州,所以对广州市中小学音乐教学的现状比较了解,与市区的音乐教研员和音乐教师也比较熟悉,有利于研究工作的开展。

2. 选择这四所学校的理由

之所以选择这四所学校,一是因为这四所学校程度和层次不同,能全面反映真实情况,在音乐教育过程中反映出的诸多问题具有普遍意义。二是因为这四所中学与笔者所在学校联系密切,便于笔者进行实地考察,以深入了解各校的历史背景、教学模式、教学方法、教材选用等情况。笔者曾多次亲临音乐课堂观摩他们的教学活动,获得了第一手的教学资料。三是因为这四所学校地理位置分散,分别位于天河区、荔湾区和黄埔区。其中既有老城区,也有新城区,还有开发区,调查结果具有一定的代表性。以上为全面而客观地分析流行音乐进课堂的现状提供了必要条件。

二、调查设计与实施

(一)调查设计的理论依据

1. 社会心理学关于态度的"三要素"说

屠文淑认为:"态度是个体或群体对人对事物所持有的评价性系统和心理反应倾向。"[①] 态度由三个要素构成,即认知、情感和意向(行为)。其中,态度的认知要素是指人作为态度主体对于态度对象或态度客体的知觉、理解、观念和评判;态度的情感要素指个体对态度对象的一种情绪反应;态度的意向要素是个体对态度对象的一种行为倾向,即行为的准备状态。

"流行音乐文化"作为一种音乐文化,在音乐的艺术本体和音响等形式之外,更为可贵和重要的是人类文化的一种重要形态和载体,它以一种独特的形式伴随着人类历史的发展,蕴含着丰富的审美文化和历史内涵。而人们对其进行的欣赏和评价必然是一个复杂的认知过程。因此,笔者认为,对于流行音

---

① 屠文淑:《社会心理学理论与应用》,人民出版社 2002 年版,第 54 页。

相关问题的研究，必然要涉及"认知、情感、意向（行为）"等层面。如中学生对"流行音乐"的态度和认知；他们对流行音乐的聆听、演唱和评价；他们对音乐教材中流行音乐的情感体验程度，喜爱或不喜爱；在认知和情感两个要素的影响下，他们对流行音乐的意向（行为）体现出是否积极主动地希望学习流行音乐等。因此，以"态度"的三要素作为"流行音乐与音乐课堂"问题的研究基础，可以更为全面、深入、准确地触及问题的本质。

2. 教育学关于课堂和教学要素的研究

教育是一种复杂的社会行为，人们在分析教育活动的结构时持有不同的视角，因此，对教育实施的场域——课堂的认知也不完全一样。王鉴认为：课堂包括三个递进层次，一是把课堂理解为教室（Classroom），是指学校教学活动发生的主要场所，传统教学论把它作为教学环境来研究的；二是把课堂理解为学校的课堂教学活动，所谓研究课堂就成了研究课堂教学，实质是一种狭义的教学研究；三是把课堂理解为课程与教学活动的综合体，包括课堂实施、课程资源开发、教学活动、师生关系、教学环境等多种教育要素及其相互关系。现代意义上的课堂研究越来越接近第三种理解：把课堂作为教学研究的一个特殊对象，把课堂作为教学的现象与规律发生的主要"场域"，把课堂作为课程与教学研究的一个自然的实验室。[①]本调查研究中，"音乐课堂"一词限定为7—12年级的中学音乐课堂，包括音乐教师和学生们互动交往，进行音乐教学活动的第一课堂，以及中学音乐课程与各种音乐活动的综合体，即第二课堂。调查流行音乐进课堂以及流行音乐对音乐课堂影响的现状，必然离不开对组成课堂的教学要素的调查。笔者主要从教师、教材、教学环境、课程资源开发等方面进行考察。

（二）问卷调查设计与实施

1. 问卷设计的思路和组成

问卷的设计分为选择题和开放题两种类型，采用五等级量表形式。

学生问卷（见附录一）主要包括：（1）学生的基本情况（年龄、学校、性别、所在年级）；（2）学生对于音乐课和流行音乐的态度（认知、情感和行为）；

[①] 参见王鉴《课堂研究引论》，《教育研究》2003年第6期。

（3）学生对于流行音乐进课堂的态度（认知、情感和行为）；（4）课堂活动的影响因素：a 教师、b 教材、c 教学环境（家庭环境、社会环境）；（5）学生对音乐课以及流行音乐进教材的具体建议。问卷共 32 道问题，其中 30 道选择题，2 道问答题。最后两个问题是开放题，要求学生回答理想中的音乐课堂以及推荐最适合编进音乐教材的流行音乐。

教师问卷（见附录一）主要包括：（1）教师的基本情况（性别、学校、年龄、教龄、学历、职称、所教年级）；（2）教师对流行音乐的态度（认知、情感和行为）；（3）教师对流行音乐进课堂的态度，即对"流行音乐进课堂"的认知、情感和教学行为；（4）教师的课堂教学：a 教学活动、b 教材、c 教师专业发展、d 课程资源开发；（5）教师对流行音乐进课堂的具体建议。问卷共 41 道问题，其中 39 道选择题，2 道问答题。最后两个问题是开放题，要求教师回答影响流行音乐教学的因素有哪些，以及推荐最适合编进音乐教材的流行音乐。

2. 问卷调查的实施

本次样本选取以抽样调查为主，依据调查所得的数据资料，推断被调查对象的总体状况。问卷在后期统计过程中，主要运用 Excel 统计软件进行数据统计与分析。

（1）学生部分。初中：从两所初中的一、二年级中，抽取两个班，每班发放问卷 50 份，每个学校发放 100 份，共计发放问卷 200 份。高中：从两所高中的一、二年级中，抽取两个班，每班发放问卷 50 份，每个学校发放 100 份，共发放问卷 200 份。学生问卷一共发放 400 份，回收 388 份，其中有效问卷 380 份，有效率达 95%，见表 3-1。

表 3-1　学生问卷发放及回收情况

学校	初中 A	初中 B	高中 C	高中 D	合计
发放问卷	100	100	100	100	400
回收问卷	95	97	96	100	388
有效问卷	94	94	92	100	380
有效率	94%	94%	92%	100%	95%

（2）教师部分。来自 A、B、C、D 四所学校的音乐教师共 18 名。此外，加上华南师范大学音乐学院承办的"2015 年广东省中小学音乐骨干教师培训项

目（第二期）"中来自广东省各县市参加培训的中学音乐骨干教师35名，共53人。共发放教师问卷53份，回收问卷50份，其中有效问卷50份，有效率达94.3%，见表3-2。

表3-2 教师问卷发放及回收情况

学校	初中A	初中B	高中C	高中D	2015省骨干音乐教师培训班(中学)	合计
发放问卷	3	4	8	3	35	53
回收问卷	3	4	8	2	33	50
有效问卷	3	4	8	2	33	50
有效率	100%	100%	100%	66.7%	94.3%	94.3%

（三）访谈调查设计与实施

笔者以半开放型访谈为主、开放型访谈为辅，访谈对象以教师和学生为主，以了解他们对流行音乐以及该校流行音乐进课堂现状的认识。笔者通过当面谈话和电话交流等方式来获取研究所需要的第一手材料，以弥补问卷调查设计中所忽视的问题。

1.访谈提纲的设计思路和组成

访谈提纲（见附录二）的设计是在问卷的基础上，将未能呈现在问卷中的题目以谈话和聊天的形式来进行，目的是弥补问卷调查中被忽视或遗漏的问题，以更真实、全面、深刻地反映教师和学生对于流行音乐以及流行音乐进课堂的认知和态度。

教师访谈提纲具体概括为以下几个方面：（1）对流行音乐的认识；（2）如何看待流行音乐对中学生和音乐教学的影响问题；（3）在音乐课堂教学中的具体形式、做法和建议；（4）目前流行音乐进课堂存在的困难及归因。学生的访谈提纲主要包括以下几个方面：（1）对流行音乐的具体认识；（2）对音乐课的态度；（3）对音乐教师的建议。需要说明的是，访谈提纲并非固定不变的，而是适时根据研究的具体情况作出相应的调整和修改。实际上访谈并不完全限定在提纲框架内，也不严格要求被访者所谈的每一句话都要与问题有关，而是将给予他们很多的话语空间，尤其是对中学生的访谈，多采用倾听、引导等灵活的谈话方式，以便更真实和全面地了解学生对流行音乐以及流行音乐教学的认知态度，这样的访谈应该会带给研究者更多的意外收获。

2. 访谈调查的实施

（1）教师部分。每所学校选取了2名教师，一共8人。除了正式访谈之外，在与音乐教师的非正式访谈中还主要涉及以下几个方面：教师的成长经历、教学经历、教学风格、教学评价、学校音乐教学的优势和不足、教师与学生的互动关系以及备课、作业、考试的一些情况等。同时，对华南师范大学音乐学院2012级部分师范生（约15人）在2015年9—11月的教育实习过程进行了相关问题的访谈调查。

（2）学生部分。每所学校各选取3名学生（共12名）进行正式访谈。访谈内容与教师访谈问题相呼应，主要是针对他们对流行音乐和音乐课的认识、师生之间的互动关系、学生自身的学习兴趣和表现以及对教师教学的建议等方面。此外，笔者还利用下课时间与学生进行了非正式访谈，主要围绕学生的兴趣、爱好以及平时与教师的交往等方面展开。

从2013年9月至2015年11月，笔者访谈师生约35人。访谈情况根据录音整理成文，作为研究问题的实证在论文中呈现。

第二节 调查结果及分析

一、问卷调查结果及分析

（一）教师

对音乐教师的调查结果，主要从音乐教师的基本情况、音乐教师对流行音乐和流行音乐进课堂的态度、流行音乐对音乐课堂教学的影响、其他教学相关要素以及开放题五个方面的内容来呈现。

1. 音乐教师的基本情况

从调查的基本情况来看（见表3-3），参与本次问卷调查的音乐教师以女性为主，占了全部的82%，男教师仅占18%；年龄方面，以中青年教师为主，

21—40岁的教师占了82%，41—50岁的教师占了16%；在教龄方面，大部分教师经验丰富，资历较深，教龄在6—20年的人数占到了78%，教龄在20年以上的有10%，仅有12%的教师教龄不足5年；在学历方面，绝大部分教师都是本科毕业，占了全部的92%，4%的教师为本科以下学历，4%为研究生；在职称方面，主要集中在中学一级，占了全部的70%，中学二级和高级分别为18%和12%。

表3-3 音乐教师的基本情况

项目	类别	人数	百分比%
性别	男	9	18
	女	41	82
年龄	21—30岁	13	26
	31—40岁	28	56
	41—50岁	8	16
	51—60岁	1	2
教龄	1—5年	6	12
	6—10年	19	38
	11—20年	20	40
	20年以上	5	10
学历	本科以下	2	4
	本科	46	92
	研究生	2	4
职称	中学二级	9	18
	中学一级	35	70
	高级	6	12
	特级	0	
所教年级	初中	40	80
	高中	10	20

2. 音乐教师对流行音乐和流行音乐进课堂的态度

教师是学生音乐学习的指导者，他们有责任也有义务带领学生们走进广袤的音乐空间，音乐教师对流行音乐的态度会直接影响到流行音乐走进音乐课堂的教学活动。因此，在这一部分的调查中，主要了解教师对于流行音乐和流行音乐进课堂的态度。依据前文所述的社会心理学对于态度的三要素理论，在问卷设计中，包含了情感、认知和行为三个方面的内容，一共16道题目，分为12个正面问题、4个反面问题。

表3-4 音乐教师对流行音乐和流行音乐进课堂的态度（情感）

描述	项目	完全不符合	基本不符合	不确定	基本符合	完全符合
1.我喜欢流行音乐	人数	2	1	1	24	22
	百分比	4.0%	2.0%	2.0%	48.0%	44.0%
2.我比较喜欢经典的流行歌曲	人数	2	1	8	22	17
	百分比	4.0%	2.0%	16.0%	44.0%	34.0%
3.我赞同"流行音乐进课堂"	人数	1	2	0	25	22
	百分比	2.0%	4.0%	0%	50.0%	44.0%

情感（1—3题）。调查结果（见表3-4）反映出，教师中绝大部分人喜欢流行音乐，占了全部的92%，只有6%的教师不喜欢流行音乐。大部分（78%）教师喜欢经典的流行歌曲，16%的教师不确定。教师中绝大部分人（94%）赞同流行音乐进课堂（其中完全赞同的占了44%，基本赞同的占了50%），只有6%的教师不赞同流行音乐进课堂。从以上我们不难看出，调查样本中大多数教师都喜欢流行音乐，并且赞同流行音乐进课堂，这体现了教师受到流行音乐的影响较深。

表3-5 音乐教师对流行音乐和流行音乐进课堂的态度（认知）

描述	项目	完全不符合	基本不符合	不确定	基本符合	完全符合
4.流行音乐与经典音乐不是对立的,可以相互转化	人数	2	2	3	23	20
	百分比	4.0%	4.0%	6.0%	46.0%	40.0%
5.我认为课堂上引入流行音乐是否有迎合学生口味之嫌	人数	8	20	16	3	3
	百分比	16.0%	40.0%	32.0%	6.0%	6.0%

续表

描述	项目	完全不符合	基本不符合	不确定	基本符合	完全符合
6.我了解学生喜欢哪些流行音乐	人数	2	3	18	22	5
	百分比	4.0%	6.0%	36.0%	44.0%	10.0%
7.我认为学生对于流行音乐知识的掌握比老师更好	人数	3	13	14	17	3
	百分比	6.0%	26.0%	28.0%	34.0%	6.0%
8.我认为流行音乐主要靠学生自己学唱，老师不用教	人数	3	30	12	3	2
	百分比	6.0%	60.0%	24.0%	6.0%	4.0%

认知（4—8题）。调查结果（见表3-5）表明，在认识流行音乐与其他音乐的关系上，86%的教师认为流行音乐与经典音乐可以互相转化。在课堂上引入流行音乐是否有迎合学生口味之嫌的问题上，56%的教师认为不会有，32%的教师并不确定，仅有12%的教师认为有迎合之嫌。54%的教师认为自己比较了解学生喜欢哪些流行音乐，但也有36%的教师并不确定，还有10%的教师认为自己不了解。40%的教师认为学生对于流行音乐知识的掌握比老师更好，28%的教师不确定，还有32%的教师不认为如此。大部分（66%）教师否认流行音乐主要靠学生自己学唱，老师不用教，也有24%的教师不确定，还有10%的教师认为如此。这一部分的调查结果表明，部分教师对于引入流行音乐进课堂一事不是很确定，对于流行音乐的教学也存在信心不足的问题。这反映了音乐教师对于流行音乐的认知还存在一定局限。

表3-6　音乐教师对流行音乐和流行音乐进课堂的态度（行为）

描述	项目	完全不符合	基本不符合	不确定	基本符合	完全符合
9.我生活中经常听流行音乐	人数	1	2	1	22	24
	百分比	2.0%	4.0%	2.0%	44.0%	48.0%

第三章 流行音乐文化影响下的中学音乐教育现状 | 125

续表

描述	项目	完全不符合	基本不符合	不确定	基本符合	完全符合
10.我有自己喜欢的流行音乐歌手和歌曲	人数	3	1	12	24	10
	百分比	6.0%	2.0%	24.0%	48.0%	20.0%
11.我看过《中国好声音》和《我是歌手》其中一个音乐选秀节目	人数	0	0	0	8	42
	百分比	0.0%	0.0%	0.0%	16.0%	84.0%
12.我尝试过运用流行音乐,激发学生的学习兴趣	人数	3	3	12	24	8
	百分比	6.0%	6.0%	24.0%	48.0%	16.0%
13.我能自信地在课堂上进行流行歌曲的范唱(奏)	人数	1	3	27	12	7
	百分比	2.0%	6.0%	54.0%	24.0%	14.0%
14.我在教学中举办过"我是歌手"之类的班级歌唱比赛	人数	3	8	13	18	8
	百分比	6.0%	16.0%	26.0%	36.0%	16.0%
15.我能利用流行音乐针对不同水平的学生给予不同的个性化指导	人数	3	8	17	18	4
	百分比	6.0%	16.0%	34.0%	36.0%	8.0%
16.期末考试时我尝试过让学生演唱一首自己喜欢的流行歌曲	人数	3	0	3	16	28
	百分比	6.0%	0.0%	6.0%	32.0%	56.0%

行为（9—16题）。调查结果（见表3-6）显示，绝大部分（92%）教师经常听流行音乐，仅有6%的教师不经常听，还有2%的教师不确定。大部分（68%）教师有自己喜欢的流行音乐歌手和歌曲，仅有24%的教师不确定，6%的教师没有。所有（100%）教师都看过《中国好声音》或《我是歌手》等音乐选秀节目。大部分（64%）教师表示尝试过运用流行音乐激发学生的学习兴趣，24%的教师不确定，还有12%的教师表示难以做到。仅有38%的教师表示可以自信地在课堂上进行流行歌曲的范唱（奏），超过半数（54%）的教师不确定，还有8%的教师表示难以做到。一半以上（52%）的教师在教学中举办

过"我是歌手"之类的班级歌唱比赛，22%的教师没有尝试过，还有26%的教师不确定。部分（44%）教师可以在教学中利用流行音乐针对不同水平的学生给予不同的个性化指导，34%的教师不确定，仅有22%的教师难以做到。88%的教师在期末考试时尝试过让学生演唱一首自己喜欢的流行歌曲，6%的教师没有，6%的教师不确定。调查结果显示，绝大部分教师在生活中对流行音乐是比较接受的，但在教学中的表现却体现出了差异性，仅有六成教师尝试在教学中运用过流行音乐，激发学生兴趣。尤其是在课堂的示范问题上，大部分教师表现出不够自信，这说明在流行音乐素养和教学技能方面，教师还存在不同程度的欠缺。

3. 流行音乐课堂教学现状的影响因素

在这一部分的调查中，主要了解流行音乐课堂教学的影响因素。依据前文所述的课堂要素的理论，在问卷设计中，包含了教师专业发展、教材和课程资源开发等方面的内容，一共12道题目。

表3-7 流行音乐教学的影响因素：教师专业发展

描述	项目	完全不符合	基本不符合	不确定	基本符合	完全符合
17.我在大学时学习过流行音乐的相关知识	人数	8	18	3	18	3
	百分比	16.0%	36.0%	6.0%	36.0%	6.0%
18.我在入职后参加过流行音乐教学的相关培训	人数	12	34	3	1	0
	百分比	24.0%	68.0%	6.0%	2.0%	0.0%
19.我发表过与流行音乐相关的论文	人数	12	22	0	16	0
	百分比	24.0%	44.0%	0.0%	32.0%	0.0%
20.我主持或参与过与流行音乐进课堂相关的课题	人数	12	34	1	3	0
	百分比	24.0%	68.0%	2.0%	6.0%	0.0%
21.我希望可以参加流行音乐相关的科研和培训活动	人数	3	0	3	28	16
	百分比	6.0%	0.0%	6.0%	56.0%	32.0%

教师专业发展（17—21题）（见表3-7）。超过半数（52%）的教师没有学习过流行音乐，42%的教师在大学期间学习过流行音乐的相关知识，还有6%的教师不确定。绝大部分（92%）教师在入职后没有参加过流行音乐教学的相关培训，仅有2%的教师接受过相关培训。68%的教师没有发表过与流行音乐相关的论文，仅有32%的教师发表过。绝大部分（92%）教师没有主持（参与）过与流行音乐进课堂相关的课题，仅有6%的教师有这样的经历。88%的教师希望可以参加流行音乐相关的科研和培训活动，6%的教师不确定，还有6%的教师不希望。这组数据反映了音乐教师在流行专业素养方面的缺乏，是由其在大学期间和入职后没有参加过流行音乐相关学习培训造成的，并表现出教师希望得到改进现状的意愿。

表 3-8　流行音乐教学的影响因素：教材

描述	项目	完全不符合	基本不符合	不确定	基本符合	完全符合
22.教材中的流行歌曲与时代有点脱节	人数	3	15	7	15	10
	百分比	6.0%	30.0%	14.0%	30.0%	20.0%
23.教材中的流行歌曲应与时俱进，及时更新	人数	3	0	3	31	13
	百分比	6.0%	0.0%	6.0%	62.0%	26.0%
24.教材中流行音乐的曲目较少，无法满足学生的需求	人数	0	3	9	25	13
	百分比	0.0%	6.0%	18.0%	50.0%	26.0%
25.教材流行音乐的比重应该有所增加	人数	3	0	6	28	13
	百分比	6.0%	0.0%	12.0%	56.0%	26.0%

教材（22—25题）（见表3-8）。这部分调查内容主要是通过教师的"眼睛"观察教材与流行音乐的关系。对于教材的认识上，有一半（50%）教师认为教材中的流行音乐有点过时，36%的教师不这么认为，剩下14%的教师不确定。88%的教师认为应该更新教材中流行音乐的曲目。76%的教师认为教材里的流行音乐较少，无法满足学生的需求，18%的教师不确定，6%的教师不认为如

此。82% 的教师认为应该增加教材中流行音乐的比重，12% 的教师不确定，还有 6% 的教师不这样认为。这组数据真实反映了音乐教师眼中教材存在的问题，如选取的流行歌曲与时代脱节、数量偏少等，同时也表达了对修订教材的建议。

表 3-9　流行音乐教学的影响因素：课程资源开发

描述	项目	完全不符合	基本不符合	不确定	基本符合	完全符合
26.学校设立了有关流行音乐的教改项目	人数	13	34	0	3	0
	百分比	26.0%	68.0%	0.0%	6.0%	0.0%
27.学校提供了流行音乐相关的信息化数字化平台	人数	10	28	6	3	3
	百分比	20.0%	56.0%	12.0%	6.0%	6.0%
28.学校组织编写了与流行音乐相关的校本教材	人数	13	25	12	0	0
	百分比	26.0%	50.0%	24.0%	0.0%	0.0%

课程资源开发（26—28 题）（见表 3-9）。绝大部分（94%）教师所在的学校没有设立有关流行音乐的教改项目。大部分（76%）教师所在的学校没有提供流行音乐相关的信息化数字化平台，仅有 12% 的教师表示有。76% 的教师所在的学校没有组织编写与流行音乐相关的校本教材，还有 24% 的教师不确定。这反映出流行音乐教学方面的课程资源开发非常薄弱，几乎处于无人开发的状态。

4. 流行音乐对音乐课堂教学的影响

在这一部分的调查中，主要从教师角度了解流行音乐对中学生和音乐课堂教学的影响，一共 11 道题目。

表 3-10　流行音乐对中学生的影响

描述	项目	完全不符合	基本不符合	不确定	基本符合	完全符合
29.学生非常喜欢流行音乐	人数	0	0	0	24	26
	百分比	0.0%	0.0%	0.0%	48.0%	52.0%

续表

描述	项目	完全不符合	基本不符合	不确定	基本符合	完全符合
30.比起流行音乐,学生没那么喜欢音乐课	人数	8	5	6	16	15
	百分比	16.0%	10.0%	12.0%	32.0%	30.0%
31.相比音乐课上教的歌曲,学生更喜欢平时听的流行音乐	人数	2	3	3	22	20
	百分比	4.0%	6.0%	6.0%	44.0%	40.0%
32.听流行音乐会影响学生的学习	人数	13	18	12	7	0
	百分比	26.0%	36.0%	24.0%	14.0%	0.0%
33.流行音乐可以提高学生对音乐的学习兴趣	人数	3	1	0	16	30
	百分比	6.0%	2.0%	0.0%	32.0%	60.0%
34.当下有些网络流行歌曲很低俗,对学生产生了不良影响	人数	0	9	3	28	10
	百分比	0.0%	18.0%	6.0%	56.0%	20.0%

对中学生的影响（29—34题）(见表3-10)。全部（100%）教师都认为学生非常喜欢流行音乐。62%的教师认为比起流行音乐,学生没那么喜欢音乐课,仅有26%的教师不同意。84%的教师认为,相比音乐课上教的歌曲,学生更喜欢平时听的流行音乐,仅有10%的教师不同意。62%的教师认为听流行音乐不会影响学生的学习,仅有14%的教师认为会影响学习。92%的教师认为流行音乐可以提高学生对音乐的学习兴趣,仅8%的教师不同意。76%的教师认为当下有些网络流行歌曲很低俗,对学生产生了不良影响,仅有18%的教师不赞同。这组数据反映了音乐教师眼中流行音乐对中学生的影响：一线教师比较关注教学实践,他们比较了解学生的音乐兴趣,因此,对流行音乐的积极影响和消极作用也有一定的认识。

表 3-11　流行音乐对音乐课堂教学的影响

描述	项目	完全不符合	基本不符合	不确定	基本符合	完全符合
35.引入流行音乐对音乐教学有帮助	人数	0	1	2	25	22
	百分比	0.0%	2.0%	4.0%	50.0%	44.0%
36.流行音乐丰富了音乐教学内容	人数	1	2	1	24	22
	百分比	2.0%	4.0%	2.0%	48.0%	44.0%
37.我经常引入流行音乐进行古典音乐、民族音乐教学	人数	3	4	9	19	15
	百分比	6.0%	8.0%	18.0%	38.0%	30.0%
38.引入流行音乐以后，课堂气氛更活跃	人数	1	2	3	20	24
	百分比	2.0%	4.0%	6.0%	40.0%	48.0%
39.引入流行音乐以后，教学效果会更好	人数	1	3	4	18	24
	百分比	2.0%	6.0%	8.0%	36.0%	48.0%

对音乐课堂教学的影响（35—39题）（见表3-11）。94%的教师认为引入流行音乐对自己平时的教学有帮助，只有2%的教师认为不是如此。92%的教师认为流行音乐丰富了自己上课的教学内容。一半以上（68%）的教师表示经常引入流行音乐帮助学生学习古典音乐、民族音乐，14%的教师很少这样做，还有18%的教师不确定。在课堂气氛的营造方面，88%的教师认为引入流行音乐气氛会更活跃，只有6%的教师不赞同，6%的教师不确定。84%的教师认为引入流行音乐以后，教学效果会更好，8%的教师不赞同。这组数据直接鲜明地说明了一线教师对流行音乐引入课堂非常赞同，他们认为流行音乐对于教学气氛的营造以及教学效果的提升有积极作用。

5. 开放题

目前流行音乐教学现状的影响因素（40题）：在这个问题上，教师们的回答比较具体，归纳起来涉及学生、教师、社会、学校等多方面因素。居于前几位的因素分别为：国家的政策、领导的重视程度、教学大纲的限制、自身的知识结构、教学资料的缺乏、社会文化环境等。其他重要影响因素还包括学生素质、教材编写、教学设备等。这个问题的回答反映了音乐教师对于流行音乐教学问题有一定的思考，但他们更关注的是外在因素，如国家的政策、领导的重视程度等，但对于自身的流行音乐素养和教学能力等问题，并没有充分的思考。

推荐适合编进音乐教材的歌曲（41题）：教师们的回答比较分散，但总体来看中文歌曲偏多，大都是偏向励志型的歌曲，也有不少民族化的中国风歌曲。其中，排在前几位的歌曲有《隐形的翅膀》《最初的梦想》《我相信》《蜗牛》《青花瓷》《父亲》《大海》《当你老了》《海阔天空》《bye bye》等。这体现了教师对于流行音乐的认识和选择还是比较传统和保守的，大都从歌词的思想感情方面来判断流行歌曲的价值，而缺乏对流行音乐其他元素的关注和了解。

（二）学生

关于对中学生的调查结果，主要从受访学生的基本情况、学生对流行音乐和音乐课的态度、流行音乐教学现状、流行音乐对学生学习音乐的影响以及开放题五个方面内容来呈现。

1. 受访学生的基本情况

从调查的基本情况来看（见表3-12），参与本次问卷调查的中学生年龄全部在12—17岁之间，其中女生占56%，男生占44%，初中生占49%，高中生占51%。

表3-12 受访学生的基本情况

项目	类别	人数	百分比
所在年级	初中	188	49%
	高中	192	51%
性别	男	168	44%
	女	212	56%

2. 学生对流行音乐和音乐课的态度

在这一部分的调查中，主要了解学生对流行音乐和音乐课的态度。依据前文所述的社会心理学对于态度的三要素理论，在问卷设计中，包含了情感、认知和行为三个方面的内容，一共13道题目。

表 3-13　学生对流行音乐和音乐课的态度（情感）

描述	项目	完全不符合	基本不符合	不确定	基本符合	完全符合
1.同古典音乐、民族音乐相比，我更喜欢流行音乐	初中	11 5.85%	11 5.85%	32 17.02%	53 28.19%	81 43.09%
	高中	10 5.21%	28 14.58%	31 16.15%	65 33.85%	58 30.21%
	总体	21 5.53%	39 10.26%	63 16.58%	118 31.05%	139 36.58%
2.同其他科目相比，我更喜欢上音乐课	初中	13 6.91%	28 14.89%	72 38.30%	30 15.96%	45 23.94%
	高中	6 3.13%	21 10.94%	64 33.33%	60 31.25%	41 21.35%
	总体	19 5.00%	49 12.89%	136 35.79%	90 23.69%	86 22.63%
3.我赞同"流行音乐进课堂"	初中	11 5.85%	6 3.19%	26 13.83%	43 22.87%	102 54.26%
	高中	6 3.13%	3 1.56%	13 6.77%	68 35.42%	102 53.13%
	总体	17 4.47%	9 2.37%	39 10.26%	111 29.21%	204 53.69%
4.相比音乐课上教的歌曲，我更喜欢平时听的流行音乐	初中	6 3.19%	13 6.91%	34 18.09%	38 20.21%	97 51.60%
	高中	7 3.65%	16 8.33%	20 10.42%	72 37.50%	77 40.10%
	总体	13 3.42%	29 7.63%	54 14.21%	110 28.95%	174 45.79%

情感（1—4题）。调查结果（见表3-13）反映出，相比于古典音乐、民族音乐，大部分（67.63%）学生更喜欢流行音乐，其中初中生的比例（71.28%）要略高于高中生（64.06%）。仅有不到一半（46.32%）的学生认为，同其他科目相比，他们更喜欢音乐课，在这一问题上的态度，初中生的比例（39.90%）要低于高中生（52.60%）。此外，有17.89%的学生不喜欢上音乐课。绝大部分（82.90%）学生赞同流行音乐进课堂，仅有6.84%的学生不赞同。相比于音乐课上教的歌曲，大部分（74.74%）学生更喜欢平时听的流行音乐。这组数据反映

了中学生对流行音乐的喜爱,以及对"流行音乐进课堂"的赞成态度。相比之下,他们对于音乐课和音乐课上教的歌曲却没有那么喜欢,映衬出当前中学音乐教育的尴尬局面。

表 3-14　学生对流行音乐和音乐课的态度(认知)

描述	类别	完全不符合	基本不符合	不确定	基本符合	完全符合
5.当下有些网络流行歌曲很低俗很无聊	初中	43 22.87%	32 17.02%	61 32.45%	24 12.77%	28 14.89%
	高中	20 10.42%	22 11.46%	50 26.04%	63 32.81%	37 19.27%
	总体	63 16.58%	54 14.21%	111 29.21%	87 22.89%	65 17.11%
6.我认为听流行音乐不会影响学习	初中	9 4.79%	13 6.91%	41 21.81%	43 22.87%	82 43.62%
	高中	6 3.13%	12 6.25%	16 8.33%	59 30.73%	99 51.56%
	总体	15 3.95%	25 6.58%	57 15.00%	102 26.84%	181 47.63%
7.我认为流行音乐平时听听就算了,音乐课上还是多讲点传统音乐比较好	初中	66 35.11%	47 25.00%	43 22.87%	21 11.17%	11 5.85%
	高中	46 23.96%	56 29.17%	54 28.13%	29 15.10%	7 3.65%
	总体	112 29.47%	103 27.11%	97 25.53%	50 13.16%	18 4.74%
8.我认为音乐课上老师应多教唱一些流行音乐	初中	13 6.91%	21 11.17%	43 22.87%	51 27.13%	60 31.91%
	高中	5 2.60%	15 7.81%	39 20.31%	74 38.54%	59 30.73%
	总体	18 4.74%	36 9.47%	82 21.58%	125 32.89%	119 31.32%
9.我认为流行音乐主要靠自己学唱,老师教不了什么	初中	64 34.04%	47 25.00%	56 29.79%	15 7.98%	6 3.19%
	高中	39 20.31%	72 37.50%	52 27.08%	23 11.98%	6 3.13%
	总体	103 27.11%	119 31.32%	108 28.42%	38 10.00%	12 3.16%

认知（5—9题）。调查结果（见表3-14）表明，40%的学生认为当下有些网络流行歌曲很低俗很无聊，其中高中生和初中生对此问题的看法差异非常明显，高中生比例（52.08%）几乎是初中生比例（27.66%）的两倍。大部分（74.47%）学生认为听流行音乐不会影响学习，仅有10.53%的学生不认为如此。超过半数（56.58%）的学生不认为流行音乐平时听听就算了。58.43%的学生并不认为流行音乐仅靠自己学唱就可以，64.21%的学生希望教师能在音乐课堂上多教唱一些流行音乐。这些数据反映出了学生们对课堂教学的期待，他们希望能在课堂上得到教师关于流行音乐更多有效的指导。

表3-15　学生对流行音乐和音乐课的态度（行为）

描述	类别	完全不符合	基本不符合	不确定	基本符合	完全符合
10.我有自己喜欢的流行音乐歌手和歌曲	初中	6 3.19%	11 5.85%	26 13.83%	32 17.02%	113 60.11%
	高中	4 2.08%	8 4.17%	21 10.94%	46 23.96%	113 58.85%
	总体	10 2.63%	19 5.00%	47 12.37%	78 20.53%	226 59.47%
11.我看过《中国好声音》和《我是歌手》其中至少一个音乐选秀节目	初中	17 9.04%	6 3.19%	19 10.11%	15 7.98%	131 69.68%
	高中	14 7.29%	8 4.17%	11 5.73%	33 17.19%	126 65.63%
	总体	31 8.16%	14 3.68%	30 7.89%	48 12.63%	257 67.63%
12.我经常上网下载流行音乐	初中	6 3.19%	11 5.85%	30 15.96%	30 15.96%	111 59.04%
	高中	12 6.25%	7 3.65%	17 8.85%	50 26.04%	106 55.21%
	总体	18 4.74%	18 4.74%	47 12.37%	80 21.05%	217 57.11%
13.我通常用手机听流行音乐	初中	9 4.79%	2 1.06%	34 18.09%	21 11.17%	122 64.89%
	高中	0 0.00%	10 5.21%	15 7.81%	52 27.08%	115 59.90%
	总体	9 2.37%	12 3.16%	49 12.89%	73 19.21%	237 62.37%

行为（10—13题）。调查结果（见表3-15）反映出，绝大部分（80%）学生有自己喜欢的流行音乐歌手和歌曲，仅有7.63%的学生表示没有。80.26%的学生看过《中国好声音》和《我是歌手》其中至少一个音乐选秀节目；78.16%的学生经常上网下载流行音乐，其中高中生（81.25%）的比例略高于初中生（75.00%）；绝大部分（81.58%）学生经常用手机听流行音乐，这三组数据说明了当前学生受媒体、互联网、通信技术等社会文化环境的影响非常之大。

3. 流行音乐教学现状

表 3-16　流行音乐教学现状：教师

描述	类别	完全不符合	基本不符合	不确定	基本符合	完全符合
14.音乐老师在讲授传统音乐时，播放与之相关的流行音乐更吸引我们	初中	9 4.79%	13 6.91%	34 18.09%	45 23.94%	87 46.28%
	高中	7 3.65%	4 2.08%	18 9.38%	86 44.79%	77 40.10%
	总体	16 4.21%	17 4.47%	52 13.68%	131 34.47%	164 43.16%
15.音乐课堂上老师教的歌曲不能满足我们的需求	初中	9 4.79%	24 12.77%	41 21.81%	58 30.85%	56 29.79%
	高中	7 3.65%	36 18.75%	47 24.48%	59 30.73%	43 22.40%
	总体	16 4.21%	60 15.79%	88 23.16%	117 30.79%	99 26.05%
16.音乐老师在课堂上经常推荐一些流行歌曲给大家	初中	17 9.04%	26 13.83%	38 20.21%	49 26.06%	58 30.85%
	高中	13 6.77%	34 17.71%	38 19.79%	64 33.33%	43 22.40%
	总体	30 7.89%	60 15.79%	76 20.00%	113 29.74%	101 26.58%
17.音乐老师的指导有助于我提高流行音乐演唱水平	初中	13 6.91%	13 6.91%	47 25.00%	49 26.06%	66 35.11%
	高中	6 3.13%	11 5.73%	38 19.79%	78 40.63%	59 30.73%
	总体	19 5.00%	24 6.32%	85 22.37%	127 33.42%	125 32.89%

教师（14—17题）。调查结果（见表3-16）表明，绝大部分（77.63%）学生认为音乐老师在讲授传统音乐时，播放与之相关的流行音乐更吸引他们，其中高中生的比例（84.89%）要略高于初中生的比例（70.22%）。超过半数（56.84%）的学生认为音乐课上教师所教的歌曲不能满足他们的需求，其中初中生的比例要略高些。一半以上（56.32%）学生的音乐老师会在课堂上经常推荐一些流行歌曲给他们，也有23.68%的学生的教师没有做到。大部分（66.31%）学生认为音乐老师的指导有助于他们提高流行音乐演唱水平，11.32%的学生不认为如此。这组数据反映了中学生对于流行音乐学习的需要，以及对音乐教师的期待。

表3-17 流行音乐教学现状：教材

描述	类别	完全不符合	基本不符合	不确定	基本符合	完全符合
18.教材中的流行音乐曲目太少了	初中	4 2.13%	9 4.79%	24 12.77%	49 26.06%	102 54.26%
	高中	1 0.52%	7 3.65%	32 16.67%	81 42.19%	71 36.98%
	总体	5 1.32%	16 4.21%	56 14.74%	130 34.21%	173 45.53%
19.我希望能够增加教材中流行音乐的比重	初中	4 2.13%	6 3.19%	36 19.15%	47 25.00%	95 50.53%
	高中	1 0.52%	6 3.13%	35 18.23%	71 36.98%	79 41.15%
	总体	5 1.32%	12 3.16%	71 18.68%	118 31.05%	174 45.79%
20.教材中的流行歌曲与时代有些脱节	初中	9 4.79%	13 6.91%	53 28.19%	42 22.34%	71 37.77%
	高中	11 5.73%	34 17.71%	32 16.67%	56 29.17%	59 30.73%
	总体	20 5.26%	47 12.37%	85 22.37%	98 25.79%	130 34.21%
21.我希望能及时更新教材中的流行歌曲	初中	13 6.91%	6 3.19%	38 20.21%	51 27.13%	80 42.55%
	高中	0 0.00%	5 2.60%	39 20.31%	69 35.94%	79 41.15%
	总体	13 3.42%	11 2.89%	77 20.26%	120 31.58%	159 41.84%

教材（18—21题）。从调查结果（见表3-17）我们不难看出，学生们对教材中的流行音乐现状并不满意。绝大部分（79.74%）学生认为教材中的流行音乐曲目太少了；76.84%的学生希望能增加教材中流行音乐的比重；60%的学生认为教材中的流行歌曲与时代有些脱节；73.42%的学生希望能及时更新教材中的流行歌曲。这组数据反映出了当前教材中流行音乐的现状与学生的期望值有明显的差距。

表3-18 流行音乐教学现状：学校和家庭环境

描述	类别	完全不符合	基本不符合	不确定	基本符合	完全符合
22.校园广播课间经常播放我们喜欢的流行音乐	初中	13 6.91%	17 9.04%	43 22.87%	45 23.94%	70 37.23%
	高中	12 6.25%	14 7.29%	20 10.42%	70 36.46%	76 39.58%
	总体	25 6.58%	31 8.16%	63 16.58%	115 30.26%	146 38.42%
23.学校或班级举办的"我是歌手"这类的歌唱比赛,很受同学们欢迎	初中	17 9.04%	9 4.79%	47 25.00%	53 28.19%	62 32.98%
	高中	11 5.73%	3 1.56%	32 16.67%	63 32.81%	83 43.23%
	总体	28 7.37%	12 3.16%	79 20.79%	116 30.52%	145 38.16%
24.我父母对于流行音乐不太了解	初中	26 13.83%	32 17.02%	59 31.38%	45 23.94%	26 13.83%
	高中	11 5.73%	42 21.88%	55 28.65%	49 25.52%	35 18.23%
	总体	37 9.74%	74 19.47%	114 30.00%	94 24.74%	61 16.05%
25.父母支持我喜欢流行音乐	初中	17 9.04%	6 3.19%	64 34.04%	34 18.09%	67 35.64%
	高中	2 1.04%	7 3.65%	52 27.08%	50 26.04%	81 42.19%
	总体	19 5.00%	13 3.42%	116 30.53%	84 22.11%	148 38.95%

学校和家庭环境（22—25题）。从调查结果（见表3-18）我们可以看出，学校环境对于流行音乐的态度比较宽松。大部分（68.68%）学生所在的学校在

校园广播课间经常播放学生喜欢的流行音乐,也有 14.74% 的学生所在的学校并没有这种做法;68.68% 的学生所在的学校或班级举办过"我是歌手"之类的歌唱比赛,并受到学生欢迎,10.53% 的学生认为并不是如此。40.79% 的学生认为自己的父母对于流行音乐不太了解,但有 29.21% 的学生不认为如此。大部分(61.06%)学生的父母支持他们喜欢流行音乐,也有 8.42% 的学生父母并不支持。由此我们可以看出,虽然有些学生父母对流行音乐缺乏了解,但大都支持孩子喜欢流行音乐,因此,流行音乐教育的家庭环境也是比较宽松的。

4. 流行音乐对学生音乐学习的影响

表 3-19 流行音乐对学生学习音乐的影响

描述	类别	完全不符合	基本不符合	不确定	基本符合	完全符合
26.流行音乐能放松心情,缓解学习压力	初中	5 2.66%	8 4.26%	20 10.64%	71 37.77%	84 44.68%
	高中	4 2.13%	6 3.19%	15 7.81%	77 40.10%	90 46.88%
	总体	9 2.37%	14 3.68%	35 9.21%	148 38.95%	174 45.79%
27.流行音乐促进了我对音乐的学习兴趣	初中	4 2.13%	15 7.98%	24 12.77%	64 34.04%	81 43.09%
	高中	11 5.73%	12 6.25%	18 9.38%	67 34.90%	84 43.75%
	总体	15 3.95%	27 7.11%	42 11.05%	131 34.47%	165 43.42%
28.流行音乐能帮助我提高音乐素养	初中	6 3.19%	4 2.13%	36 19.15%	49 26.06%	93 49.47%
	高中	4 2.08%	4 2.08%	48 25.00%	69 35.94%	67 34.90%
	总体	10 2.63%	8 2.11%	84 22.11%	118 31.05%	160 42.11%
29.流行音乐对我学习古典音乐、民族音乐很有帮助	初中	13 6.91%	21 11.17%	55 29.26%	41 21.81%	58 30.85%
	高中	6 3.13%	17 8.85%	49 25.52%	67 34.90%	53 27.60%
	总体	19 5.00%	38 10.00%	104 27.37%	108 28.42%	111 29.21%

续表

描述	类别	完全不符合	基本不符合	不确定	基本符合	完全符合
30.流行音乐提高了我的歌唱水平	初中	4 2.13%	10 5.32%	16 8.51%	53 28.19%	91 48.40%
	高中	10 5.21%	17 8.85%	22 11.46%	55 28.65%	78 40.63%
	总体	14 3.68%	27 7.11%	38 10.00%	108 28.42%	169 44.47%

对学生学习音乐的影响（26—30题）。从调查结果（见表3-19）我们不难看出，流行音乐对学生音乐学习的影响是比较大的。绝大部分（84.74%）学生认为流行音乐能放松心情，缓解学习压力；77.89%的学生认为流行音乐促进了自己对音乐的学习兴趣，仅有11.06%的学生不认为如此；73.16%的学生认为流行音乐能帮助自己提高音乐素养；超过半数（57.63%）的学生认为流行音乐对于学习古典音乐、民族音乐很有帮助；72.89%的学生认为流行音乐提高了自己的歌唱水平，仅有10.79%的学生不认为如此。

5. 开放题

你理想中的音乐课堂是什么样的?（31题）在这个问题上，中学生的回答比较分散，归纳起来有两类，一是对理想课堂的描述：如"有趣的""快乐的""放松的""有激情的""自由、互动的""多元化的，参与度高的"；二是具体的建议："希望师生可以成为朋友""老师多唱歌""能多听多唱流行歌曲""学唱喜欢的歌""古典与流行相结合的""多一些有内涵的流行歌曲""古今中西融合的""要有流行音乐教程"等。从学生们的回答中，我们不难看出，流行音乐在他们理想中音乐课堂的地位比较重要，不少学生都表达了想多学习流行歌曲的愿望。

请推荐三首你喜欢的认为最适合编进音乐教材的流行音乐（32题）。对于这道题目，学生们的回答五花八门，实在过于广泛，以至于笔者几乎无法做一个详细的统计，粗略算起来有300首左右。其中，英文歌曲和中文歌曲各占一半，中文歌曲中港台歌曲占了大部分。与教师的答案不同的是，学生推荐的歌曲大多比较"流行"，即是近几年比较热门、流传度较高的歌曲。主要可分为以下几类：（1）周杰伦的歌曲，如《青花瓷》《菊花台》《东风破》《听妈妈的话》

等；（2）欧美流行歌曲，如 What Make You Beautiful Night Change Fantastic Baby Call Me Baby Sing for You We Like 等；（3）音乐选秀和综艺节目后火爆一时的歌曲，如李健的《贝加尔湖畔》、王铮亮的《时间都去哪儿了》、张磊的《南山南》；（4）网络神曲，如《小苹果》《最炫民族风》《我的滑板鞋》等；（5）港台经典流行歌曲，如《十年》《K歌之王》《光辉岁月》《真的爱你》《月半小夜曲》等；（6）表达亲情友情的励志歌曲，如《父亲》《我相信》《我的未来不是梦》《最初的梦想》《阳光总在风雨后》《隐形的翅膀》等。调查结果反映出，学生们并不是盲目地追求热门的、新奇的歌曲，他们在流行音乐进入音乐教材的问题上有一定的理性认识和思考。由此我们可以看出，这些学生都是听着流行音乐长大的一代，对流行音乐具有一定的鉴赏和判断力。

二、访谈调查结果及分析

笔者在受访的每所学校各选取两名教师和三名学生进行正式访谈（访谈提纲见附录二），同时与多名教师和学生进行了非正式访谈。由于访谈资料较多，笔者无法详尽罗列教师和学生"所言"，只能予以综合归纳、分析，整理出有实际意义的典型访谈内容。部分内容还将在第四章和第五章以例证的方式出现。

（一）流行音乐进入音乐课堂的现状

1.关于对流行音乐的看法

在访谈中，绝大部分教师和学生都表示生活中非常喜欢流行音乐，这一点与问卷调查中的结果相吻合。在为什么喜欢流行音乐的问题上，师生的回答也比较类似，大多是"好听""让人放松""比较时尚"等。但在具体的喜好方面，师生的差异非常大。在最喜欢什么类型的音乐和歌手方面，教师们的答案比较类似，大多是"经典的""耐听的""港台的""和自己年龄相仿的歌手的（如张学友）"；学生的答案则比较分散："喜欢欧美的英文歌曲""比较喜欢周杰伦的歌曲""喜欢陈奕迅的歌曲""太多了，没办法说"，这和问卷调查的结果也是不谋而合的。在用什么工具听流行音乐方面，学生的答案几乎都是"手机、蓝牙耳机"，和问卷调查的结果非常一致。关于最喜欢的音乐选秀节目，学生的回答主要是《中国好声音》《我是歌手》及《蒙面歌王》等电视热播的节目。教师在关注以上节目的同时,也提到了《中国好歌曲》这类原创音乐节目,认为"更有创新性"。

2. 关于对教材中流行音乐的看法

教师们大多表示"教材选的歌曲比较经典、耐听""离当今时代有一些历史"。在讲授流行音乐的内容时,"学生们普遍积极性比较高,即使是那些年代比较久远的歌曲,他们还是很喜欢";"相对于其他章节,流行音乐要更容易讲解一些,接受度高"。

而学生们则看法不一,多数人表达了不满意:"不怎么喜欢,因为有些过时了。""喜欢,虽然和现在流行的音乐不一样,但是也很好听。""一般般,教材里的类型不太喜欢听。""不喜欢,太老了。""一般,因为教材里歌曲不流行。"

从访谈情况来看,师生的回答和问卷中的有关内容比较吻合,学生们对于教材的满意度普遍不高。

3. 对改进流行音乐教学的认识和建议

对于这个问题,教师主要围绕着教材和自身业务能力两个方面,谈了目前流行音乐教学存在的困难及归因。在对教材的认识上,多数被访者认为"教材中的流行音乐比较陈旧,难以吸引学生""内容太少,不够丰富""希望编写者能吸收一些香港、国外的经验"。在自身业务能力方面,教师们大多认为"缺乏流行音乐的专业知识""没有受过相关的培训""虽然很想讲好,但完全不知道怎么讲,只好硬着头皮上""遇到学生问到自己也不懂的问题,只好课后查阅资料,一边学,一边教"。和问卷中的调查情况相似,大多数教师"希望能组织和流行音乐相关的业务知识培训"。

对于这个问题,学生们的回答比较丰富,但大都是围绕着希望老师怎么教学来展开的:

> 流行音乐的历史帮助我们更好地理解(引导)它们,应该结合我们的生活实际来引发我们的共鸣。
>
> 希望老师可以教我们怎么唱,教我们怎么认识旋律,如何唱好流行音乐。
>
> 老师可以教我们发音或如何唱之类的,一个或多个地教。
>
> 老师能教我们怎么唱歌,最好能跟我们一起唱。

老师和我们沟通，了解我们喜欢哪些歌手哪些歌曲，然后再教我们这些喜欢的歌曲。

在课堂上老师可以评析一些流行歌曲，介绍一下它们的歌唱技巧。

从这个问题上我们可以看到，教师的自身业务水平与学生的期望之间存在着一定的矛盾。一方面，学生渴望从教师那里学到更多流行音乐的知识；另一方面，教师却不知如何获取这方面的知识来传授给学生。

（二）流行音乐对中学生和音乐教学的影响

1. 流行音乐对中学生的影响

访谈中，学生们纷纷表示"非常喜欢流行音乐""天天都听""每天放学回家路上或者做完作业都听""听流行音乐会很放松"，还有同学直言"音乐课上的歌曲没意思，没有流行音乐好听""教材里的音乐太土了""音乐课上教的歌都不熟悉"，等等。在谈到流行音乐对自己的影响时，学生们的回答比较具体：

流行音乐能带给我快乐，一听到喜欢的歌曲就觉得身心都很放松。

洗澡的时候听，放得很大声，感觉特别 high。

心情不好的时候听流行音乐，感觉舒服很多，有时候感觉歌词里面讲的和我一样，特别有同感。

喜欢选秀节目《我是歌手》里面那些歌手，他们演唱得好，而且非常投入，很有魅力。

家里爸妈也比较喜欢流行音乐，他们听的那些歌（邓丽君、张学友）也挺好听的，和现在的流行歌曲感觉不一样。

喜欢网络上一些有意思的歌，像《我的滑板鞋》什么的，有趣而且好听。

中国风的流行歌曲（周杰伦的歌）歌词写得挺美的，感觉能学到不少文学方面的知识。

很喜欢看《中国好声音》，感觉那些学员和导师挺真实的，而且他们之间比较平等，是我喜欢的那种（关系）。不像我们的音乐课，都是老师在上面讲。

……

从学生的回答我们不难看出，他们对流行音乐的喜爱是非常直接的，这和中学生的心理、生理特点是密不可分的。同时，也看得出，社会文化环境如音乐选秀节目对他们的影响比较大，这种影响也体现在他们对音乐课的不满态度上。这一点和问卷中的第2题的结果非常吻合。

2. 流行音乐对于中学音乐教学的影响

访谈中，教师普遍认为"学生对流行音乐的喜爱是一种必然"，部分教师表示"压力很大""上课时有挫败感""程度好的班级品位会好点"。

在如何影响音乐教学方面，教师们回答得比较具体：

当讲到某一首作品时，如果我运用了流行音乐元素，学生会比平时更活跃，课堂气氛也会更好。所以流行音乐对于学生学习音乐来说还是很重要的。

流行音乐有一个很大的特点就是变化得快。学生在上个月喜欢的歌曲，可能到了下个月就不喜欢了，教师如果再重复同样的内容，他们就会没兴趣了。

这学期的展示环节，还有学校的"十大歌手"比赛，学生们选择的几乎都是流行歌曲。

在艺术节的舞蹈比赛环节，很多学生会选择流行元素的街舞。

教师如果具有流行音乐技能的，比如唱歌唱得好，会特别受到学生欢迎。

有些网络上的音乐（如《做一晚泥工》）比较低俗，对学生有不太好的影响，我自己没有听过。但他们又会比较喜欢，有些学生还反复在课堂上提起这些歌，弄得很尴尬，我只好下课以后私下找他谈。

……

但在对这种影响的具体看法上，教师们表示出了不同的意见：

我支持他们喜欢流行音乐，但不能投其所好。他们平时听的都是流行音乐，不能连学校这块古典音乐和民族音乐的阵地也没了，我们要维护好它。

在音乐鉴赏课上，学生对于艺术歌曲完全不感兴趣，所以引入流行音乐元素未尝不是一种好的尝试。我喜欢把现代的和古典的结合起来讲。

音乐课比起其他科目来，没有太多考试的压力，可以让他们更轻松更快乐地享受音乐，所以我们应该尊重孩子们的兴趣和选择，利用他们对流行音乐的热爱，使他们进一步走进音乐世界。

学生们喜欢的流行音乐，跟我们喜欢的完全不同。随着我们自身年龄的增长，对于他们的喜好，我们很难跟得上。

我会反复对学生说，你们可以听流行歌曲，但必须是健康的积极向上的歌曲，如果是没有意义的歌曲，就谈不上对音乐的热爱。

流行音乐对我的音乐教学有很大帮助。如果我们愿意花心思，可以让学生从流行音乐中学习到很多音乐的知识。

……

从上述回答来看，教师们对于流行音乐所产生的影响了解比较充分，但具体的看法并不一致。多数教师还是从自身角度来看待问题，只有部分教师提及了尊重学生的兴趣和选择。

3. 关于流行音乐影响下音乐课堂的具体表现

学生对于这个问题的回答比较相似，多集中在学校举办的各类音乐活动，如"校园十大歌手比赛""校园好声音""社团活动""舞蹈大赛""文艺晚会"等，还有人提到了"流行音乐课件制作""宿舍小歌手""浴室飙歌""校园广播"等。

教师对这个问题的回答则比较丰富，主要可归纳为课堂教学和学校其他音乐活动两种形式：

在课堂教学上，我喜欢把流行音乐与导入、拓展这两个环节结合起来讲。

在讲乐理知识的时候，学生兴趣不大，我通常会用演唱流行歌曲的方式，叫他们体验，比如说曲式结构什么的，他们很快就可以理解了。

我们教材中有一首二胡作品，叫作《光明行》，当时在备课的时候觉得对学生来讲难度比较大,后来想了个办法,就是把它和周杰伦的歌曲结合起来。他那些中国风的歌曲中很多都用到二胡,所以讲出来,学生就一点也不陌生。然后他们才明白,原来那段音乐是用二胡演奏的。

每学期,我会用一到两个课时专门让学生展示他们的才艺,主要以小组的形式。每个小组5分钟,几乎每个小组都是选择流行音乐的形式来展示,有的是民谣,有的是摇滚,还有的是R&B。

每个学期我会让同学们推荐一首自己喜欢的歌曲,在班级里分享。几乎每个同学都会找自己喜欢的流行歌曲来演唱,很多歌我也没听过。

我在班级里播放过《我是歌手》《快乐男声》等音乐选秀节目,还播放过《恋爱通告》《歌舞青春》等电影,学生们非常喜欢。

在每年的艺术节,我们都会举办"校园好声音""十大歌手"等活动,学生们比较欢迎,反响也很热烈。

……

以上师生的回答反映出了流行音乐对于学校音乐教育有一定的影响,主要体现在课堂教学的形式和内容,以及校园音乐活动方面。但总体看来,内容比较少,形式比较单一,与社会音乐生活中的活动形式有些同质化,例如"校园好声音""十大歌手"等都受到音乐选秀节目的影响。

4.对音乐课堂教学的评价和改进建议

从访谈的情况来看,学生们对音乐课的评价不一:

挺满意的,因为音乐课充满了快乐。

满意,因为老师给我们讲乐理知识,然后我们用唱歌的方式实践。

较满意,但是老师总是喜欢讲乐理,我不喜欢记那些知识点。

音乐课太少了,每周才一次,还没上呢,一会儿就下课了。希望能增加音乐课的课时。

不太满意,上课教的歌曲比较传统,我们都不熟悉,最好能多教一些我们熟悉的流行歌曲,分析一下演唱风格那些的。

满意,因为上课有趣、好玩,老师会用很多不同的形式来组织我们学习,还会放一些我们喜欢的流行歌曲。

一般满意,因为老师都没怎么唱歌,总是放碟让我们自己唱。希望能听到老师多一些示范演唱,那样我会更喜欢他。

希望可以把乐理和歌唱相结合进行教学,不要总是讲知识点。这样音乐课有点枯燥,感觉像在上文化课。

对于如何改进音乐课,学生的建议有:"希望音乐老师更多地引导我们热爱音乐,发现音乐的美";"老师最好可以把乐理和歌唱相结合进行教学";"音乐课堂应该是学生放松的课堂、快乐的课堂";"多多观察学生,换位思考,做我们严师的同时,也是我们的益友";"要多跟学生交流,多互动,一起唱歌"。

以上回答反映出了学生对于音乐课堂的满意度一般,主要集中在乐理知识讲授太多,而唱歌的实践太少。此外,师生关系的不对等,也是学生反映集中的问题,他们希望的是音乐教师能多一些互动,能换位思考,做他们的良师益友。

教师则多数谈到当前音乐教学存在的困难,他们认为主要表现在以下几个方面:"音乐教师编制少,人手不够";"音乐课在学校不受领导重视";"音乐课不用中考和高考,学生和家长都不重视音乐课";"音乐老师在学校没地位";"教材对学生吸引力不够"。

第三节　调查结论及反思

在综合四所学校的问卷调查和师生访谈资料的基础上,经过互证,笔者对本次流行音乐进入音乐课堂现状以及流行音乐对学校音乐教育的影响等问题调查,归纳总结出以下结论,并进行了反思。

一、调查结论

(一)绝大部分教师和学生喜欢流行音乐,并对流行音乐进课堂持赞同态度

从教师层面来看,音乐教师对于流行音乐大都持肯定的态度,认为流行音

乐与经典音乐可以互相转化。大部分教师比较喜欢经典的流行歌曲，不仅喜欢流行音乐，而且在生活中也经常听。音乐教师认为流行音乐对促进音乐教学有帮助，但认为当下有些网络流行歌曲存在低俗现象，需要及时对学生进行引导，这反映了教师的理智思考。绝大多数音乐教师赞同流行音乐进课堂，并且认为引入流行音乐可以活跃课堂气氛，还对学习古典音乐、民族音乐有帮助，但对于是否有迎合学生口味之嫌，教师们看法不一。

从学生层面来看，同古典音乐、民族音乐相比，他们更喜欢流行音乐。对于流行音乐，他们不仅喜欢听，更喜欢唱。大部分学生都有自己喜欢的流行音乐歌手和歌曲，但在喜欢流行音乐的同时，他们不关心也不太了解流行音乐的发展历史和代表人物。这说明中学生对流行音乐的喜爱还停留在感官、娱乐的阶段，歌手、歌词和社会文化环境等非音乐因素对他们的影响比较大。绝大部分学生赞同"流行音乐进课堂"。他们希望音乐课堂上老师多教唱一些流行音乐，并希望多学一些与之相关的演唱方法、曲式分析及其他知识。不过，相比音乐课上教的流行歌曲，他们更喜欢平时听的流行音乐，这也反映出了目前流行音乐教育的尴尬局面。

（二）中学流行音乐教育现状不尽如人意，有待进一步改进

就调查的结果而言，对于流行音乐课堂教学，无论是音乐教材中已有的内容，还是其他多样化的教学形式，都已经给予了学生更多体验和感知流行音乐的机会，并取得了一定的教学效果。但我们必须看到无论是教师的教学理念还是教学形式、环境，都不尽如人意，有待进一步改进。

从教师的教学理念上来看，音乐教师并不太了解学生喜欢哪些流行音乐，并且对于学生是否比教师更了解流行音乐的问题意见不一。大部分教师认为流行音乐主要靠学生自学，教师作用不大。这反映了音乐教师还没有对流行音乐有科学深入的认识，大多仅停留在一种音响形态层面的认识上，而没有如"古典音乐"一样有严密、系统的知识体系。就流行音乐文化的功能而言，流行音乐在音乐课堂上是一种以"文化反哺"的姿态而存在的。

从教师的专业素养来看，现有的教学模式与师资力量，都秉承了美声或民族的教学传统，虽然教师大都在课堂上尝试过运用流行音乐来激发学生的学习兴趣，但大部分教师对于在课堂上进行流行歌曲的范唱没有自信，反映出了教

师自身的流行音乐专业素养比较缺乏，对学生不能进行有效的指导。

从教学形式来看，总体上比较单一化、同质化，缺少多样性。大多数教师都把流行音乐放在新课导入环节，以及下课前欣赏拓展环节。与流行音乐相关的校园活动形式单一，大多是"十大歌手"之类的歌唱比赛。笔者认为，随着我国教育改革的发展，很多学校都改变了过去的单一课堂模式，形成了必修课、选修课、活动课相结合的课堂教学模式。如果教师能充分利用这些形式给学生讲授流行音乐的相关知识以及创造流行音乐创作、演唱（或演奏）的机会，不但能为流行音乐教学活动增扩空间，也能起到间接的指导作用。

从教材层面来看，尽管已经有不同题材的流行音乐被编进了音乐教材，但总体来看，流行音乐部分的曲目总体偏少，体现不了丰富性；而且曲目相对陈旧，跟不上时代发展，容易造成学生对这类"生疏"的流行音乐作品不感兴趣，从而导致其学习动力不足，在前文中的调查也已经证实了这一点。2011版课标中说道："从学生的兴趣、能力和需要出发，结合学生的生活经验，遵循学生的生理、心理及审美认知规律，以学习为中心，提供感受音乐、表现音乐、创造音乐及学习音乐文化知识的机会，为学生终身学习音乐及提高音乐审美素质奠定基础。"[①] 这在目前教材的表现上恐怕难以做到。

从教学环境来看，本该承担音乐教育职责的音乐课堂和学校，没有承担学生们对流行音乐学习实际需求的责任——由于音乐教师专业素养的缺失以及教育体制中流行音乐体系的缺位，学生们对流行音乐的学习需求大多只能在课堂以外的社会生活中获得。

从家庭层面来看，虽然大多数家长对孩子喜爱流行音乐比较支持，但由于自身缺乏对流行音乐的关注和了解，再加上对古典音乐体系的推崇，因此，家庭在流行音乐教育层面的作用也是比较薄弱的。

（三）流行音乐文化对中学音乐教育造成了较大冲击

第一，音乐课堂不再是学生获取音乐知识、提高音乐素养最主要的途径。如前文所述，流行音乐文化不仅仅是音响层面或者技术层面的东西，更重要的

[①] 中华人民共和国教育部：《义务教育音乐课程标准（2011年版）》，北京师范大学出版社2012年版，第33页。

是社会文化的鲜明指征和集中体现。从调查情况来看，目前的音乐课堂现状在许多方面仍普遍存在不足，再加上音乐课的课时量有限，在时间的影响力上也处于劣势。而社会音乐生活则以其亲和、丰富、多样的面貌吸引着广大的学生。因此，随着大众媒体的传播，流行音乐文化对中学生的影响力，在总体上甚至超过了学校音乐教育对中学生的影响。以流行音乐为主体的社会音乐生活，在潜移默化中促进了学生的音乐素养尤其是歌唱水平的提高。

第二，学生由课堂教学中的"期待者"变为"困惑者"。从调查情况来看，流行音乐深受学生欢迎，并对学生有着积极作用，他们听流行音乐的目的主要是放松心情和缓解学习压力。庆幸的是学生对待流行音乐的态度是正面的，认为流行音乐有利于提高他们的学习兴趣，提升审美的鉴赏力和创造力，因此，学生们更希望能在课堂上多学到一些关于流行音乐的知识和演唱技巧。他们是对音乐课堂抱有较大希望的"期待者"。但教师流行音乐素养的缺乏以及学校和家庭的不重视，导致了部分学生喜欢流行音乐却不喜欢音乐课的尴尬局面。学生无法在音乐课堂及时获取相关的流行音乐体验以及相关知识，因而从"期待者"变成"困惑者"。值得指出的是，他们在课外欣赏流行音乐时，并不是一种自觉的"学习"过程，而是一种以"娱乐"为动力的感官满足的过程。这种"娱乐"的过程，如果不加以引导，容易产生不良影响。因此，教师在课堂上的及时引导至关重要。

第三，教师由课堂教学中的"主导者"变为"引导者"。从调查情况来看，引入流行音乐对教师的课堂教学有很大帮助，不仅丰富了教学内容，还提升了课堂气氛和教学效果。但正如前文所述，流行音乐文化的"反哺功能"影响了教师在教学实践中的教学方法、教学形式、教学内容等，改变了以往教师在音乐课堂上"主导者"的角色，职责和功能也发生了转变。在流行音乐文化的影响下，音乐教师已不是音乐资源的主导者，而是成为一个课堂教学的"引导者"。

二、调查反思

基于对"流行音乐与音乐课堂"现状的调查与分析，我们可以发现，流行音乐文化对学校音乐教育造成了不小的冲击。流行音乐虽然已经走进教材、走进了音乐课堂，并且取得了一定的教学效果，但仍存在如教师知识不完善、教材质量不高、教学形式单一等诸多问题。音乐教育系统的开放性不足成为流行音乐文化冲击下的学校音乐教育面临的根本问题。教育政策的革新滞后于教学实践的发展理念，教师的教育经历滞后于现实教学，学生的音乐生活世界和音乐学习世界被人为割裂。如何建立更加开放的系统已经成为当前学校音乐教育面临的严峻而迫切的挑战。

（一）流行音乐文化影响下学校音乐教育建立开放性系统的艰巨性

学校音乐教育建立更开放的系统之所以艰巨，概括起来有以下几点原因。

首先是外在因素的制约，其中不少影响因素短期内难以改变，而且也并非仅通过学校音乐教育的努力就能够改变。例如，"面对流行音乐文化的冲击，世界音乐教育界面临着同样的认识困惑和实践难题，反映到教育政策上，就是政府的政策导向在顺应教育实践发展时存在着明显的滞后现象"[1]。除此之外，还有新媒体技术给学校和教师带来的挑战，音乐教育政策制定的主体自身的教育背景和文化兴趣，学校办学条件落后等，这些外在因素不仅客观地影响着学校音乐教育的理念，也往往使教师不愿、不敢甚至不能尝试践行新理念，难以积极尝试新的教学实践，因此学生的困惑也就很难得到解答，从而最终造成音乐教学系统的封闭。

其次是学校音乐教育内部的因素制约。已定型的高师院校的师范教育课程设置阻碍了80后、90后新教师对学校音乐教育的前景构想，教师的教学能力受到其教育背景的限制，在教学上，容易陷入前辈和书本经验主义的套路中。例如，将古典音乐、民族音乐的教学方法用于流行音乐教学中，将流行音乐文化等同于一种音响层面的音乐，等等。陷入这些误区一方面是由于教师对流行音乐文化的片面理解，以及缺乏相关的实施经验与教学技能；另一方面是由于缺乏可供教师学习和参照的科学的实施策略。

除此之外，还存在流行音乐文化本身的特征和复杂性问题。流行音乐文化的娱乐性、商品性和快速更迭性使得它从诞生至今便充满了争议。它的娱乐功能在满足感官需求的同时，也带来了一些不良影响。作为商品的流行音乐存在

---

[1] 李法桢：《共同的困惑：教育政策如何面对流行音乐文化——"第29届世界音乐教育大会"文化、教育与传媒政策委员会会议综述》，《中国音乐教育》2010年第10期。

艺术性与商品性的不可调和的矛盾。再加上流行音乐文化的快速更迭性，导致歌曲的流行是短暂的。随着时代的推移，流行音乐的风格和内容也将随之改变，从而造成学生对于流行音乐的喜好口味不断发生变化。这种复杂性使得教师难以把握和判断流行音乐文化的价值和内涵，因此难以选择流行音乐教学的内容。

（二）流行音乐文化影响下学校音乐教育建立开放性系统的迫切性

学校音乐教育建立开放性系统的艰巨性从客观上决定了其未来的成功一定是任重道远的，绝不可能一蹴而就。但这绝不是放慢脚步、无所作为的理由。恰恰相反，在艰巨的使命面前，更应该迎难而上、有所作为。学校音乐教育开放性系统的建立不仅直接影响着音乐教育课程改革的推进和深入，还影响着音乐教学的效果、质量及师生关系的发展。正因如此，就愈加凸显出其迫切性。

首先，应用更开放的眼光来看待流行音乐文化。"艺术不是一种自我封闭和限制的活动，而是与人类经验的整个网络交织在一起的人类生活中的重要组成部分。"[1] 当前，学生的个人音乐文化以流行音乐为主，而学校音乐教育政策则是以古典音乐、民族音乐为主的体制音乐文化，二者的脱节使得学生的生活世界和学习世界被人为割裂。当流行音乐文化成为大多数学生音乐生活中的主流之时，教育决策者却未能根据现实情况及时做出政策调整和积极引导，教育的实施者在如何应对这种冲击时又无太多成熟的经验，这必然会导致许多问题。

其次，应用更开放的姿态来对待社会音乐生活。社会音乐环境对中学生的影响非常大，在流行音乐教育方面，这种影响力超过了学校音乐教育。因此，一方面，中学音乐教育应该放下身段，主动与社会音乐环境联手，形成合力；另一方面，中学音乐教育应进行反思与改进，尤其是在教材的编写、歌曲的选择以及教师的专业素养方面努力提升，以符合学生身心发展的规律。把流行音乐文化系统地纳入国民音乐教育，将丰富教育内容并促其发展。流行音乐与文化产业联姻，可扩大教育成果的市场份额，将极大地推进国民音乐教育、文化产业及文化市场的全方位发展。[2] 学校音乐教育与社会音乐教育、家庭音乐教育形成一个有机整体，应是未来努力的方向。

---

[1] E.' Collins & S. Chandler, "Beyond Art as Product: Using an Artistic Perspective to Understand Classroom Life", Theory into Practice, 1993, 32（4）, pp. 199–203.
[2] 参见马晓红《从"俗"到"雅"：流行音乐文化与国民音乐教育》，《艺术研究》2011年第4期。

综上所述，流行音乐文化影响下的中学音乐教育面临着严峻的挑战，迫切需要作出应对。然而，中学音乐教育开放性系统的建立是一个全局性的工作，既十分艰巨又非常迫切，需要全方位的推动。笔者认为，我们不能仅满足于发现音乐教学现状中的问题，更需要着手解决问题。本书将在第四、五章具体阐述流行音乐文化影响下中学音乐教育面临的挑战和应对策略。

第四章

流行音乐文化对中学音乐教育的挑战

第三章关于"流行音乐进课堂"的现状审思,已经呈现出流行音乐教学以及流行音乐对中学音乐教育的影响情况。笔者认为,在流行音乐文化影响下,我们不能仅满足于发现音乐教学现状中的问题,还必须对中学音乐教育整体面临的严峻挑战进行阐述和分析。在综合问卷、访谈等调查结果的基础上,本章将从教师、教材、教学实施和音乐活动四个层面展开论述,具体分析教师的教学理念、知识储备、教学能力、教材和课程资源开发、教学内容、教学方法以及课外、校外音乐活动等方面存在的问题。

第一节 流行音乐文化对音乐教师的挑战

教师是教育的关键。同样地,流行音乐影响下的中学音乐教育,教师是其中最重要的因素之一。从调查的情况来看,流行音乐文化对音乐教师的挑战主要有以下几个方面。

一、教师的教育观念存在偏差

教师的教育观念是教师在教育教学中所形成的对相关教育现象,特别是对自己的教学能力和所教学生的主体性认识,它直接影响着教师的知觉、判断,进而影响其教学行为。[①] 音乐教师的教育观念同样影响了其教育教学行为的转变。在中学音乐教育中,流行音乐文化的冲击,使得音乐教师的传统教育观念受到较大的挑战。

(一)"欧洲音乐中心论"的影响

所谓"欧洲音乐中心论",指的是以18、19世纪的欧洲音乐为音乐发展的顶峰,以此为正统,并且用它作为标尺来评价其他地区、其他民族的音乐。[②] 在漫长的历史过程中,欧洲音乐形成了一整套完备的音乐教学体系,诸如和声学、曲式分析学、作曲理论、演唱演奏法等。我国学校音乐教育深受其影响,一直将此套音乐教学体系沿用至今。尽管2011版课标提出"应以开阔的视野学习世界其他国家和民族的音乐文化,理解音乐文化的多样性,共享人类文明的一切优秀成果"[③]。可现实中,学校音乐教育仍然更为重视古典音乐、传统音乐等所谓的精英文化,而对于大众文化的流行音乐,仅停留在关注、争议和偶尔用之的层面。对此,我们引用法国哲学家雅克·德里达的观点:"在传统的二项对立的哲学观念中,对立面的平行并置是不存在的,在强暴的等级关系中,对立双方

---

① 参见辛涛等《论教师的教育观念》,《北京师范大学学报(社会科学版)》1999年第1期。
② 参见王耀华《中国近现代学校音乐教育之得失》,《音乐研究》1994年第2期。
③ 中华人民共和国教育部制定:《义务教育音乐课程标准(2011年版)》,北京师范大学出版社2012年版,第5页。

中的一方总是统治着另一方。"[1] 笔者认为,音乐文化原本没有高低贵贱之分,不管是欧洲古典音乐文化,还是我国的民族传统音乐,抑或是深受中学生喜爱的流行音乐文化,都是世界多元音乐文化的一部分,对于学生音乐素质的全面发展具有非常重要的教育价值。可在现实生活中却被人为地分为"阳春白雪"和"下里巴人"。

笔者在走访调查中也感受到了这一点,在谈到流行音乐时,虽然教师认为中学生非常喜欢,自己也不排斥,但是课堂上还是应该按照教材和大纲里的要求,没必要涉及太多流行音乐。还有部分教师认为流行音乐是一种生活中的大众音乐,和高雅音乐不是一回事,难以登大雅之堂。我们可从访谈中体会一二。

访谈片段 4-1:

> 我知道学生很喜欢流行音乐,我自己也很喜欢啊。……但他们在课外听的都是流行歌曲,音乐课上还有必要再讲吗?再说,教材里有那么多优秀的古典音乐和民族音乐,都是人类音乐文化的集中体现,我们音乐教师理应有责任向学生们进行推广和讲解。再加上音乐课本来也不多,一周才两节课,如果再讲流行音乐的话,岂不是将我们唯一的阵地也拱手相让了吗?
> (某初中教师,男,38 岁)

从上述访谈记录不难看出,我国音乐教师的教育观念普遍受到"欧洲音乐中心论"的影响,对流行音乐文化还没有形成科学的认识。在教学理念与教学实际间这种巨大的反差中,很多人产生了该如何把握流行音乐与严肃音乐关系的困惑。而在流行音乐教学的实践中,尽管有课程标准作为指导,但作为教师还没有一个明确的流行音乐教学思路,教学观念和方法仍处于教师所受的传统教育模式之中。

(二) 对"以学生为主体"教学观的片面理解

传统的音乐教学过分强调教师的主导作用,忽视了教学活动中师生之间必要的互动,限制了学生主观能动性和独立创造性的发挥,压抑了学生主体性的发展。[2]

---

[1] [英] 拉曼·塞尔登编:《文学批评理论——从柏拉图到现在》,刘象愚等译,北京大学出版社 2001 年版,第 372 页。
[2] 参见郑莉《21 世纪音乐教师教育面临的挑战》,《人民音乐》2008 年第 7 期。

《普通高中音乐课程标准（实验）》和《义务教育音乐课程标准（2011年版）》均提出，音乐课的全部教学活动应以学生为主体，师生互动，将学生对音乐的感受和音乐活动的参与放在重要的位置。

由此可见，新课改提出了新的教学理念，即教师应在教学时成为知识的引导者和学习的帮助者，而不是教学的主导者、资源的占有者。教师在教学中要"以学生为主体"，引导学生在感受和参与中学习。在访谈中笔者发现，大多数教师具有这种意识，但是缺乏引导学生学习的课堂教学经验，尤其是流行音乐教学方面的经验。在实际操作层面，教师对于如何做一个"引导者"并不清楚，甚至颇有微词。

访谈片段4-2：

"新课标"提出教学要以学生为主体，口号是喊得很响亮，我们理解。可实际教学中我们也是困难重重啊。音乐课本来就不受学校重视，上课时学生还老嚷嚷要听流行歌曲，对教材里的艺术歌曲没兴趣。如果要以学生为中心，那是不是意味着我们就该满足他们，天天上课光讲流行歌曲呢？那我们音乐教师的价值又如何体现呢？这样一味地迎合，我个人并不赞同。我认为课堂还是需要老师来把控，不然还要咱们音乐老师干吗？（某初中教师，女，32岁）

笔者认为，该教师的看法有一定的代表性，体现了学校音乐教育的坚守和历史责任感。我们当然不能因为青少年学生喜爱流行音乐，就无条件地在教学中全面采用流行音乐；反之，也不能因为流行音乐潜在的负面影响，就将其视为高雅音乐文化的敌人，对其敬而远之。当前，流行音乐已经进入了中学音乐教材和课堂。但部分学校和教师至今仍对其存在偏见，从而在教学实践中出现了两种异化现象：其一，为了满足中学生的好奇心，只是将流行音乐作为一种课堂的补充，非常浅显地引入或介绍，未能真正结合时代文化背景进行专业的讲解和教授，给人一种"隔靴搔痒"的感觉；其二，认为音乐课是不受学校和家长重视的弱势学科，加上学生对于知识技能学习的畏难思想，于是一味地迎合学生，"学生喜欢什么，就教什么"，将聆听观看流行音乐音频视频代替音乐教学。这两种现象在中学音乐课堂中是普遍存在的，前者没有真正重视流行音乐的审美教育价值，后者一味地迎合学生口味而放任自流。这两种做法都是不可取的，没有起到教师应有的指导作用，也没有真正将学生看作课堂学习的主体。

在现代教育理念中，教师不仅是知识的宣讲者，更是知识的发现者、引导者；学生不仅是教育资源的享受者，也是教育资源的提供者。正如《义务教育音乐课程标准（2011年版）》中所表述的那样："学生是教学活动的主体，应充分发挥学生学习的主动性。教师作为教学的组织者和指导者，是沟通学生与音乐的桥梁。在教学过程中建立民主、平等的师生关系，突出学生在教学中的主体地位和教师在教学中的主导作用，加强教学过程中的师生互动交流。"[①] 在当代流行音乐的影响下，如何在教学实践中建立以学生为主体的教学观，如何引导青少年的审美价值观，这应是音乐教师必须正视和深思的问题。

（三）对流行音乐文化内涵和流行音乐教育缺乏科学认识和审视

如前文所述，由于历史的原因，我国长期沿袭欧洲古典音乐的教育体系，虽然也学习传统民族音乐以及世界民族音乐，但都是在"西方音乐文化语境中学习的"。即使当前许多高校设立了流行音乐专业，且学校音乐教育已将流行音乐纳入了课程中，我们也不得不坦承，这种比例和影响力仍然非常小。对流行音乐文化重视程度的不足和系统研究的缺乏已成为当前音乐教育界面临的共同问题。尽管在世界音乐教育"提倡多元文化教育"的理念下，2001年"理解多元文化"开始写入我国修订的义务教育音乐课程标准中，但对流行音乐文化和流行音乐教育的认识和审视仍然非常不足。

整体而言，我国的音乐教育仍然是以欧洲古典音乐体系为中心、本土的民族音乐为辅，与此形成鲜明对比的是，作为当前社会主流音乐生活的流行音乐，对当代人尤其是青少年的影响则是巨大的。因此，笔者认为，要进一步认识流行音乐教育，便不得不对流行音乐文化的内涵和功能进行深刻审视。

首先，从流行音乐文化的内涵来看，流行音乐文化是基于现代工业文明的一种大众文化现象，不仅是流行音乐作品和音响本身，还包括流行音乐的创作、演唱（奏）、生产、传播等过程，也包括消费流行音乐的方式以及由此产生的学术研究、思想讨论等文化现象。其次，从流行音乐文化的功能来看，流行音乐的多样性和融合性决定了它在音乐传统、风格、流派等角度的表现丰富多样。

---

① 中华人民共和国教育部制定：《义务教育音乐课程标准（2011年版）》，北京师范大学出版社2012年版，第20页。

流行音乐研究的对象几乎涵盖了所有的流派和风格，甚至包括古典音乐，"不同风格的音乐形式相互穿越交融"[1]。从这个意义上来说，流行音乐文化的多样性和融合性恰恰是全球化背景下不可逆转的文化趋势。

在这种文化趋势下，流行音乐教育作为音乐教育的组成部分，我们无法不予以重新关注和审视，并且这种关注不能脱离其赖以存在的大文化语境。"流行音乐文化的发展，作为大众文化的自觉行为，它所承载的是当代社会多样化之思想意识，多样化之艺术需求。"[2] 只关注其在音响形式方面的表现而缺乏对其文化的考察，这种对流行音乐文化理解的偏差，导致了当前中学音乐教师对流行音乐教育理解的局限性。如访谈中大部分教师认为流行音乐主要靠学生自学，教师作用不大，还有不少教师认为上课压力大，流行音乐教学压力更大。与之相关的问卷调查（见图4-1）也证实了这一点，在对"教师认为学生对于流行音乐知识的掌握比教师更好"问题的态度上，持否定意见的教师仅占32%。超过四成教师认为是学生喜欢听喜欢唱流行音乐，所以学生对流行音乐掌握得比教师要更好。这些都反映了音乐教师对流行音乐文化还没有科学、深入的认识，大多数仅停留在音响形态层面的认识上，而没有如"古典音乐"一样有个严密、系统的知识体系。当然，其中重要的原因之一是我国当代流行音乐文化自身体系的不完善。

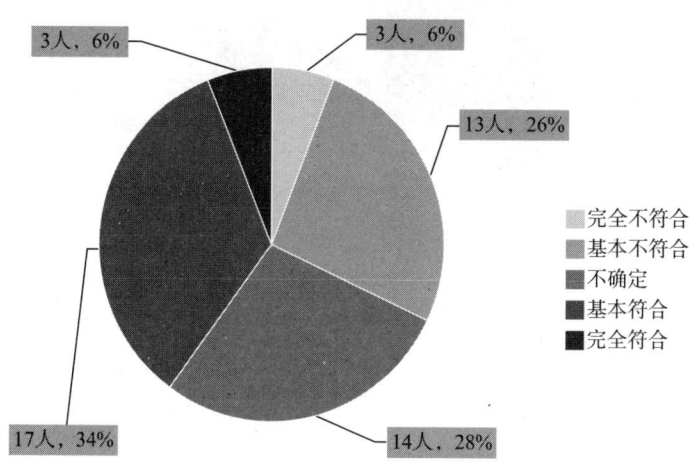

图 4-1　教师认为学生对于流行音乐知识的掌握比教师更好

---

[1] 滕继萌：《流行音乐：数字时代的历史文化存在》，载滕继萌、[新西兰]劳伦斯·西蒙斯编著《读解流行音乐》，世界知识出版社2012年版。
[2] 马晓红：《从"俗"到"雅"：流行音乐文化与国民音乐教育》，《艺术研究》2011年第4期。

二、教师的相关知识储备不足

教师作为一项专业工作（而不仅仅是一个谋生的职业），需要一定的知识储备作为条件；教师的专业发展不仅需要一定的知识积累，而且需要有效的知识增长和更新的机制。[①] 在 21 世纪，音乐教师的知识结构也面临着新的挑战，包含流行音乐文化的中西方现当代文化亦是其一。本次关于"流行音乐进课堂"现状调查的情况表明，教师的流行音乐文化知识比较缺失。经过认真总结和思考，笔者认为主要有以下两个方面原因。

（一）现有的高师人才培养体制导致教师的流行音乐学科知识缺失

笔者在调查走访中，谈到流行音乐时，总有教师普遍反映上课压力大，多数教师认为是自身掌握流行音乐知识与技能欠缺所致，和问卷调查中关于教师接受流行音乐学习的状况（见图 4-2）比较吻合。

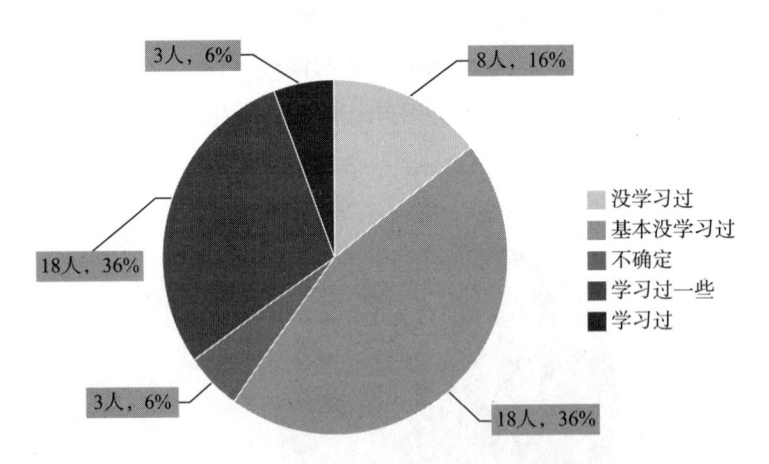

图 4-2 教师在大学学习流行音乐相关知识的情况

图 4-2 反映出音乐教师在大学阶段关于流行音乐相关知识的学习比较缺失。笔者认为，这种专业知识的缺失，主要还是由教师的教育背景决定的。为了验证这种推测，笔者也对自己所在的师范大学音乐学院音乐学（师范）本科培养方案做了考察。在这份培养方案中，音乐学（师范）本科生的课程可分为

[①] 参见陈向明《实践性知识：教师专业发展的知识基础》，《北京大学教育评论》2003 年第 1 期。

公共基础课程、学科大类课程、专业领域课程以及教师教育课程四大类（见表4-1）。

表4-1 某师范大学音乐学院音乐学（师范）本科培养方案之课程设置

课程类型	课程性质(学分)	课程名称
公共基础课程	必修 39学分	中国近现代史纲要、思想道德修养与法律基础、马克思主义基本原理、军事理论、形势与政策、大学英语、体育、计算机基础等
	选修 10学分	在"教育与心理"模块中选修4学分；在"人文与艺术""自我与社会""自然与科技""实践与创新"四个模块中选修6学分
学科大类课程	必修 18学分	中国(外国)音乐史与名作赏析、民族民间音乐、音乐美学基础、专业英语、科研方法与论文写作等
专业领域课程：核心课程	必修 42学分	基本乐理、视唱练耳、和声学基础、声乐基础、钢琴基础、器乐基础、合唱与指挥基础、即兴伴奏、歌曲作法、多声部音乐写作与编配等
专业领域课程：方向课程	选修 16学分	作曲与作曲技术理论、音乐学、音乐教育、合唱指挥、声乐、钢琴、小提琴二胡等各类器乐方向、民族打击乐、声乐艺术指导、声乐理论、钢琴教法与钢琴文献、室内乐训练、重奏训练、民族乐队训练、管弦乐队训练、合唱队训练、打击乐合奏训练、舞台语言艺术、粤剧唱腔艺术鉴赏、音乐鉴赏、钢琴调律等
专业领域课程：实践课程	必修 8学分	年级毕业晚会、毕业论文
	选修 6学分	各类音乐会(综合、钢琴、声乐、器乐等)
教师教育课程	必修 28学分	中外音乐教育概论、心理学、教育学、现代教育技术、教育研究方法、音乐课件与电脑音乐、学校音乐教育导论与教材教法、教师口语、教育见习、教育实习
	选修 4学分	音乐教育文献导读、音乐教学案例分析与教学设计、中小学音乐教材分析、粤港澳音乐教育比较、学前音乐教育等

从表4-1音乐学（师范）本科培养方案之课程设置中，我们找不到任何与流行音乐文化相关的课程。而在音乐表演（非师范）专业培养方案里，笔者却看到了"流行音乐文化"这门课，课程性质为选修，授课时间是大学第七学期。从这样的设置中，我们推测出，培养方案制订者应该是将流行音乐文化更多地

定位为表演的范畴,而没有纳入教育(师范)的范畴,由此也验证了前文所述的当前音乐教育体系对流行音乐文化缺乏科学系统的认识。当然,这仅是某学校的个案,无法代表全部的师范院校。但对照笔者的调查情况来说,却具有高度的一致性,即教师在大学期间所接受的流行音乐文化相关学习处于缺失或非常有限的状态。

师范教育作为培养中小学教师的摇篮,它的课程设置直接关系到未来教师知识的建构,关系到教育质量的提高。[①]笔者认为,上述个案中的课程设置情况对于师范生毕业后的具体教学实践是不利的,对中学生的指导更没有知识基础和说服力。过去我们强调:"要给学生一碗水,教师要有一桶水。"在当今时代,纵使要给学生一碗水,教师也必须是一个不断充实新鲜水源的水库。试想连教师自身都没有了解或者学习过相关学科知识,不具有相关技能的话,又怎能令学生收获知识、心悦诚服呢?反之,假如教师对流行音乐文化相当熟悉,也能娴熟地掌握相关演唱演奏技巧,能自信演唱、弹奏学生们喜欢的流行音乐,或者跳起最热门的街舞,学生们怎能不喜欢老师?师生间的关系怎能不水乳交融?教师的知识、能力、一言一行、一举一动能否"镇住"学生,引起学生的由衷钦佩和情感共鸣,这才是教学成功的关键。

(二)教师职后有关流行音乐的研修缺位导致教学实践知识欠缺

钟启泉提出:教师要获得专业化的发展,应进一步完善作为在职教师的"研修制度",如可以考虑增加教师参与课程实验、课程开发的机会;加强课程与教学的研修课程;倡导教师开展"行动研究";等等。[②]音乐教师的专业发展在很大程度上是在教学实践中不断得到提高的,因此,职后的培训工作也是非常重要的。在调查中,我们发现,在音乐教师的职后研修方面,有关流行音乐的培训几乎缺失,即使有一些,也非常有限。(见图4-3)

[①] 参见申继亮等《从中小学教师的知识状况看师范教育的课程改革》,《课程·教材·教法》2001年第11期。
[②] 参见钟启泉《教师"专业化":理念、制度、课题》,《教育研究》2001年第12期。

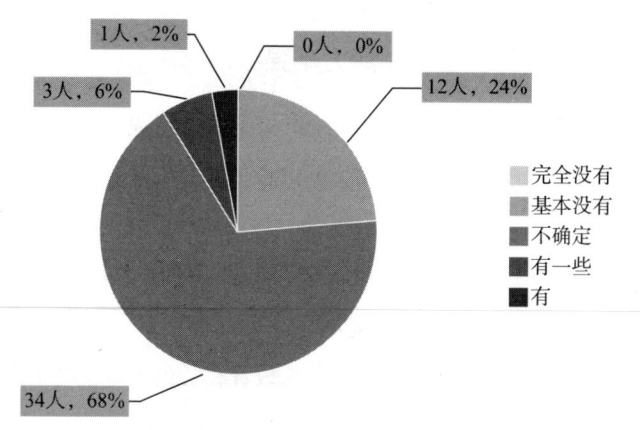

第四章　流行音乐文化对中学音乐教育的挑战 | 163

图4-3　教师在职后参加有关流行音乐培训的情况

在调查中，大部分（88%）教师表达了希望参加此类研修的想法（见图4-4）。

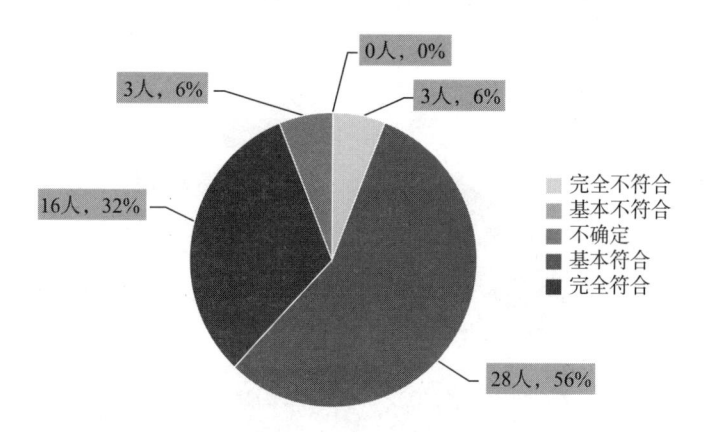

图4-4　教师希望参加流行音乐相关研修的情况

综上不难看出，高师音乐教育课程设置不当以及职后相关研修缺失，是我国中学教师流行音乐知识欠缺的主要原因。笔者认为，在流行音乐文化影响下，一方面，音乐教师的相关知识受到其教育背景和职后研修的限制，处于缺失状态；另一方面，教师面临着学生们对流行音乐巨大的热情和渴望。因此，在教学上容易陷入个人经验主义的套路中，这在下文教师流行音乐教学能力的部分亦有所体现。

三、教师的流行音乐教学能力不强

有学者指出:"教学是以知识、技能、道德伦理规范等为媒介的、师与生相互作用的双边活动。在这种活动中,决定教师在其中的地位、作用的核心因素就是教师的教学能力。教师的教学能力直接影响到教学活动的效果。"[1] 在音乐教育领域,"音乐的音响材料、创作过程和表演形式具有特殊性,这些艺术特征决定了音乐聆听、表演和创作教学,必然会有特定的知识和技能要求"[2]。在调查中,我们看到,教师表现出的与流行音乐教育相关的专业能力和教学科研能力都有待提高。

(一)流行音乐教学专业技能薄弱

在前文的调查中,我们不难看到,流行音乐文化影响下的中学课堂教学中,音乐教师的教学能力受到了很大的挑战。教师的流行音乐范唱(奏)能力(见图 4-5)相对较弱。

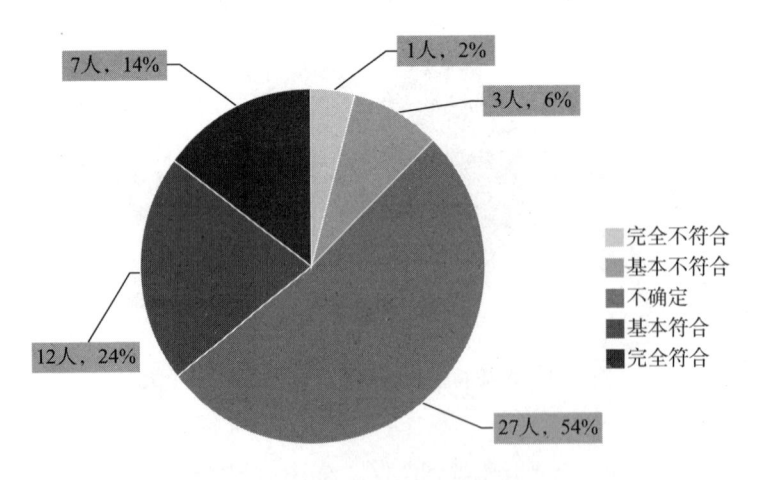

图 4-5 教师在课堂上能否自信地范唱(奏)情况

与此相反的则是,学生们对流行音乐的喜爱,对音乐教师的信任和期待却

---

[1] 申继亮等:《论教师的教学能力》,《北京师范大学学报(人文社会科学版)》2000 年第 1 期。
[2] 中华人民共和国教育部制订:《义务教育音乐课程标准(2011 年版)》,北京师范大学出版社 2012 年版,第 6 页。

非常突出。在访谈中，我们了解到，中学生对流行音乐的态度是正面的，认为流行音乐有利于提高他们的学习兴趣，提升他们的歌唱水平和音乐鉴赏力，学生们希望能在音乐课堂上多学到一些关于流行音乐的知识和演唱技巧。在这种情况下，音乐课堂上的学生们无奈地由"期待者"转为"困惑者""失落者"。

因此，要真正获得教学的成功，教师必须放下身段，主动反思自身流行音乐技能的不足，积极发现课堂流行音乐教育的薄弱环节，并努力提高流行音乐演唱、演奏、动作等专业技能，使自身的素质获得更全面的发展，更加适应新型音乐教师的角色，融入流行音乐教学的实质性工作中。

（二）与流行音乐相关的教学科研能力不足

除了流行音乐专业技能薄弱以外，在调查中，我们发现教师在与之相关的教学科研能力方面也存在一定问题。比如，在课堂教学中，除了教材中的流行音乐以外，大多数教师对于流行音乐的运用，仅限于上课导入环节或下课前拓展欣赏，使用流行音乐的方式也多为简单播放音频、视频，形式比较单一，上课比较"省事"。这种全班一盘棋的教学方式很难做到有效地因材施教，进行个性化的指导。问卷中关于这一问题的调查结果也验证了这一推测（见图4-6）。

不仅如此，教师在平时的教学科研中，与流行音乐相关的活动也非常鲜见。大部分（68%）教师没有发表过与流行音乐相关的论文，绝大部分（92%）教师没有主持（参与）过与流行音乐进课堂相关的课题。教师的流行音乐教学科研能力亟待提高。

能力素质是音乐教师掌握的科学文化知识、音乐专业知识技能和认真执着的执教精神，它们是应在实际教学过程中充分发挥并对学生美育能力的提高、专业知识技能的掌握有着显著推动作用的实际工作本领。能力素质的高低是决定教学成败的前提条件。[1]在流行音乐文化的影响下，音乐课堂不再是学生获取音乐知识、提高音乐素养最主要的途径。音乐教师也已不是音乐资源的主导者，而成为一个课堂教学的"引导者"。因此，教师必须紧跟时代步伐，正视不足、修炼内功，真正承担起引导者的责任。

---

[1] 参见陈治海《论音乐教师的能力素质》，《黄钟》1997年第2期。

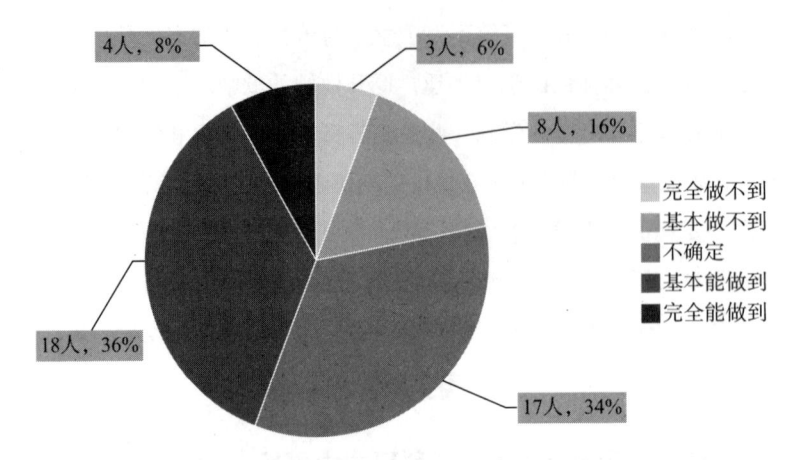

图 4-6　教师在课堂上能否对学生进行流行音乐方面的个性化指导

第二节　流行音乐文化对音乐教材的挑战

从性质上看，教材是课程的形式和载体。从内容上看，教材是课程的具体体现。自现代学校教育体制建立之后，教材一直扮演着重要角色。[1] 从流行音乐文化对中学音乐教育的影响来看，教材是其中受到冲击较大的对象。调查问卷、访谈的情况表明，流行音乐文化对音乐教材的挑战主要有以下两个方面。

一、教材中流行音乐的内容相对滞后、数量偏少

教育部在 2001 年和 2003 年先后颁布了基础教育音乐课程指导性文件——《全日制义务教育音乐课程标准（实验稿）》和《普通高中音乐课程标准（实验）》。课标明确了音乐课程的性质、价值、目标，对教学领域和教学内容做出了相应规范。随后，2011 年又颁布了《义务教育音乐课程标准（2011 年版）》，对教材编写进一步提供了明确建议，指出了"以学生为本、教育性、科学性、实践性、综合性、开放性"六大编写原则。其中，"以学生为本的原则"是这样描述的：从学生的兴趣、能力和需要出发，结合学生的生活经验，遵循学生的生理、心理及审美认知规律，以学习为中心，提供感受音乐、表现音乐、创造

---

[1] 参见杜永寿《中小学音乐教材论》，博士学位论文，福建师范大学，2006 年。

音乐及学习音乐文化知识的机会,为学生终身学习音乐及提高音乐审美素质奠定基础。①

因此,我们可以这样认为,音乐教材是在六大原则的具体指导下编写而成的,是撷取众家之长后形成的人类音乐文化精华的集中体现。那么,在流行音乐文化的影响下,教师和中学生又是如何看待教材的呢?

访谈片段 4-3:

> 坦白地说,教材选的流行歌曲比较少,而且确实与当今时代有一些距离,像《东方之珠》《常回家看看》这些流行歌曲虽然比较经典、耐听,但都是20世纪90年代的歌了,现在的中学生都是90后、00后,对这些歌曲感觉比较生疏,教学中确实有一些困难。……不过在讲授教材中流行音乐的内容时,学生们的积极性普遍还是比较高的,比起其他单元的歌曲,他们还是喜欢这些流行歌曲。(某高中教师,女,34岁)

从访谈情况来看,教师普遍反映音乐教材中流行音乐的内容不够新颖丰富,尤其是学生们对于教材中的流行音乐现状的满意度普遍不高。师生的回答和问卷调查的结果比较吻合:在教师层面,76%的教师认为教材中的流行音乐较少,无法满足学生的需求,82%的教师认为应该增加教材中流行音乐的比重,半数(50%)教师认为教材中的流行音乐有点过时,88%的教师认为应该更新教材中流行音乐的曲目;在学生层面,大部分(79.74%)学生认为教材中的流行音乐太少了,76.84%的学生希望能增加教材中流行音乐的比重,60%的学生认为教材中的流行歌曲与时代有些脱节,73.42%的学生希望能及时更新教材中的流行歌曲。

为了进一步验证访谈和问卷调查的结果,笔者以2012年最新出版的由广东教育出版社和花城出版社出版的《义务教育教科书:音乐(七至九年级)》(以下简称"花城版初中教材")以及2004年花城出版社出版的《普通高中标准实验教科书音乐必修:音乐鉴赏》为例,进行了考察。

第一,从教材内容的数量上看,流行音乐的曲目偏少。花城版教材单元总数:七年级12个单元,八年级12个单元,九年级12个单元,高中4个单元,

---

① 参见中华人民共和国教育部制定《义务教育音乐课程标准(2011年版)》,北京师范大学出版社2012年版。

共计 40 个单元；花城版教材曲目数量共有 365 首：七年级 83 首，八年级 90 首，九年级 93 首，高中 99 首。其中流行音乐的曲目数量仅有 39 首：七年级 11 首，八年级 11 首，九年级 7 首，高中 10 首（见表 4-2）。

表 4-2　音乐教材单元、曲目和流行歌曲数量统计表

年级(阶段)	初中			高中	合计
	七年级	八年级	九年级		
单元数	12	12	12	4	40
曲目数量	83	90	93	99	365
流行音乐数量	11	11	7	10	39

第二，从教材内容的表现上来看，流行音乐相关的内容相对滞后。花城版教材包含了民歌、民乐、西方音乐、世界音乐以及流行音乐等，总体上体现了 2011 版课标"在教材所选曲目中，传统音乐、专业创作的经典作品、优秀的新作品等均应占有一定比例。中外作品的比例要适当"的要求，但流行音乐的具体内容相对滞后。下面我们就流行音乐的内容进行大致的梳理。

表 4-3　花城版中学音乐教材中流行音乐曲目表

年级	流行音乐曲目	
	中国作品(30 首)	外国作品(9 首)
七年级	《爱我中华》《我的中国心》《天路》《同一首歌》《常回家看看》《春天的故事》《东方之珠》《七子之歌》《南屏晚钟》《小城故事》	Do Re Mi
八年级	《重逢》《我和你》《唱脸谱》《好汉歌》《生死不离》《龙的传人》《万水千山总是情》	Heal the World Tell Me Why《生命之歌》Hey Jude
九年级	《重整河山待后生》《外婆的澎湖湾》《橄榄树》《菊花台》《请到天涯海角来》《大中国》《二十年后再相会》	
高中	《天堂》《阿姐鼓》《绿叶对根的情意》《森林狂想曲》《重整河山待后生》《跨越巅峰》	Jambalaya Love Me Tender《寻找他乡的故事》Hand in Hand

从表 4-3 中我们不难看出，在 2012 版新修订的初中音乐教材中，增加了一些近年来广为传唱的流行歌曲。如反映 2008 年奥运会的歌曲《我和你》，反映

2010年广州亚运会的歌曲《重逢》，反映5·12汶川大地震的歌曲《生死不离》，由周杰伦演唱的、电影《满城尽带黄金甲》的主题歌《菊花台》等均是"音乐与社会生活"的鲜明体现。同时删除了一些较有时代疏离感的歌曲（如《思念》《黄土高坡》等）[①]。

但总体来看，花城版初中教材在内容选择和比例结构上仍存在一定问题。首先，教学内容的时代性不足，20世纪八九十年代的歌曲《请到天涯海角来》《东方之珠》《唱脸谱》《常回家看看》等，成为学生眼中和口中的"过气"音乐。其次，中国和外国作品的比例极不平衡，外国作品数量偏少（仅9首），不足中国作品的1/3，这和当下中学生偏爱英文歌曲的趋势刚好相反。在访谈中，笔者明显感受到中学生对此类歌曲的疏离感较为突出，他们认为这些歌曲离自己生活的时代和环境较远，感到比较陌生，甚至有些"老土"，从而难以理解和接受。最后，在教育阶段的课程衔接上，也存在着问题，如在九年级和高中教材中均出现了《重整河山待后生》这首歌曲。

笔者认为，2012版的花城版初中教材无论是在曲目选择，还是呈现方式上，都较之前的2006版的实验教材有了明显的进步；而2004年花城出版社出版的《普通高中标准实验教科书音乐必修：音乐鉴赏》由于没有变动和修订，在这里不作比较评述。当今世界音乐教育改革与发展的一大特征就是"加强音乐教学内容的多元文化与本土文化的结合"[②]，因此，笔者认为，我们在总结音乐教材取得创新和进步的同时，也应该理智地看到其中存在的问题与缺憾，特别是对世界现代音乐和中国当代流行音乐部分的选材和编排，应该进一步加强审视和思考。

二、流行音乐文化校本课程资源开发不足

课程改革促进了校本教材的建设，作为重要的教学资源，校本教材与统编教材（部编教材、省编教材，俗称统编教材）共同构成了我国现代教育教材体系。较统编教材而言，校本教材的显著特点在于"短、平、快"。开发校本教材

[①] 笔者曾在《粤港两地"流行音乐进教材"比较研究——基于花城版和港音版初中音乐教材的分析》一文中对2006年出版的义务教育课程标准试验教科书进行过分析，这里是基于该文的论述。
[②] 郭声健：《当代音乐教育改革与发展的若干特征》，《人民音乐》2003年第1期。

有利于克服统编教材某种程度上内容滞后、形式呆板等弊病。[①]

依照学者们对于校本教材的研究，我们似乎看到了流行音乐文化影响下的音乐教材发展的新途径——开发校本教材。但从调查的情况来看，中学音乐教育在流行音乐文化的课程资源开发上，明显是缺失的（见图4-7）。教育者没有根据学生的兴趣和爱好以及学校的资源条件，开发那些有利于发展学生个性和特长、形成学校特色的校本教材资源。

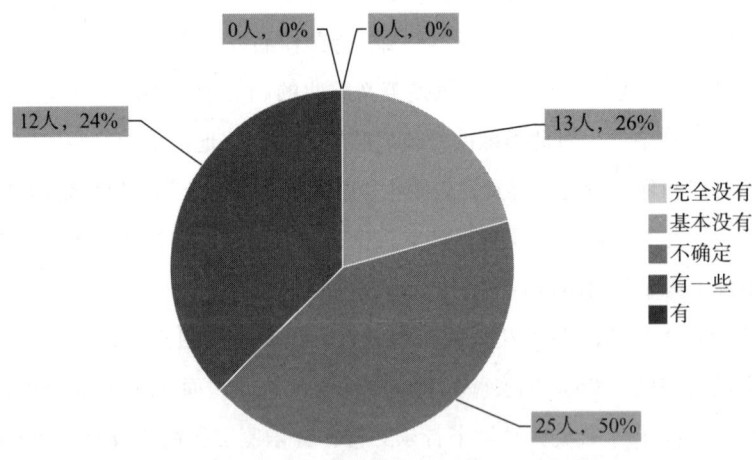

饼图数据：
- 0人，0%
- 0人，0%
- 13人，26%
- 25人，50%
- 12人，24%

图例：完全没有、基本没有、不确定、有一些、有

图 4-7　学校组织开发流行音乐校本教材的情况

究其原因，笔者认为，主要是由两个方面造成的。

其一是学校音乐教育对利用流行音乐文化资源的谨慎态度。学校音乐教育对于流行音乐利弊的争论由来已久，一直存在针锋相对的不同声音。在全球文化产业传播的大背景下，流行音乐借助网络媒体，展现出强大的渗透力和影响力，以及丰富的文化内涵和超强的传播实力。但与此同时，流行音乐过度娱乐化、商品化、审美同质化等潜在的负面影响也是不争的事实。市场上出现了一批品位低俗、内容空洞的流行歌曲。例如在本次调查中，音乐教师忧心忡忡提到的《做一晚泥工》等，歌词低俗露骨，缺乏艺术性，对于青少年的成长来说的确弊大于利。对于此类恶俗歌曲的抵制，是不容回避和亟须监管的。因此，2011版课标中提出："应重视家庭和包括网络在内的社会音乐资源对学生音乐爱

[①] 参见蔡伟等《校本教材建设的思考》，《教育研究》2006年第2期。

好、审美情趣的影响。为此,一方面要对学生健康向上的音乐文化生活进行积极引导;另一方面要防止低俗、不健康的负面信息对学生的消极影响。"

其二是编写者对流行音乐文化的知识和技能掌握不足。"校本教材的编写需要教师教学经验的积累和教学的体验与感悟,而且,编写教材校本的过程,也是教师不断丰富学识,自我提高的过程。"[1] 如前文所述,音乐教师大都经过正规的高等师范音乐教育,受过严格的西方音乐教育体系的培训,对西方古典音乐和中国民族民间音乐掌握较多,对流行音乐文化却缺乏了解和学习。虽然部分70后、80后教师伴随着中国流行音乐的发展而成长,但对于流行音乐,他们也大都"不识庐山真面目"。在访谈中,不少教师直言虽然很喜欢流行音乐,但对于创作、演唱及其历史发展过程并不熟悉,在自身的教学上,流行音乐更多的是以一种"文化反哺"的姿态而存在的。在这种状况下,编写流行音乐的校本教材只能成为一种类似空中楼阁的奢望。

第三节 流行音乐文化对教学实施的挑战

教学是一个充满问题的专业领域,"为什么教""教什么""怎么教"和"教到什么程度"应该是该领域的四大核心问题。[2] 其中,"教什么"和"怎么教",对于中学音乐教育来说,也是教学实施中两个最基本的问题:"教什么"是教学内容的选择,"怎么教"是教学方法的运用。在调查中,我们发现,流行音乐文化带来的冲击,莫过于音乐教师对于"教什么"和"怎么教"的问题争议较大,没有形成定论以及可供参考的范本。

一、教什么?——教师在教学内容选择上莫衷一是

在本次"流行音乐进入中学音乐课堂的现状"的调查中,"教什么"成为教师比较迷惑和难以把握的问题。"所谓教什么,实际上包括两个方面的问题。一是范围,二是范围中的具体内容。"[3] 因此,对于教学内容的认识,应建立在对这

---

[1] 蔡伟等:《校本教材建设的思考》,《教育研究》2006年第2期。
[2] 参见崔允漷《课程实施的新取向:基于课程标准的教学》,《教育研究》2009年第1期。
[3] 吕必松:《关于教学内容与教学方法问题的思考》,《语言教学与研究》1990年第2期。

两个问题认识的基础上。

通过访谈和实际观察,笔者了解到音乐教师对于流行音乐的课堂教学主要分为两种情况:一种是教材里已有的流行音乐作品的教学,另一种是在讲解教材里其他作品时引入流行音乐进行辅助学习。从访谈中,我们了解到,对于教材里的流行音乐如何教学,教师们都比较有把握。但是,对于引入课堂的流行音乐作品应该如何选择,教师们莫衷一是,没有统一说法。下面是较有代表性的三位教师的回答。

访谈片段4-4:

我平时在教学中,比较喜欢引用具有古典元素的流行歌曲,比如周杰伦《十一月的萧邦》专辑中那首《夜曲》,和肖邦的知名作品《夜曲》名字相同,并具有很浓郁的古典气息。还有S.H.E的《不想长大》,借助了莫扎特《第40交响曲》,呈现了一种流行加古典的全新曲风,充满了浓浓的古典味,学生们都很喜欢。在讲解"生活之音"这个单元李斯特的《钟》这个作品时,我还经常引用李克勤演唱、郎朗伴奏的《我不会唱歌》这首流行歌曲,其中钢琴部分的旋律正好改编自《钟》,学生感到非常新奇,也很喜欢。(某高中教师,女,42岁)

访谈片段4-5:

我比较喜欢引用经典类的流行音乐,这类音乐的特点有三:一是不容易过时,具有持久的生命力;二是能宏观反映某种社会现象或历史事件,具有一定的思想高度;三是开创了一种风格,或者具有典型的代表性。诸如此类的流行歌曲有很多很多,例如:杰克逊和众多巨星演唱的 We Are the World,再比如崔健的《一无所有》、罗大佑的《明天会更好》、张学友的《祝福》、周杰伦的《东风破》,等等。(某初中教师,男,38岁)

访谈片段4-6:

我认为具有民族元素的流行歌曲更值得学生关注和了解,毕竟民族文化才是我们的根。从民族民间音乐和中国传统文化中汲取养分，获得灵感进行创作的流行歌曲，能够彰显出我们中华民族传统文化的博大精深，往往也更耐听。像腾格尔的《天堂》、韩红的《天路》、周杰伦的《青花瓷》等，我认为都是非常不错的精品。（某初中教师，女，32岁）

从以上三位教师的访谈中，我们大致可以判断出他们对于流行音乐作品的选择标准，即古典性、经典性和民族性，这也是和问卷开放题41题中的答案相互呼应的——问卷中教师们推荐的大多也是一些经典的励志歌曲和民族风、中国风歌曲。事实上，这种访谈调查的结果也比较符合笔者的预期心理：在研究前期的文献积累阶段中，笔者曾在大量持有相似观点的文章如《让优秀流行歌曲牵手音乐课堂》《在听赏流行歌曲中培养学生对民族音乐的兴趣》《"中国风"流行歌曲中民族音乐元素的融合》等中获取过此类信息。

"从历史的角度来看，我国的课程实施或教学主要有三种类型：一是基于教师经验的课程实施，二是基于教科书的课程实施，三是基于课程标准的课程实施（教学）。"[①] 以上三位教师的谈话和持有类似观点的文章反映出，他们这种带有部分主观色彩的判断和选择，主要还是一种基于教师经验的课程实施，即根据教师的经验来决定教学内容。

笔者认为，教师之所以在教学内容的选择上众说纷纭，主要有以下几个方面原因。

其一，流行音乐独特的审美范式，使得教师难以依据课程标准来实施流行音乐的教学内容。在《义务教育音乐课程标准（2011年版）》中，课程内容包括了"感受与欣赏、表现、创造、音乐与相关文化"四个方面。其中，在感受与欣赏的表述中，包括"音乐表现要素、音乐情绪与情感、音乐体裁与形式、音乐风格与流派"[②]等。《普通高中音乐课程标准（2017年版）》中，课程内容包括了"音乐鉴赏、歌唱、演奏、创作、音乐与舞蹈、音乐与戏剧"六大模块。

流行音乐由于其诞生的独特历史文化背景，决定了它具有独特的审美范式——它的节奏、旋律、曲式、配器、和声等音乐要素均和传统的民族音乐及

---

① 崔允漷：《课程实施的新取向：基于课程标准的教学》，《教育研究》2009年第1期。
② 中华人民共和国教育部制定：《义务教育音乐课程标准（2011年版）》，北京师范大学出版社2012年版。

西方的古典音乐不同。例如，不少流行音乐的节奏是没有任何规律的，广为人知的《忐忑》即如此；配器和声是反古典的，如摇滚乐；音乐主题非常广泛，甚至是晦涩不定、难以捉摸的，如一些小众的地下音乐等。这些音乐要素变化多端，没有统一的规律可循，教师很难有效实现流行音乐在音乐表现要素、音乐情绪、音乐体裁、音乐风格等方面进一步的深入教学。

其二，流行音乐的快速更迭性，使得教师对于其代表作的选择难以形成统一标准。流行音乐的最大特点就是"流行"——当季流行的歌曲更新很快，处于时尚文化的最新前沿，但也很快会被淘汰，成为"过气"作品。因此流行音乐作品的流行往往是非常短暂的，"昙花一现""你方唱罢我登场"的情况随处可见。因此，随着时代的推移，流行音乐的风格和内容也随之改变。对于流行音乐作品代表作的选择，往往很难形成明确的统一的标准。这也是对教材编写者有较大挑战的重要原因。

其三，教师的教育背景决定了其对于流行音乐教学内容的选择难以获得科学的依据。本章第二节我们在讨论流行音乐对教师的挑战时，分析了教师的教育背景导致流行音乐方面知识和能力的不足。由于缺乏系统的指导和学习，从而难以进行科学的分析和判断，只好依据自身的兴趣爱好、生活经验和个人的经验来进行选择判断。事实上，流行音乐的教学，无论是欣赏课，还是歌唱课，均是包括视听在内的师生全身心投入的综合性活动，不仅对教师提出了高要求，也对教学设备、视听器材等方面提出了较高的要求。假如教师具有流行音乐方面的专业素养，在内容的选择上则能做出更高效、更准确的判断。

尽管有大量的实例可以证明，教师凭借个人经验而进行的教学内容选择往往也能取得较好的教学效果，[①] 但笔者认为，这种出于教师经验的教学内容选择，也带来了一些问题，其中最重要的是忽略了课堂教学的主体——学生。

首先是忽略了学生的兴趣。2011版课标指出："兴趣是音乐学习的根本动力和终身喜爱音乐的必要前提。在教学中，要根据学生身心发展规律，以丰富多彩的教学内容和生动活泼的教学形式，激发学生对音乐的兴趣，不断提高音乐素养，丰富精神生活。"[②] 对于深受流行音乐文化影响的中学生来说，他们对流行

[①] 在课堂观察和文献的搜索中，均有不少实例呈现。
[②] 中华人民共和国教育部制定：《义务教育音乐课程标准（2011年版）》，北京师范大学出版社2012年版，第4页。

音乐的认识和感受是怎样的？他们最喜欢的流行音乐又有哪些呢？从访谈的情况来看，欧美、日韩、中国港台以及大陆流行乐坛最炫酷、最时尚、最热门的音乐和相关节目往往成为他们追逐的对象，"新世纪以后的年轻人受大众传媒娱乐化影响，谁火就追谁，音乐人是什么风格对他们意义不大，娱乐时代偶像效应更有影响"[①]。我们可以这样理解，只有这种流行音乐文化，才对他们的生活学习影响至深，也才有在中学音乐教育里进一步讨论和研究的意义。而无论是充满了民族气息的《天堂》，还是三十年前中国摇滚的开山之作《一无所有》，对他们来说都不具有这种吸引力。因此，往往会出现教师选的歌学生不感兴趣，学生喜欢的歌教师却不熟悉的尴尬局面，难以真正形成师生互动的教学模式。

其次是容易忽略学生特有的生理、心理状况。初中生处于生理、心理渐趋成熟的阶段。在心理上，他们"参与的意识和交往的愿望增强，获得知识和信息的途径增多，在学习上形成了自己的初步经验"[②]；而在生理上，他们大多处于变声期，对嗓音的保护是教师应当重视的问题，高中生则自我意识逐渐成熟，并逐渐形成一定的世界观与人生观。这个阶段的学生更加关注"自我""个性化"等具有鲜明风格的音乐。他们听音乐以好听、刺激、偶像崇拜等个人偏好为标准，而且关注更多的是音乐要素以外的东西，如作曲者是谁、创作动机是什么、演唱歌手的背景，等等。如果教师在选曲的时候没有根据学生年龄阶段的特点进行认真思考、反复量度，则容易出现歌曲"不适龄"的状态。例如，初中生正处于变声期，一味飙高音的歌曲不太适合他们演唱，应选择音域不宽、难度不大、较容易演唱的歌曲，否则容易出现"喊唱"，既伤害了嗓子，又破坏了歌曲情绪。而一些中规中矩、校园风的流行歌曲则容易招致高中生的反感，应选择具有丰富内涵和鲜明风格的作品进行欣赏。

二、怎么教？——教师在教学方法运用上见仁见智

"采用什么样的教学方法，是由多种主客观因素决定的，其中最重要的主观因素是教学条件和对教学方法的认识，最重要的客观因素是学生的自然特点

[①] 金兆钧：《流行音乐：想把中国唱给世界听》，《中国艺术报》2012年3月19日第7版。
[②] 中华人民共和国教育部制定：《义务教育音乐课程标准（2011年版）》，北京师范大学出版社2012年版，第10页。

和学习目的。"①通过本次调查笔者了解到,"怎么教"是教师们又一困惑难解的问题。

在2011版课标中,提出了"体验、模仿、探究、合作、综合"等教学方法,其中在体验方面提到"完整而充分地聆听音乐作品……享受音乐审美过程的愉悦,体验与理解音乐的感性特征与精神内涵";模仿方面提到"通过亲身参与演唱、演奏、编创等艺术实践活动……运用观察、比较和练习等方法进行模仿";在探究方面提到"培养学生对音乐的好奇心和探究愿望,重视自主学习的探究过程,使学生能够积极参与以即兴式自由发挥为主要特点的探究与创作活动";在合作方面提到"在音乐艺术的集体表演形式和实践过程中,能够与他人充分交流、密切合作,不断增强集体意识和协调能力";在综合方面提到"通过以音乐为主线的艺术实践,渗透和运用其他艺术表现形式和相关学科的知识,更好地理解音乐的意义及其在人类艺术活动中的特殊表现形式和独特的价值"。②《普通高中音乐课程标准(实验)》中也提到了"体验、比较、探究、合作"的过程和方法。

尽管2011版课标对教学方法进行了明确和丰富的表述,但在流行音乐的教学形式上,教师们却很难按照标准完全实施。通过访谈和实际观察,笔者了解到初中音乐教师对于流行音乐的课堂教学方法主要以体验和模仿为主,对其他方式的运用则比较少;高中教师则多以体验和比较为主。多数音乐教师都采用过听赏音频、观赏视频以及演唱等教学方式,也有一些采用过探究、合作的方式。针对"在流行音乐相关的教学中,您经常采用哪种教学方式?"的问题,下面是几个较有代表性的回答。

访谈片段4-7:

> 初中学生比较喜欢唱歌,但我认为演唱流行歌曲最重要的是音乐感觉好,方法和技巧什么的倒是其次,所以在这一点上,教师起的作用很小。有些流行歌曲我们老师可能还没有学生熟悉,也没他们唱得好,说到怎么教,还真有点犯难。(某初中老师,男,41岁)

---

① 吕必松:《关于教学内容与教学方法问题的思考》,《语言教学与研究》1990年第2期。
② 中华人民共和国教育部制定:《义务教育音乐课程标准(2011年版)》,北京师范大学出版社2012年版,第8—9页。

访谈片段 4-8：

我在课堂上经常会给学生播放一些最近热播的音乐综艺选秀节目，像《快乐男声》《我是歌手》，还有《中国好声音》之类的，气氛特别好。当然，不仅是让他们看，我还经常请他们自己点评节目里面歌手们的表现，然后说出具体的理由。（某初中老师，女，32岁）

访谈片段 4-9：

课本里有些流行歌曲比较老，像《橄榄树》《小城故事》《东方之珠》，学生们兴趣不太大，上起来有点吃力。不过，一般我会找改编过的不同版本放给他们听，然后再请班里唱歌比较好的同学上来表演，气氛一下子就活跃起来了。（某初中教师，男，38岁）

访谈片段 4-10：

我们每年上学期都会有一个流行音乐的专题课，我会请学生们提前分组自选专题，例如爵士乐、中国风等，然后由他们自己上台讲解，最后在学期末汇报演出。学生们积极性很高，教学效果也很好。（某高中老师，女，34岁）

从调查和访谈的情况来看，教师们对于如何进行流行音乐教学的认识大多仁者见仁，没有形成共识。总体来看，尽管部分教师以青少年学生的心理特点和兴趣爱好为出发点，开展了有益的教学实践探索，如举办流行音乐专题课、流行音乐视听评价、老歌新唱对比等，但我们不难看出，目前的教学现状反映出了一些问题：有些教师存在畏难思想，认为流行音乐的演唱难以进行教学，因此单纯从欣赏的角度进行教学；有些教师认为流行音乐教学最为轻松省事，就是简单地播放音频、视频，或让学生进行唱歌表演等；还有些教师虽然在行动上做出了一定的教学探索，但思想上却没有全面的科学的认识。

笔者认为，音乐教师之所以在流行音乐"怎么教"的问题上比较犯难，众口不一，主要是由以下原因造成的。

首先是由流行音乐文化的自身发展决定的。流行音乐以歌唱为主要表演形式，表达直白，易学易唱，经常被学生聆听和模仿，使他们产生审美的共鸣。但"由于流行音乐演唱教学在我国起步较晚，和美声、民族唱法相比，它的理论性研究还并不完善，许多执教流行音乐演唱专业的教师也处于探索阶段。都是凭借自己个人的演唱经验教学，基本上所有的声乐基础理论、师资资源都出自美声、民族等传统演唱体系"[①]，因此教师在流行音乐演唱方法的指导上往往信心不足，即使对学生做出一定的指导，也缺乏科学的依据。

其次是由中学生对流行音乐文化特有的偏好和追求决定的。中学生生活节奏单调、生活内容贫乏、学习压力大，流行音乐缓解了他们生活的压力与心中的郁闷，弥补了传统严肃音乐文化的不足，在一定程度上也满足了中学生个性心理发展的需求。对于流行音乐的欣赏和歌唱，激起了学生强烈的模仿欲、表演欲，甚至创作欲。因此，中学生对流行音乐资讯的了解、关注和对流行音乐演唱技巧的掌握，往往超过了音乐教师。在这种情况下，教师的面子容易"挂不住"，教师的指导性也难以真正体现出来。

在访谈中我们了解到，虽然由于种种原因，教师对流行音乐"怎么教"还存在各种疑问，但有经验的教师利用视听欣赏和演唱等方式，仍然可以游刃有余地把握好课堂的教学尺度。

笔者认为，出于教师经验的教学方法，虽然看起来效果不错，实则存在一些问题：其一，流行音乐借助当代大众媒介发展迅猛，丰富的视听性使得流行音乐的欣赏简单易行。但我们应注意到，如果教师大量选择这种视听欣赏活动的话，则容易占用较多课堂时间，使得原本就不充裕的音乐课资源受到进一步挤压，而且许多视听欣赏原本可以让学生在课外时间完成。其二，无论是流行音乐的视听欣赏还是模仿演唱，教师大多关注的是流行音乐和传统音乐、古典音乐之间的融合，而对流行音乐文化自身的审美价值关注较少，这也说明了教师的流行音乐文化认识观还存在不少误差。笔者认为，流行音乐与传统严肃音乐一样具有审美价值，而流行音乐的审美价值应该通过不同的教学形式来实现，需要教师能掌握一定的相关知识。理解了流行音乐的审美价值，才有可能理解学生的思想和行为，从而营造出师生平等互动的课堂。

[①] 严明：《专业流行音乐演唱教学论》，《艺术百家》2008年第7期。

在当今流行音乐文化的大背景下，教师所掌握的以欧洲古典音乐和传统民族音乐为主的知识结构已经不能满足学生的需要了，音乐教师应该为学生提供更广泛的音乐体验形式，以满足他们的兴趣和多样文化音乐教育的需求。因此，"教什么"和"怎么教"的问题归根到底还得从音乐教师自身挖掘根源，教师应对流行音乐认识观进行重新自我定位，并积极进行相关的学习。

第四节　流行音乐文化对课外校外音乐活动的挑战

随着大众媒体的普及和互联网技术的迅猛发展，流行音乐文化已经成为无处不在的文化现象。它不仅在中学生的社会音乐生活和家庭音乐生活中扮演着重要角色，也对校园音乐活动产生了较深的影响。下面将从课外音乐活动和校外音乐活动两个方面，具体阐述流行音乐文化对教学环境的挑战。

一、课外音乐活动独立性不足

课外音乐活动是课堂教学的延伸和补充，也是音乐教育的重要阵地，与课堂教学相比，具有更强的灵活性、实践性等特点。作为音乐教育的重要组成部分、音乐学习的第二课堂，校内的课外音乐活动是丰富校园文化生活、提高学生音乐素养的重要途径和载体。

笔者通过走访和问卷调查，了解到目前中学课外音乐活动具有以下特点：其一，校园艺术社团发展迅速，精彩纷呈，有包括广播站、管乐队、舞蹈队、戏剧社、合唱团、艺术团、街舞社、乐研社在内的不同形式的校园艺术社团广泛开展。其二，校内各类音乐活动、比赛举办得如火如荼。班级音乐会、校园艺术节（音乐节）、社团嘉年华、文艺晚会等形式的大型校园音乐活动，以及"十大歌手""校园好声音"等歌唱比赛，各种类型的器乐、舞蹈比赛都不同程度地开展着。

而笔者通过访谈了解到，流行音乐文化对课外音乐活动的影响主要呈现出两个趋势。

第一，课外音乐活动形式呈现逐渐开放的趋势。我们看到，受访的学校校园广播里经常播放学生们喜欢的流行音乐，举办过"十大歌手""我是歌手""校园好声音"等歌唱比赛，受到大部分（68.68%）中学生欢迎（见图4-8），学生们参与的积极性较高。其中三所学校均有街舞队社团，D学校还拥有专门的流行音乐学生社团——乐研社。

访谈片段4-11：

> 我们的社团成立时间还不足三年，但是在校园扮演着非常重要的角色，广受同学们欢迎。我们分为Band部分和Beat Box部分，即乐队和口技，同时也有独唱和重唱，风格种类很多，有民谣、民乐、摇滚等。我们常到外校表演交流，也曾在舞台上大放光彩！每当放学铃响起后，我们笑着歌唱属于自己的青春时，难道还有比乐研社更加优美的旋律吗？（某高中生，男，16岁）

以上种种现状均显示出中学对以流行音乐为主的社会音乐生活的关注和接纳，呈现逐渐开放的趋势。

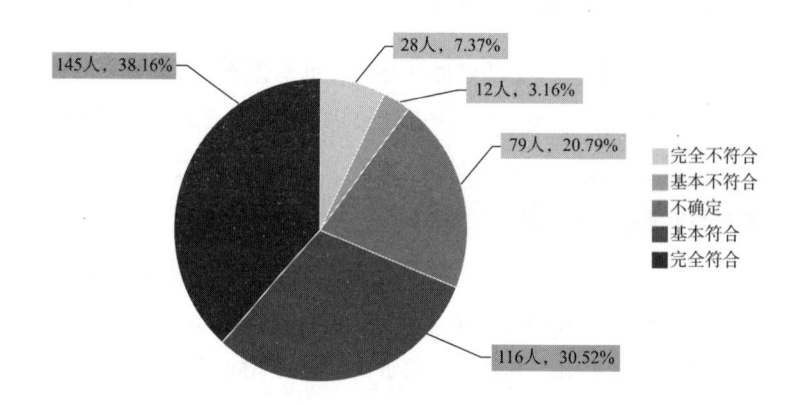

图4-8 学校或班级举办的"我是歌手"这类的歌唱比赛受到同学们欢迎

- 完全不符合：28人，7.37%
- 基本不符合：12人，3.16%
- 不确定：79人，20.79%
- 基本符合：116人，30.52%
- 完全符合：145人，38.16%

第二，课外音乐文化发展呈现多元化的趋势。一方面，中学生对流行音乐的偏好，使得他们不自觉地选择流行音乐成为自己音乐活动的主流。在访谈中，笔者了解到，在"班级音乐会""歌手大赛"之类的歌唱比赛活动中，95%以上的学生选择的歌曲都是流行音乐。另一方面，由学校官方举办的其他音乐活动则主要以古典音乐、民族音乐为主。例如，艺术团的管乐队、合唱队、舞蹈队等日常排练，中小学艺术展演比赛，"走进交响乐"的高雅音乐进校园活动，古典音乐大讲堂等活动，均呈现出学校官方层面倡导高雅音乐的主流文化观。流行音乐与古典、民族音乐并存于校园文化中，音乐活动呈现出多样化发展的趋势。

从调查的情况来看，虽然在流行音乐的影响下课外音乐活动具有一定的开放性和多元性，但同时也不同程度地存在着独立性不足的问题。

首先，活动形式相对单一，趋同化现象严重。在访谈中，当问到"学校开展过哪些与流行音乐相关的音乐活动"时，笔者获得的答案几乎都是"十大歌手""校园好声音"等歌唱比赛。这和电视媒体音乐选秀节目迅猛发展的现象显然是密不可分的，随着《我是歌手》《中国好声音》等音乐选秀席卷全国，中学音乐教育也深受其影响：在问卷调查中，全体（100%）教师都看过《中国好声音》和《我是歌手》其中至少一个音乐选秀节目。在这种影响下，校园音乐活动的趋同化现象在所难免，暴露了校园音乐活动一味模仿、创新性不足的弱点。

其次，活动内容的审美趣味存在学生的开放与校方的保守之间的矛盾。在访谈中，笔者记录了一段有意思的对话。

访谈片段4-12：

（问：笔者；答：初中生，男，15岁）

问：你参加了学校的十大歌手比赛吗？

答：是啊。

问：演唱了什么曲目？

答：《大中国》（此时旁边的学生一阵哄笑，该学生露出很不好意思的表情）。

问：是高枫演唱的那首《大中国》？

答：是啊。

问：没记错的话，这首歌是20世纪90年代初的歌曲，离现在有些年代了吧，你怎么会选这首歌呢？那时候你应该还没出生。

答：（迟疑了一下，委屈地说）本来我选的是一首英文歌，但节目审查的时候学校领导说思想不健康，然后老师让我改唱了《大中国》。

对学生的访谈后,笔者又从负责这次活动的音乐老师那里获取了相关信息,证实了学生的回答确实属实。音乐教师无奈地说:

> 这个孩子流行歌曲唱得特别好,但他选歌没选好,如果不改曲目的话,就上不了台,所以我只好帮他选了这首歌。校领导认为这样比较健康高雅,符合活动的精神。

从以上的访谈可以看出,尽管课外音乐活动形式上有一定开放性,但内容的选择上需要审查,这体现了学校领导层面保守、谨慎的态度。学生的兴趣被忽视的同时,教师也扮演了平衡的角色。这种单纯地甚至有些片面地判断音乐"高雅"与否的观念是有失偏颇的,体现了学校领导层面音乐文化观的局限性,也是造成课外音乐活动独立性不足的重要原因。

最后,课外音乐活动中还有一点突出的问题,那就是流行音乐虽遍地开花,但真正属于校园的歌曲难觅踪影。在众多的歌唱活动中学生几乎毫无例外地选择当下最热门的流行歌曲,校园广播里经常播放流行音乐的普遍现象,也令校园音乐活动的尴尬局面再次旧话重提:属于学生、属于青春的校园歌曲都去哪里了?流行音乐中曾经代表着青春、蓬勃校园文化的校园民谣,如今它们在哪里?如果说,在十多年、二十年前的流行音乐中我们尚且还可以找到《外婆的澎湖湾》《光阴的故事》《童年》《同桌的你》《栀子花开》等脍炙人口的校园民谣,那么今天还有哪些流行歌曲能代表校园音乐?难道就是这些诸如《小苹果》《江南Style》之类的神曲吗?

在流行音乐无处不在的今天,"乐坛中的每一个潮流的兴起都会在校园里得到回应与跟进,校园音乐似乎更开放了,但它的独立性也随之不见了"[①]。

二、校外音乐活动存在异化现象

2011 版课标提出:"应重视家庭和包括网络在内的社会音乐资源对学生音

---

① 王艳梅:《试论校园音乐文化的发展》,《信阳师范学院学报(哲学社会科学版)》2009 年第 6 期。

乐爱好、审美情趣的影响。"[1]在此我们讨论的校外音乐活动,主要包括社会音乐活动和家庭音乐活动。应该说,比起每周课时非常有限的学校音乐课学习来说,社会音乐和家庭音乐组成的校外音乐活动空间则更为广阔,对中学生音乐情趣和身心发展的影响也更为显著。

在调查中,笔者发现当前中学生的校外音乐生活存在着如下特点:第一,随着科技的发展,唱K、泡吧、听手机、看电视、上网、看演唱会等流行音乐文化的休闲方式等成为中学生社会音乐生活的主要模式。在调查中我们发现,80.26%的学生看过《中国好声音》和《我是歌手》中至少一个音乐选秀节目,78.16%的学生经常上网下载流行音乐,81.58%的学生经常用手机听流行音乐,这些数据充分说明了随着媒体、互联网和通信技术的发展,以流行音乐为主的社会文化环境对中学生社会音乐生活的重要影响。第二,家庭音乐教育活动存在两极分化情况。在访谈中,笔者了解到,学生的家庭音乐教育活动存在两种对比鲜明的情况。一种是部分学生表示由于学习压力比较大,没有机会或很少参加校外音乐活动;另一种则是在自己非自愿的情况下,尊重父母的意愿学习钢琴等各类乐器班,并通过了一定的业余音乐考级。

根据以上调查情况,笔者认为在流行音乐文化影响下,中学生校外音乐生活存在着突出的异化现象。

首先,家庭音乐教育存在目标与现实的悖论。中学生喜欢流行音乐,却大多学习与流行音乐无关的钢琴器乐;家长不反对孩子喜欢流行音乐(甚至自己也喜欢流行音乐),却强迫孩子去学习兴趣不大的古典民族音乐,这是一种情感与认知、目标与行为相悖的现象。孩子虽然喜欢流行音乐,但在家庭教育中却找不到学习的空间;大多数家长对孩子喜爱流行音乐的态度也并不反对(笔者在第三章中的调查结果,和《中国青年研究》杂志2003年做的一项调查[2]非常吻合,"在流行音乐问题上,青少年与父辈的差异并没有想象中的那么大")。但由于自身缺乏对流行音乐的关注和了解,再加上全社会对古典音乐体系的推崇,因此形成了较为功利化的教育价值观,在"望子成龙、望女成凤"的心态下,希望孩子能在高雅音乐或民族音乐领域成为专业人才或者参加"考级"多拿音

---

[1] 中华人民共和国教育部制定:《义务教育音乐课程标准(2011年版)》,北京师范大学出版社2012年版。
[2] 沈汝发:《且行且歌:"流行音乐与青少年成长"研究》,《中国青年研究》2003年第1期。

乐证书，也不足为奇了。

其次，中学生的音乐生活世界和音乐学习世界被人为割裂。我们看到，以流行音乐为主的社会音乐活动占据了学生校外音乐学习的大部分时间和空间，本该承担音乐教育职责的学校和家庭，却没有承担学生们对学习流行音乐实际需求的责任，导致学生们对流行音乐的学习需求大多只能在课堂以外的社会生活中获得。"教育与人的'生活世界'分离，难以体现教育全部的生活意义和生命价值，教育在'生活世界'的意义失落中艰难前行，不能为学生建立起有价值的生活秩序和生活方式。"① 因此，笔者认为，作为学校音乐教育，有责任把"社会上名目繁多、千奇百怪的通俗艺术、流行艺术、大众艺术搬到学校的讲堂上解剖、分析，与学生共同探讨、研究，这不仅是学生十分欢迎的，也是他们十分需要的"②。

2011版课标提出："学生课外艺术活动是音乐课程资源的重要组成部分。"如何找到深受中学生喜爱的流行音乐与学校音乐教育体系中古典、民族音乐的最佳契合点，应该是当前课外音乐活动与校外音乐活动亟待思考和建设的重点课题。

在世界音乐教育范围内，流行音乐文化正在成为大多数学生音乐生活中的主流，然而教育的实施者在如何应对这种冲击时并无太多成熟的经验，教育决策者又未能根据现实情况及时做出政策调整和积极引导，于是就出现了"审美导向"与"实践导向"之间的"对抗"。③ 从流行音乐文化对中学音乐教育四个层面的挑战，我们可以总结出，更加重视音乐学科建设，消除对流行音乐文化的偏见，建立健全流行音乐文化的历史观，进一步开放音乐教育体系是中学音乐教育的当务之急。

---

① 郭元祥：《生活的重建——回归生活世界的基础教育论纲》，博士学位论文，华中师范大学，2000年，第5页。
② 顾建华：《通俗、高雅与学校审美教育》，《中国教育报》2002年10月1日第4版。
③ 参见李法桢《共同的困惑：教育政策如何面对流行音乐文化——"第29届世界音乐教育大会"文化、教育与传媒政策委员会会议综述》，《中国音乐教育》2010年第10期。

第五章

流行音乐文化影响下中学音乐教育的应对策略

  前两章在对"流行音乐进课堂"的现状进行审视的基础上，进一步分析了流行音乐文化影响下中学音乐教育整体面临的严峻挑战。从历史资料的梳理和与国内调查现状的比较中，我们可以清楚地看到中学音乐教育在教学理念、师资队伍、教材、教学实施、课外教学活动等各方面都与当前以流行音乐为主体的当代社会音乐的发展潮流不相适应。顺应时代发展，努力转变观念，重视理论研究，努力构建立足于本土、更具开放性的中学音乐教育体系，是一个艰巨而又迫切的历史任务。本章将以此为出发点，从教学观念、课堂模式、教材建设、师资培训、社会环境等层面进行深入分析，进而提出流行音乐文化影响下中学音乐教育的应对策略。

第一节 转变教学观念，构建新型课堂模式

在流行音乐文化的冲击下，传统意义上作为教学对象的学生，其主体意识被充分激发出来。他们在选择欣赏哪种音乐、参加哪里的音乐活动，以及用哪种方式来学习音乐等方面，已经具有了相当的自主意识。基于此，我们应转变教学观念，因势利导，确立以学生为主体的教学观，构建新型的师生关系，从而促成教学目标的顺利实现。

一、摒弃欧洲音乐中心论，平等看待流行音乐文化

王耀华先生曾在《中国近现代学校音乐教育之得失》一文中指出，引进了欧洲近现代音乐教育体系，使中国音乐教育走上了系统化、规范化的道路；引进西洋近现代音乐及其理论，开阔了视野，促进了东西方音乐文化交流。但同时，在我国的学校音乐教育中，"欧洲音乐中心论"的影响较为深重。因此呼吁中国音乐教育体系必须继承中国音乐的优秀传统，吸收世界音乐的优秀成果，适应当代音乐发展的历史潮流。[①]

笔者认为，王先生的这篇文章对于当今我们如何看待以流行音乐文化为主的社会音乐文化仍有很大启示。当前，我国的学校音乐教育从整体而言仍没有摆脱"欧洲音乐中心论"的影响，许多教师和学生的观念仍处于一元音乐文化观的状态。例如不少教师对于教材中的作品极力推崇，而对于青少年喜爱的、哼唱的流行音乐则嗤之以鼻，认为后者不登大雅之堂，或者没有教育价值。事实上，"流行音乐文化的发展，作为大众文化的自觉行为，它所承载的是当代社会多样化之思想意识，多样化之艺术需求"[②]，流行音乐文化的多样性和融合性正是当今全球化背景下不可逆转的文化趋势。作为当前社会主流音乐生活的流行音乐文化，对当代人尤其是青少年的影响则是无比巨大的。因此，以平等的观念来看待包括流行音乐文化在内的多元音乐文化至关重要。

[①] 参见王耀华《中国近现代学校音乐教育之得失》，《音乐研究》1994 年第 2 期。
[②] 马晓红：《从"俗"到"雅"：流行音乐文化与国民音乐教育》，《艺术研究》2011 年第 4 期。

当然，我们对作为音乐教育组成部分的流行音乐关注和审视的同时，不能脱离其赖以存在的大文化语境。联合国教科文组织在过去举办的会议和制定的政策文件，如《世界文化和发展委员会报告：我们具有创造力的多样性》（1996）、《斯德哥尔摩关于文化政策发展的国际会议》（1998）、《文化多样性的世界宣言》（2001）等，为世界文化发展提供了许多指导性的思想纲领。[1] 作为联合国教科文组织下属的国际音乐教育学会（ISME）也进一步宣承了这种宗旨，并提出"普遍有效的音乐评价标准是不存在的……所有音乐体系都是有价值的，都值得理解和学习"[2]。

因此，我们可以这样理解，西方严肃音乐、本国传统音乐及各民族音乐，以及以流行音乐为主的社会音乐都是音乐体系必须包括的音乐形式，从历史发展和社会构成的视角看，这些都是音乐教育体系中必不可少的组成部分。从学生广泛偏爱流行音乐的事实出发，具有大众性的流行音乐非但不应作为异类而受到歧视排斥，反而应予以鼓励与支持，因为它们恰恰是学校音乐教育中最具潜质的可贵资源。

随着国际音乐教育的发展，我们逐渐意识到音乐文化的多元性及音乐文化价值的平等性；反之，"部分地区对音乐进行了假定质量术语的限制，这种行为是不切实际的"[3]。对音乐文化价值的理解，有助于我们树立"文化多样性"的观念，以一种更为广阔的视野去理解不同音乐文化的独特价值，使学校音乐教育从"欧洲音乐中心论"向"音乐文化多元化"转变，真正做到平等地看待包括流行音乐在内的各种音乐文化。

二、明确音乐教育目标，建立以学生为主体的教学观

音乐教育究竟因何而存在？这是关于音乐教育目标定位的问题。从时间维度来看，历史上每个时期的音乐教育理论与实践都有一定的目标；从空间维度来看，在世界范围内，每一种音乐教学体系都有其独特的目标和功能。总体来

---

[1] 参见管建华《国际音乐教育学会与多元文化音乐教育》，《新疆师范大学学报（哲学社会科学版）》2005年第2期。
[2] 管建华：《国际音乐教育学会与多元文化音乐教育》，《新疆师范大学学报（哲学社会科学版）》2005年第2期。
[3] 刘红霞：《国际音乐教育学会与多元文化音乐教育》，《中国教育学刊》2013年第S4期。

看，当前我国的学校音乐教育目标主要分为两个层面：一是音乐目标，"通过教育学音乐"；二是教育目标，"通过音乐教育人"。对于中小学音乐教育来说，显然后者的意义更为突出，即"通过音乐审美教育培养高尚、完美的人"[①]。也就是说，我们希望学生通过中小学阶段的音乐学习，发展为具有基本音乐文化素养的人，而不是成为音乐的专门人士或音乐家。《义务教育音乐课程标准（2011年版）》和《普通高中音乐课程标准（实验）》对教学目标"情感态度价值观、过程与方法、知识与技能"三个维度的表述，也鲜明地反映出中小学音乐教育的目标定位——塑造培养全面的人。

明确了音乐教育的目标之后，我们便不难把握当前流行音乐文化和中学音乐教学之间的关系，也不难回答流行音乐能不能成为中学音乐教育的一部分内容这个问题了。我们认为，凡是有利于学生自由、充分、和谐、快乐地成长，同时也能够在一定程度上提升学生音乐专业素养的音乐，就是最适合的音乐。因此，流行音乐也好，古典音乐也罢，只要能促进学生身心的全面发展，都应为我们所用。当然，"教育阵地不是娱乐圈，音乐教育的行为必须具有教育的功能，淡化或削弱这一功能，必然违背教育本身的宗旨和目的，这是一个基本前提"[②]。因此，这种"用"并不是我们在前一章里看到的在流行音乐进课堂过程中"浅显地引入"和"一味地迎合"，而是应该将目光真正放在学生身上，把流行音乐当成学生学习音乐的桥梁，认真地选择教学内容，并思考"学生到底学会了什么？"等问题。"把'学生学会了什么'当作学习结果的话，那么它应该既是教学的起点，又是教学的归宿；既是教学过程的方向，又是教学有效的证据。"[③]

电影《霍兰德先生的乐章》（又译作《生命因你而动听》）记录了一位音乐教师霍兰德先生坎坷的一生，片中他有一句经典的台词："我认为哪些音乐有助于学生热爱音乐，我就用哪些，不管是贝多芬还是摇滚乐。"笔者认为，在当今流行音乐文化已经进入中学教材和课堂的情况下，这句话对于教师如何把握流行音乐与其他音乐的关系有很好的启示。我们在实施音乐教学的过程中，不妨因势利导，把学生的学习兴趣作为教学的出发点，培养和发展学生作为音乐教学的主体意识，从而促成教学目标的真正实现。

---

① 曹理主编：《普通学校音乐教育学》，上海教育出版社1993年版，第32页。
② 修海林：《文化环境与音乐教育问题》，《高校理论战线》1995年第8期。
③ 崔允漷：《追问"学生学会了什么"——兼论三维目标》，《教育研究》2013年第7期。

"高雅音乐融艺术性和思想性为一体，是学校音乐教育的最重要内容，但高雅音乐的丰富养分与教育价值只有在学生乐意接受的前提下才能实现。"[①] 在教学中，流行音乐是一座通往学校音乐教育的桥梁，也是绝佳的教学资源。教师和学校应在这种不同音乐文化的融合中找到最佳契合点，进一步确立以学生为主体的教学观，才有可能实现学校音乐教育的目标——培养全面的人。

三、借鉴社会音乐活动经验，构建新型课堂模式

2011 版课标把"以音乐审美为核心，以兴趣爱好为动力"放在教学基本理念的第一位，学生兴趣对于音乐审美的重要性可见一斑。兴趣是学生终身喜爱音乐的前提，而审美则是在具体的文化语境中获得的愉悦体验。作为学校音乐教育，又如何"根据学生身心发展规律，以丰富多彩的教学内容和生动活泼的教学形式，激发学生对音乐的兴趣"呢？笔者认为，不妨认真思考学生偏爱流行音乐的深层原因，努力挖掘社会音乐活动的成功经验和启示，汲取和学习其中的精华。

在《关于大众选秀时代高校专业音乐教育的几点思考》[②]一文中，笔者曾经探讨过音乐选秀节目的成功经验对高师专业音乐教育的启示。作为流行音乐最重要的受众对象的中学生，对音乐选秀节目等社会音乐活动的喜爱也是显而易见的（在之前的调查中已经被证实）。因此，社会音乐活动的成功经验对于在中学音乐教育中构建新型课堂模式也有着一定启发。

（一）新型音乐课堂模式需要融洽愉悦的课堂气氛，让每个学生都拥有享受音乐的平等权利

2011 版课标指出："音乐课应当面向全体学生，使每一个学生的音乐潜能得到开发并从中受益。"不管其音乐天赋如何，不管其家庭出身高低，每个孩子都应该接受平等的音乐教育，都应该被赋予欣赏与被欣赏的权利。流行音乐具有很强的大众参与性，学生不仅可以欣赏聆听，还可以参与到音乐的演唱中来。

[①] 见"郭声健音乐教育博客"，是郭声健教授的讲稿提纲。讲稿中，郭教授提出了目前音乐教育存在的八个方面 30 个 "纠结问题"。
[②] 王晓盈：《关于大众选秀时代高校专业音乐教育的几点思考》，《安徽科技学院学报》2014 年第 5 期。

哼唱自己喜欢的流行歌曲,已经成为他们音乐生活的重要组成部分。平等的参与性更是在早期的《超级女声》《星光大道》和近几年热播的《中国好声音》《中国好歌曲》等音乐选秀节目中被体现得淋漓尽致。不问出身、不论职业、无关背景的无门槛选拔,让这类节目呈现出一种开放和包容的大众姿态。正如《超级女声》主题歌《想唱就唱》的歌词写的那样:"想唱就唱,要唱得响亮,就算没有人为我鼓掌,至少我还能够勇敢地自我欣赏。"

这种"想唱就唱"的理念给了每个参与者平等享受音乐快乐的权利,让每个人都能够愿意张嘴唱歌,想唱的时候就能张嘴唱歌。但这恰恰也是目前中学音乐课堂难以做到却又渴望企及的理想状态。在学校的音乐课堂上,"想唱就唱"对学生来说绝非易事,尽管面对的是平日熟悉的老师和同学,可他们却不能放松地想唱就唱,原因很简单——这是"课堂"。如果唱得不好,担心受到老师的批评和同学的嘲笑,音乐课堂的紧张气氛导致他们在课堂上不愿张嘴。"积极而活跃、协调而融洽的课堂气氛能明显促进学生的思维和提高他们的学习动机,即产生所谓的社会助长作用。而拘谨、刻板、冷漠、紧张的课堂气氛会明显削弱学生的注意力水平,压抑他们的思维和创造性意识,也即产生了社会阻抑作用。"[①]因此,只有在积极、活跃、融洽、和谐、愉悦的课堂氛围中,在老师循序渐进的引导下,学生们才能大胆敞开心扉,尽情地释放自我,才能真正平等地"想唱就唱"。

(二)新型音乐课堂模式需要平等互助、合作学习的师生关系

让我们来看一下《中国好声音》节目给我们的启示:作为导师的刘欢、那英、庾澄庆和杨坤均为当今华语乐坛的一线巨星,在流行音乐类比赛中的权威不言而喻。但按照规则设计,他们和所有候选学员的权利是平等的,即导师可以根据自己的判断选择是否收徒,学员同样可以根据自己的意愿选择拜师,师生之间建立起了互动活跃而又平等共赢的对等关系。令人眼前一亮的是,由于学员的抉择权,导师间还引发了竞争——四位江湖地位显赫的音乐巨星为了吸引新秀人才,频频使出浑身解数,进行自我推销,以至于杨坤的"三十二场演唱会"都已成为搞笑的经典口号。这样的快乐场景,改变了过去评委老师高高

---

① 李小平主编:《学校社会心理学》,江苏教育出版社2002年版,第232页。

在上的姿态，拉近了与学员们的心理距离，使学员们感到振奋和激动。同时，在演唱之后的互动交流中，导师给予的也大都是真诚的建议和指导，而绝非讽刺和谩骂。①

我们不可能要求音乐课堂像《中国好声音》的舞台那样，让音乐教师之间互相竞争，但我们是否能从这些现象中得出启示，让师生关系更平等、更亲近一些呢？本书第三章曾对流行音乐文化影响下中学音乐课堂师生关系的现状进行描述："学生们更希望能在课堂上多学到一些关于流行音乐的知识和演唱技巧。他们是对音乐课堂抱有较大希望的'期待者'。但教师流行音乐素养的缺乏以及学校和家庭的不重视，导致了部分学生喜欢流行音乐却不喜欢音乐课的尴尬局面。学生无法在音乐课堂及时获取相关的流行音乐体验以及相关知识，因而从'期待者'变成'困惑者'。"而与此同时，"流行音乐文化的'反哺功能'影响了教师在教学实践中的教学方法、教学形式、教学内容等，改变了以往教师在音乐课堂上'主导者'的角色，职责和功能也发生了转变，在流行音乐文化的影响下，音乐教师已不是音乐资源的主导者，而是成为一个课堂教学的'引导者'"。在这种情况下，建立平等互助、合作学习的师生关系非常关键。

美国哥伦比亚大学的兰德尔·阿尔苏巴（Randall Everett Allsup）教授曾提出："学校应该创造一种类似于校外各种亚群体中所具有的那种民主机制。协作学习的核心是对话，通过'分享决定权'来使互相的力量得以制约。在民主的教学氛围下，老师从学生身上学到东西，就像学生从老师那里获得学习收获一样（学生之间也相互学习，老师与老师之间同样可以取长补短）。"②在这样的情境之下，音乐课堂的师生关系，应该是一个平等互助、合作学习的关系：教师和学生都是课堂的责任人，他们互相交流，平等对话，坦诚讨论，在充满信任的氛围中，学生和教师融为一体。当然，这种平等的对话不等于没有权威，"教师应该通过他们所具有的精深而宽广的知识，而保持一定程度上的权威"③。如何才能践行这种民主互助的师生关系呢？阿尔苏巴引用了比奈和阿普

---

① 参见王晓盈《关于大众选秀时代高校专业音乐教育的几点思考》，《安徽科技学院学报》2014年第5期。
② ［美］兰德尔·阿尔苏巴：《音乐互助学习与民主行为》，郭声健译，湖南师范大学出版社2009年版，第45页。
③ Freire and P, "A Dialogue: Culture, Language, and Race", *America: Harvard Education Review*, No.3, 1995, pp.377–402.

尔（1995）提出的观点："1. 思想开放，不管这些观念是否流行，都应该让人尽可能充分地了解；2. 尊重个人和集体的智慧，为解决问题创造可能性；3. 通过批评性反思和分析，来评估观念、问题和政策；4. 关注他人的利益和公共利益；5. 尊重个人和少数人的尊严和权利；6. 理解民主不仅是一种追求的理想，也是一种理想化的价值观，即我们必须作为一个人而生存与被指引；7. 促进和扩展民主生活方式的社会公共机构组织。"[1] 社会音乐活动的大众性打破了精英文化的樊篱，每一个学生都应充分享有与教师互动的权利，处于民主互助的师生关系中，才能真正地亲近音乐，并在音乐的陶冶中成长。

（三）新型音乐课堂模式需要建立发展性的教学评价

2011版课标提出："音乐课程评价应充分体现全面推进素质教育的精神，贯彻本标准所阐述的课程理念，着眼于评价的诊断、激励与改善的功能。通过科学的课程评价，有利于学生了解自己的进步，增强学习的信心和动力，促进课程教学质量的不断提高。"因此，在新型的音乐课堂教学中，音乐教学评价不应是单一的、静止的，而应是多元的、不断发展的。仅仅关注学生对音乐知识、技能的掌握程度是远远不够的，更要关注学生在学习过程中表现出的对音乐的态度和情感体验，以提高学生对音乐社会价值的认识，增强学生表现和探索音乐的参与度。

在调查中笔者了解到，当前部分中学音乐课包括唱歌、演奏、综合类表演等常规技能考核以及统一命题的笔试考核两部分。我们不难发现，这种音乐教学评价往往只停留在学生，在音乐技能和知识层面，以学生对音乐知识技能的掌握程度作为衡量音乐教育质量的标准，和其他普通学科并没有多少区别。原本最令人愉悦的音乐课堂，却没有自己独特的有效的评价方式，这不能不说是一种讽刺。而单一而生硬的考核方式不仅会让学生感到压力很大，往往还会心生厌恶，抹去他们心中对音乐的独特好感。

让我们来看一下社会音乐活动带来的启示。还是以音乐选秀节目《中国好声音》为例，盲选制和导师制组成了其独特的学员选拔考核体制。盲选制是指

---

[1] Freire and P, "A Dialogue: Culture, Language, and Race", *America: Harvard Education Review*, No.3, 1995, p.46.

作为评判方的导师完全依靠声音来判断选手的去留。按照规则，现场没有主持人的旁白与介绍，学员直接走上台前演唱歌曲，四位导师则是背对选手而坐，即"盲听"——只闻其声，不见其人，如被该声音打动后可选择转向面对舞台。[①]导师制则是指"导师不仅要指导学生的学习，还要指导学生的生活，师生关系密切是导师制最大的特点。在《中国好声音》中，四位评委首次以一种平民化、真实化的形象出现在大众面前，弱化了以往选秀节目的竞争意识，舞台成了一个温馨、亲切的'教室'平台，拉近了观众、导师、选手之间的距离。评审们给予选手的不再是炒作式、取宠式的毒舌评价，而是更加中肯、更加切实的音乐指导。评委选择学员，反过来选手也拥有选择的权利，出现了权力反转"[②]。由此可以看出，这种选拔方式和我们音乐课的考核形式截然不同：首先，它是一种积极的具有审美性的评判行为；其次，它还是把师生紧密联系在一起的不断发展的考核形式。因此，笔者认为，这种选拔方式对于中学音乐教学的考试评价方式有很大的启发，让学生们在愉悦的学习体验中完成教学目标，在教学过程中不断增强信心，发展自我。构建积极的发展性的教学评价方式，促进学生对情感和审美能力的评价，应该受到进一步的重视。

第二节　以教材为突破，推进音乐课程资源开发

当前，随着课程改革在音乐教育领域中的实践，学校音乐教材的改革成为焦点，而流行音乐进入教材亦是音乐课程改革的必然结果。然而，随着全国各地不同版本音乐教材的相继问世，这些音乐教材的编写还是存在很多不足，这在本书第三章的调查结果中已经得以印证。"事实表明，中小学生在音乐上所获得的经验并不完全是学校音乐教育所传授的，恰恰相反，传统教材的封闭性往往使得学生所获得的音乐经验的很大一部分是来自教材之外，从而使得教材难以发挥出它应有的作用……音乐教材的编写者必须正视这一事实，保持一种开

---

① 参见王晓盈《关于大众选秀时代高校专业音乐教育的几点思考》，《安徽科技学院学报》2014年第5期。
② 耿冉：《音乐选秀节目对中国流行音乐发展的影响》，硕士学位论文，武汉理工大学，2014年，第34页。

放的心态，只有这样，才可能使学校音乐教育达到最好的教学效果。"[1] 因此，以教材为突破口，推进音乐课程资源开发是当前流行音乐文化冲击下中学音乐教育的重要应对策略之一。

一、汲取相关教材编写经验

在第四章中我们对音乐教材进行分析后发现，虽然目前流行音乐进入音乐教材，但相较于民族音乐和古典音乐，流行音乐只占了很少一部分，而且相对"过时"。这显然和流行音乐文化发展的迅猛趋势以及中学生对流行音乐格外偏爱的现实特点是不相符合的。当今世界音乐教育改革与发展的一大特征，就是"加强音乐教学内容的多元文化与本土文化的结合"[2]。因此，面向世界面向未来的我国中学音乐教育，音乐教材的编写也要顺应时代的潮流，特别是应该进一步加强对世界现代音乐和中国当代流行音乐部分选材编排的思考。笔者认为，我们不妨借鉴其他音乐教材编写的成功经验，取长补短，进一步改进和完善中学音乐教材。

（一）例1：香港初中音乐教材

2003年，香港发布了音乐学科的纲领性文件——《艺术教育学习领域：音乐课程指引（小一至中三）》（以下简称《指引》），在《指引》第四章"学与教"的主导原则中，明确提到教学应"结合学生的生活经验"，即"学生常会接触流行音乐、宣传歌曲和动画主题曲；选用这些音乐为教材，通常可以提高学生的学习兴趣。引导学生认识流行音乐，也应了解音乐与文化的关系，如可以比较流行音乐歌手、西方歌剧及粤剧演员的发声方法，并探讨不同发声方法与文化的关系"[3]。这明确地表明了香港音乐教材对于流行音乐不回避的鲜明态度。音乐课程设有以下四个学习目标（见图5-1）：（1）培养创意及想象力：发展音乐意念和掌握创作技巧，配合演奏和聆听，以培养创意和想象力；（2）发展音乐技能与过程：发展演奏的技巧以体验和表现音乐，在实践过程中，重视培养音乐想

---

[1] 郭声健等：《美，音乐教材的首要追求》，《人民音乐》2003年第4期。
[2] 郭声健：《当代音乐教育改革与发展的若干特征》，《人民音乐》2003年第1期。
[3] 香港特别行政区教育统筹局编：《艺术教育学习领域：音乐科课程指引（小一至中三）》，2003年。

象力和音乐感；（3）培养评赏音乐的能力：理解音乐并作出响应和评赏，以培养审美能力；（4）认识音乐的情境：认识音乐的功能，并了解音乐与文化的关系。

虽然有音乐课程指引的指导，但流行音乐文化发达的香港，其中小学校在音乐课程的制定和教材的选择上却相对比较自主。和内地采取统一教材的做法不同，他们采取的是教材多样化制度，教材版本较多。笔者在《粤港两地"流行音乐进教材"比较研究——基于花城版和港音版初中音乐教材的分析》一文中，曾对花城出版社（2006 版）和香港音乐出版社（简称"港音版"）两个版本的初中音乐教材进行分析比较，在研究两版教材歌曲体系的同时，也对流行音乐进教材现象以及教学内容的科学性和合理性进行了分析。笔者认为，2007 年港音版初中音乐教材《音乐之路》（Approach to Music）（见图 5-2），较好地融合了流行音乐和其他西方音乐的关系，对于我国内地中学音乐教材的编写有一定启示。

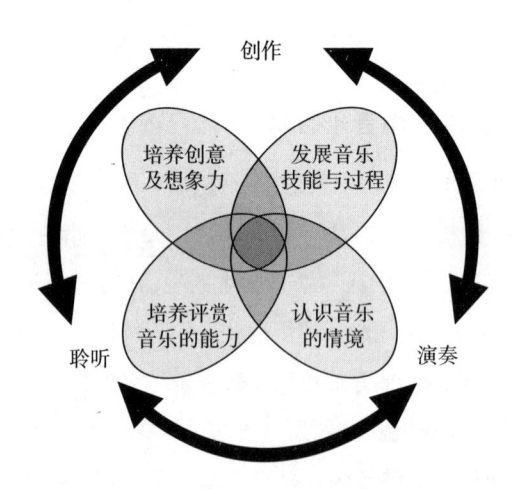

图 5-1　通过综合音乐活动达到的四个学习目标[1]

---

[1] 香港特别行政区教育统筹局编：《艺术教育学习领域——音乐科课程指引（小一至中三）》，2003 年，第 10 页。

图 5-2　港音版初中音乐教材《音乐之路》(*Approach to Music*)

下面让我们具体看一下港音版初中音乐教材的编写情况，以及流行音乐歌曲数目、曲目总数及流行歌曲的比例等的具体统计（见表 5-1、5-2、5-3、5-4）。

表 5-1　各年级流行音乐和歌曲数量统计表

年级	七年级	八年级	九年级	合计
曲目总数	29	25	25	79
流行音乐歌曲数目	15	12	18	45
流行歌曲的比例	52%	48%	72%	57%

表 5-2　流行音乐在各年级各单元的曲目分布

单元＼年级	七年级	八年级	九年级
一	3	2	5
二	3	2	2
三	2	4	2

续表

单元 \ 年级	七年级	八年级	九年级
四	3	2	3
五	2	1	4
六	2	1	2

表 5-3　各年级流行音乐歌曲曲目一览

年级	七年级	八年级	九年级
流行歌曲曲目	《雪绒花》《快乐的漫游者》《飞越彩虹》Do Re Mi Oh! Susanna《童年》《龙的传人》《应该要自爱》《希望》《真的爱你》《人生障碍赛》《在晴朗的天空下》《鼓舞》I'd Like to Teach the World to Sing《父母恩》	《快乐》A Whole New World My Favorite Things《问》Shining Friends《我的骄傲》《世上只有》Love Changes Everything Whatever will Be, will Be《漫步人生路》My Way《祝福》	We Are the World《明天会更好》《光辉岁月》《朋友》Perhaps love《东方之珠》《狮子山下》Joy to the World I will Follow Him《红日》Yesterday Once More《对面的女孩看过来》Yesterday Today Carry on Till tomorrow《几许风雨》《壮志骄阳》Memory

表 5-4　教材中外文流行音乐歌曲数量及比例

歌曲总数	中文歌曲及所占比例	外文歌曲及所占比例
45	24(53%)	21(47%)

从以上表格数据，我们可以初步归纳出港音版初中音乐教材在流行音乐资源运用上的几个特点：

第一，流行音乐曲目总数比较多，内容丰富，且单元之间的数量比较平均。表 5-1 显示，港音版初中教材曲目总数有 79 首，其中流行音乐曲目数达到 45 首，占总曲目的 57%。表 5-2 显示，除八年级第 5 单元外，每个单元中都设置了比例较高的流行歌曲，平均有 3—5 首之多。香港中小学音乐教育对于流行音乐的重视程度可见一斑。

第二，选取的流行音乐曲目中文和外文歌曲数目相当，比例平衡。表 5-4 显示，音乐教材中外文歌曲有 21 首，占总数的 47%。究其原因："一是欧洲传统的大小调音乐比较符合西方音乐知识体系的要求，易于学生辨识；二是美国音乐教育比较发达，音乐教学法的研究活动和成果比较丰富，许多编者都有在美国受教育的经历，因此美国的歌曲也有较大比重。"[1]

第三，如表 5-3 显示，港音版教材在流行歌曲选材方面，均涉及了多方面的情感因素，偏重励志和博爱风格的歌曲，同时更有时代性和地方性。如《应该要自爱》《人生障碍赛》《鼓舞》《漫步人生路》《红日》《希望》等歌曲，均从不同方面鼓励人们要直面人生、拼搏奋进，而 *We Are the World*《明天会更好》等歌曲则表达了人类博爱无私的情感。如《希望》作为 2003 年热播韩剧《大长今》的粤语版主题歌，能够引起学生兴趣和喜爱，而《红日》《光辉岁月》等脍炙人口的歌曲均由香港本土明星用粤语演唱，并传唱甚广。

除此之外，港音版教材每个年级的曲目仅有 25 个左右，但教材页码却平均在 110 页上下。详细翻阅，便发现教材对流行音乐歌曲曲目做了详细列举，而且全部采用五线谱，谱例资料丰富、准确，方便使用。许多歌曲都有钢琴伴奏谱，聆听曲目甚至还有合奏谱例。翔实的谱例为流行音乐文化的推广和普及提供了宝贵的资源和支持。

（二）例 2：中等职业学校音乐教材

2015 年，暨南大学出版社出版了由郭声健主编的中等职业学校公共艺术课程系列教材《音乐》（见图 5-3）。该教材的出版后记中这样写道：

> 音乐是人类的共同财富，是世界的通用语言。音乐属于所有人，更属于热情奔放的年轻一代。长期以来，中职学校音乐教育不受重视，中职学生不能充分享受音乐的美感和快乐，作为音乐教育工作者，我们有义务有责任捍卫中职学生享有的平等音乐教育权利，这便是我们编写这本教材的初衷。

图 5-3 暨南大学出版社出版的中等职业学校公共艺术课程系列教材《音乐》

---

[1] 周琴：《香港中小学音乐课程与教材特色——兼与内地比较研究》，《课程·教材·教法》2006 年第 6 期。

编写音乐教材并不难，但要编出一本真正受到师生喜爱的教材却并不容易。我们正是抱着为中职学校音乐课堂教学提供最真诚优质服务的态度，在教材编写过程中进行了新的尝试和探索，内容选择上坚持尊重学生喜好，形式体例上力求方便教师教学。从传统的教材视角看，这本音乐教材或许有点离经叛道，但让学生更好地享受音乐，这是我们不顾一切的执着追求。

作为该教材的执行副主编之一，笔者有幸参与了教材的编写过程，负责该教材"班级好声音"板块的编写工作。正如后记中所言，该教材可能"有点离经叛道"，全书颠覆了以往音乐教材的框架和套路，选用了大量符合当前社会音乐发展规律的案例和内容。下面让我们来具体看一看该教材的形式体例和内容选择（见表5-5）。

表5-5　中等职业学校公共艺术课程系列教材《音乐》的体例和内容

单元	主题	内容：曲目或活动
序曲		《把耳朵叫醒》
Do	神州漫步 01 我爱你中国 02 那一声乡愁 03 声音地理	《龙的传人》《我爱你中国》《天黑黑》《落水天》《落雨大》《金鸟银鸟飞起来》《山歌好比春江水》《牧歌》《赛马》《可爱的一朵玫瑰花》《茉莉花》
Re	班级好声音	《想唱就唱》、组织"班级好声音"活动
Mi	亚非拉之旅 01 美妙的人声 02 铿锵的鼓点 03 潇洒的舞姿	《阿里郎》、《四岁的红鬃马》、waka waka、《一步之遥》、《化装舞会主题(片段)》
Fa	艺苑风景线 01 乐舞神韵 02 魅力音乐剧 03 胶片上的音符 04 动漫幻想曲	《波莱罗舞曲》、《大河之舞》、《天鹅湖》选曲、《红色娘子军》选曲、《最炫民族风》、《回忆》、《云中的城堡》、《歌剧魅影》、《波斯市场》、《辛德勒的名单》、《孔雀》、《我心永恒》、《一切顺利》、《猫和老鼠》选曲、《三个和尚》配乐、《狮子王》插曲、《天空之城》序曲、《百变狸猫》场景音乐、《幻想曲》选曲
Sol	浪漫欧洲行 01 流动的建筑 02 维也纳的音乐盛宴 03 巴黎的浪漫与印象 04 歌剧院里的时光	《为三把小提琴和通奏低音创作的D大调卡农》、《d小调托卡塔与赋格》、《不想长大》、《g小调第四十交响曲》第一乐章、《欢乐颂》《第四十五"告别交响曲"》第四乐章、《g小调第一叙事曲》、《匈牙利狂想曲第二号》、《大海》、歌剧《卡门》片段

续表

单元	主题	内容：曲目或活动
La	音乐达人秀	达人秀场1：玩转乐器 达人秀场2：创意无限 达人秀场3：音乐故事汇 达人秀场4：视听盛宴
Ti	未来梦之歌 01 唱响未来 02 行业之歌	Be What You Wanna Be、《风雨彩虹铿锵玫瑰》
尾声		《我相信》

在形式体例方面，该教材分为序曲、主体和尾声三部分，前后呼应，形成有机整体。在主体部分，按照音符排序分成了 Do、Re、Mi、Fa、Sol、La、Ti 七个部分，每个部分的主题分别为：神州漫步、班级好声音、亚非拉之旅、艺苑风景线、浪漫欧洲行、音乐达人秀、未来梦之歌。其中，"班级好声音""音乐达人秀"两部分主要作为班级的音乐活动，"未来梦之歌"体现出了中职教材的职业特点，其他板块组成了"音乐带我去旅行"的总体思路——在世界不同国家的音乐体验中，老师带领着学生开始了一段美妙的音乐之旅。

在内容选择方面，该教材选择了经典古典音乐和传统民族音乐的同时，也选取了大量深受学生喜爱的当代流行歌曲，并呈现出以下几个显著特点：

其一，将课堂音乐活动形式和社会音乐活动有机结合起来。如"班级好声音"板块结合了我国电视音乐选秀节目的发展历史，分别对《CCTV 青年歌手电视大奖赛》《超级女声》《中国好声音》《我是歌手》进行了简要介绍，并请学生对几个节目进行点评，然后打造一场想唱就唱、全体参与、传递激情、展示自我的"班级音乐会"；"音乐达人秀"板块借助了电视综艺节目《中国达人秀》的理念，分为"玩转乐器、创意无限、音乐故事汇和视听盛宴"四个部分，引导学生将表演的形式拓展到乐器表演、舞蹈展示以及其他与音乐相关的创意表演中。该教材中的音乐实践活动，和当前主要的社会音乐活动结合在一起，让学生通过参与教材所设计的各种音乐活动，有趣、快乐地掌握基本知识和技能，获得审美愉悦体验，并增强学习音乐的兴趣和信心。

其二，将古典民族音乐与当代流行音乐巧妙融合在一起。在该教材中，同一个音乐作品往往提供了几个版本供学生欣赏，其中既有经典的版本，也有青少年熟悉的流行音乐版本，呈现出较为丰富的面貌。《我爱你中国》提供了三个演唱版本，分别为叶佩英、常石磊和陈小朵，以及平安的演唱版本。"浪漫欧洲行"板块中，将青少年熟悉的S.H.E的歌曲《不想长大》和莫扎特的《g小调第四十交响曲》第一乐章两个作品并呈，让学生在比较中逐渐了解古典音乐和交响曲。这种做法体现出了教材尊重学生爱好和时代发展规律的特点。

其三，将音乐文化和其他姊妹文化融为一体。在该教材中，将古典音乐作品、歌剧、舞剧、音乐剧和学生熟悉的电影、动漫、街舞等结合起来，使学生在亲切的音乐文化语境中产生兴趣，从而促进了他们对音乐的体验与感受，扩大了他们的音乐文化视野。

以上两个不同的音乐教材实例证明，虽然目前的中学音乐教材对流行音乐资源的开发还存在一定的不足和缺憾，但可以通过一些途径来优化和改进。具体来说，可以从以下几个方面来思考：

第一，流行音乐教材资源的开发，需要多方合作，形成专业合力。"国外的音乐院校开设流行音乐的专业课程已很普及，我国从20世纪90年代后期也开始逐渐在音乐艺术院校中设置流行音乐的部分专业，相对古典、民族，流行音乐教育是一个新学科，也是一个全新的音乐教育领地。"[1]因此，在课程开发中，应由中学教师、课程专家和高校教师一起组成教材资源开发团队，使中学音乐老师的实践教学经验和高校教师的理论研究有机结合，形成实践与理论相结合的双重保障，促使流行音乐教材的开发更加专业化。

第二，流行音乐教材资源的开发，应充分了解学生需求，做到与时俱进。流行音乐文化是典型的大众文化，也是属于青少年的亚文化。因此，在教材资源开发时，应充分考虑到流行音乐的快速更迭性、手机互联网等传播媒介的广泛性，以及中学生的兴趣爱好需求等，形成丰富的教材资源内容。在开发时，应集合音乐课程专家、一线音乐教师及学生代表，听取各方建议，组成教材资源开发共同体，成立一个以流行音乐教材资源开发为中心的网络平台，并随时进行更新和完善。在网络平台上，来自不同地区、不同学校、不同年级的音乐教师和学生可以实现平等的资源共享和资源交流。

第三，流行音乐教材资源的开发，需要敞开胸怀，广纳良谏，不断丰富

---

[1] 王建元：《对于音乐院校开设流行音乐专业的思考》，《音乐艺术》2003年第3期。

形式。"编写音乐教材本身就是一种美的艺术创造活动,这种创造活动不是封闭的,而是开放的,不是唯一的,而是多元的。音乐教材只有为师生创设美的创造空间,才能有效激发师生的音乐创造灵感,培养学生的创新意识与创造能力。"[1] 通过教师、学生、家长等各种开发主体的"联动性"作用,对不同的流行音乐资源进行整合。例如,教师考虑鼓励学生走出课堂、深入生活,和家长一起合作完成,寻找身边的好音乐;围绕既定的活动主题,如"班级好声音"等,让学生担任总策划并实施;对于课外优秀的流行歌曲,实行推荐制度,比如"每周一歌"等,让深受学生喜爱的、广为传唱的优秀流行音乐作品随时走进音乐课堂。与学生的现实音乐生活紧密联系,一定会深受学生欢迎,同时充分地扩展教材有限的空间,增加教材的容量。

美国音乐教育哲学家雷默说过:"当今的一些流行音乐(而且数量多得惊人)在音乐出色程度和音乐表现力方面,质量都极高……把这样的音乐排斥于音乐教育之外,不仅失去了很好的教材,而且更糟糕的是,这是一种矫情的精英主义的行为模式,只能使音乐教育事业也变得似乎矫情和精英化起来。"[2] 实施流行音乐教材资源的开发,是实施音乐教育课程改革的积极尝试,对我国音乐教材资源的开发与建设有着积极意义。

二、开发流行音乐校本课程资源

现有统编教材中的流行歌曲内容偏少,形式单一,与时代脱节,难以吸引学生的兴趣。但由于国家统编教材的自身特点,在现实的教学实践中,不可能实现短时期内的快速更新,因此,在流行音乐文化影响下,各地教育主管部门、学校依据当地的特点及经济情况自主研发校本教材和课程,成为音乐教材资源开发的新途径。

校本课程开发是一种与国家课程开发相对应的课程开发模式。音乐校本课程开发是校本课程开发的一种学科呈现形式,它是以满足学生的特殊音乐学习需求为着眼点,以学校可利用音乐课程资源为立足点,以实现学

---

[1] 郭声健等:《美,音乐教材的首要追求》,《人民音乐》2003年第4期。
[2] [美]贝内特·雷默:《音乐教育的哲学》,熊蕾译,人民音乐出版社2003年版,第187页。

校音乐教育特色化的目标为出发点来进行课程开发的活动。[①]

2011版课标中提出了五条课程基本理念：第一，以音乐审美为核心，以兴趣爱好为动力；第二，强调音乐实践，鼓励音乐创造；第三，突出音乐特点，关注学科综合；第四，弘扬民族音乐，理解音乐文化多样性；第五，面向全体学生，注重个性发展。该教学理念为校本课程的开发提供了可能，使各地区各学校可以根据本土特点和学校自身情况灵活地开发流行音乐校本课程。校本课程为流行音乐教材的开发和积累资料提供了可能，更为多元文化的教育提供了土壤。笔者认为，流行音乐校本课程开发的要点主要有以下三点：

第一，流行音乐校本课程资源的开发要体现开放性。学生是校本课程的直接对象，选择他们喜欢的资源可以充分调动学生对音乐学习的积极性。由于流行音乐潜在的负面影响，学校音乐教育一直对开发利用流行音乐文化资源存有谨慎态度。事实上，"流行歌曲从某种意义来说就是当代的城市民歌"[②]，当代中学生是伴随着流行音乐出生长大的一代人，流行音乐已经内化成了其生命文化的一部分，也为他们打开了另一扇深入生活、体验生活的窗口。因此，开发流行音乐校本课程时，应从学生的学习兴趣出发，满足他们的学习需求，并进行师生共同开发。同时，还要符合青少年学生的认知特点，才能够激发学生的学习兴趣和动力，给学生带来审美乐趣，从而引导学生们以他们的音乐语言表达内心的感情，发展他们的音乐个性，提高他们感受、理解、鉴赏音乐的能力。

第二，流行音乐校本课程资源的开发要蕴含教育性。应从中学生的身心特点出发，选择符合其身心发展规律的作品和活动形式。把那些健康积极，适宜中学生身心特点并具有较强思想性和艺术性的作品介绍给学生，提高他们的审美和判别能力，形成正确的审美观念。例如，可以通过选修课给学生讲授流行音乐的文化知识，通过欣赏课提供视听享受，通过活动课给学生提供流行音乐创作、演唱或演奏的机会，不但可以扩展中学生的音乐生活空间，也起到间接的指导作用。

第三，流行音乐校本课程资源的开发要具有特色性。流行音乐包罗万象，

[①] 金世余：《我国中小学音乐校本课程开发研究》，博士学位论文，福建师范大学，2010年。
[②] 曾遂今：《中国大众音乐》，北京广播学院出版社2003年版，第230页。

在开发时应从符合本地和学校的条件和特点出发,根据本校和本地音乐课程资源的具体情况和特点,发挥地域优势,根据音乐学科特点和本校音乐教师的优势,做到扬长补短,争取做到有特色地开发。一方面,可充分利用本地的流行音乐资源,如本地区熟悉的具有地域特色的唱法、流派或演唱者的作品;另一方面,有条件的学校如果能利用网络技术建设起音乐课程资源数据库,通过网络形成校际的音乐课程资源联合,将有利于中学音乐校本课程的发展。

校本课程的开发在我国还处于探索阶段,没有既定的模式,也没有现成的经验,对其基本的标准、模式、程序和评价也在探讨之中。本着满足学生个性与兴趣发展需要的理念,我们应结合本地和学校的音乐教学实际,开发符合学生兴趣和身心发展以及学校教学条件和教学特色的流行音乐校本课程,给优秀的流行音乐更多的空间,引入更多体现人文关怀、弘扬民族精神、反映时代风貌的歌曲,进一步提高学生的音乐审美能力。

下面这个教学案例体现了一线音乐教师对流行音乐校本课程的一种可贵的探索实践。

教学案例 5-1　校本课程《流行音乐中的几种形式》

教学构想

【学情分析】

随着社会的不断发展,科技的日新月异,人们不断尝试着新鲜丰富的生活。音乐作为一门不可或缺的艺术种类而言,有着其自身的特点。音乐是美的、多种类、多元化的。它既古老又现代,既优雅又时尚。通过优美动听的旋律、多样善变的节奏,体现了人们在不同意境中的思想感情。学生们喜欢音乐、喜欢唱歌,从各种媒介中获得她们钟爱的音乐形式、音乐作品、创作者及演唱者的相关信息。显然,单一的音乐教学内容,相对传统的教学模式已满足不了学生对不同音乐的求知欲望。"把流行音乐引入音乐课堂"——这是音乐课程设置中的挑战,也是一个不可避免的过程。我们要通过缜密的资料查阅、细致的筛选、严谨客观的讲解、极有趣味的教学方式,引导学生从简单地听流行音乐、哼唱流行歌曲到通过分析其发展进程、学会多角度客观地评价鉴赏流行音乐。

初三年级的学生，有独立思考问题解决问题的能力，而且又具备敏感细腻的心理特征。相比之下，女中学生们对音乐的理解更趋向自然纯真。她们喜欢美的旋律、追求崇尚美的感受，渴望体验美的真谛，更愿意成为美的少女。新的教学大纲也告诉我们，要引导学生用心去感受音乐的美，用心去创造属于自己的音乐空间。

【教学内容】

本课的题目是——"流行音乐中的几种形式"，因此重点放在"形式"上。教师从众多的流行音乐形式中挑选了四种具有代表性、易懂性、时尚性的音乐形式，它们分别是"节奏布鲁斯（R&B）""说唱（Rap）""摇滚（Rock & Roll）"和"电子音乐（Electronic Music）"。

本课全部教学内容来源于相关书籍查阅、网络下载、日常音乐知识的积累。在某种意义上，本课可以定格为一节"音乐实验课"。

【教学环节】

本课教学环节设计以清晰、简洁、趣味性参与性强为原则，充分发挥学生的主体作用，培养学生自学、自习、自创的综合能力。

1. 新课导入。

2. 流行音乐中四种形式的音乐渊源、音乐特点、构成规律的讲解、分析、辨别，学生相关参与活动贯穿始终。

3. 课堂小结。

（注：具体内容参看教案）

【教学方法】

1. 本课以学生为主体展开，课前、课中、课后都贯穿学生的各项参与活动。如：课前将学生分组，对自己感兴趣的音乐形式进行资料查找收集；课上通过教师的引导即兴创作音乐形式，理解其特点；课后的讨论；等等。充分调动学生主动学习的热情，挖掘她们的创造、创新思维潜能，理智地欣赏鉴别音乐。

2. 大量有趣丰富的影音资料错落有致地安排在自制的多媒体教学课件

中，不仅为概念的讲解、举例提供了方便，而且更突出了知识的条理性，有效地突破重难点，增加教学密度，提高教学质量。

3.教师尽可能地把较先进的音乐设备带到课堂上，与教学常用乐器相结合，进行演示，使一些抽象的概念变得立体真实。如：R&B音乐要素构成的分析、RAP的即兴创作、电子音乐是通过什么乐器实现的等问题。学生从中可以真正体会到音乐的多元快速的发展，大大开阔了视野，丰富了知识，使课堂更加富有现代气息。

【课前准备】

1.在校园中以采访的形式提出关于流行音乐的相关问题，学生们按照自己的理解回答，并摄制成影像。教师根据本课音乐知识需要，个人摄制教学用演示影像。

2.课前，将作课班分为四组，学生选择音乐形式进行资料查找。

3.制作本课教学课件及相关教具。

4.音乐设备的准备。

教学设计

课题：流行音乐中的几种形式
课型：综合课
课时：一课时

【教学目的】

1.通过介绍流行音乐中的四种形式，从发展进程、基本结构、音乐要素等角度分析各形式在音乐中的典型特点，引导学生学会客观地辨别、鉴赏不同类型的流行音乐。

2.学生们通过理解体会，参与各项音乐活动，充分发挥学生音乐方面的创造创新才能，启迪美的意识，创造美的空间。

3.音乐是多元化的艺术，本课还要使学生充分感受到现代科技在音乐中的运用，展示音乐课堂丰富新鲜的氛围。

【教学重点】

1. 四种音乐形式的讲解分析。其中节奏布鲁斯和说唱为重点，摇滚和电子为了解。

2. 围绕四种音乐形式展开的学生活动。

【教学难点】

1. 学生通过理解分析对音乐的即兴创作。

2. 学生通过本课可以真正地对流行音乐有更新更多的认识，并学会客观地分析欣赏不同的音乐。

教学方法：讲解　演示　比较　列举　即兴创作　分析　学生相关的参与活动

教具：自制教学课件　音乐设备　电脑　投影　黑板　钢琴

【教学过程】

教师活动	学生活动	设计意图
一、新课导入(5分钟) 1.教师播放在校采访的录像关于流行音乐的一些问题及学生们的回答情况。 学生看后可以进行讨论，从而引出本课的教学内容。 2.学生们按照预习作业划分的小组坐好，准备出预习作业	观看录像，观察其他同学对流行音乐的理解，结合自身观点，发表看法。 按组的划分坐好，准备出查找的资料	通过课前的录像采访，深入学生中间，观察她们对流行音乐的理解，并给同学播放。观看的学生不仅感到亲切真实，更激发了她们的求知欲望，在新课导入时就已抓住学生的注意力了。 课前已划分了小组，对本课中即将出现的四种音乐形式进行资料查找，培养学生预习自学的习惯

续表

教师活动	学生活动	设计意图
二、流行音乐中的四种形式(35分钟) (一)节奏布鲁斯音乐(15分钟) 英文名称：R&B 1.提问：R&B音乐的起源？R&B在音乐表现上有什么特点？ 2.总结(电脑演示) 起源：R&B(Rhythm and Blues)中文翻译成"节奏布鲁斯或节奏蓝调"。它原是一种黑人的流行音乐，最早R&B是Blues和Jazz的混合体，是从慢舞转向节奏舞蹈的雏形音乐。 R&B音乐的特点：R&B体现了显著的节奏或节拍，另外它的旋律也交代得很清晰，听罢往往给人留下深刻印象。目前R&B已成为乐坛宠儿，当然现代的R&B又混入了别的音乐的元素。 R&B音乐的基本结构： 布鲁斯的音乐元素＋强劲的节奏 3.教师发出印制的歌谱，带领学生进行视唱。 教师利用音乐设备加入节奏的伴奏部分 播放本段旋律的原版演唱。 4.教师带领学生用R&B的音乐方法演唱已学过的英文歌曲Yesterday。	以组为单位，根据个人查找的资料，回答教师提出的问题。不同意见可以讨论。 听讲 观看 演示 思考 分析 记忆 学生看歌谱进行视唱，掌握歌曲旋律。 和着音乐的节奏，哼唱音乐旋律。 听赏 对比 分析 用感情和理解对音乐进行新的诠释	进入本课重点内容的教学。R&B音乐为当今比较流行的音乐形式，且学生听到的机会很多，对其有一定的认识基础。 为学生们介绍这种音乐形式之前，可以将英文书写展示给学生，使学生了解相关字母代表的意思，有利于音乐结构的理解。 学生先进行预习作业的反馈，教师给予总结，有利于知识的理解记忆。 通过介绍音乐形式的起源和特点，引导学生确立此种音乐形式的音乐元素及基本构成。 把简单的旋律给学生视唱，加入强劲的节奏，恰好是R&B音乐的基本构成模式。学生可以亲身感受到R&B音乐的特点。之后，放出本旋律的原版演唱，学生们可进行对比，加深趣味性和记忆。学生将已学过的歌曲加入R&B的音乐元素，培养她们理解创造的能力和丰富的音乐感觉。

续表

教师活动	学生活动	设计意图
(二)说唱音乐(10分钟) 英文名称：RAP 1.提问：RAP音乐的最大特点？ 2.关于RAP音乐：(电脑演示) 20世纪70年代中期在黑人和纽约市外行政区的青年中间开始流行迪斯科、霹雳舞和说唱乐。街区那些去不起时髦俱乐部的青少年厌倦了迪斯科音乐,他们演奏更重一些的黑人流行音乐,来回重复同一张唱片的内容。当主持人在音乐中加入说唱(开始时是用20世纪60年代流行的语言朗诵一些街头即兴诗歌),这种音乐开始成为了说唱。 RAP的基本构成： 说唱＋节奏 3.学生根据自己的校园生活写一段歌词,引导学生用RAP的语感进行说唱,教师和以伴奏	回答　讨论 听讲　理解　观看 演示 创作即兴歌词,进行说唱试验	RAP音乐是一种较为特殊的音乐形式。它以说唱为主,歌词通俗易懂,贴近生活,强烈的节奏使人随之舞动。 培养学生的理解力和创作能力及对音乐灵活丰富的感知能力
(三)摇滚音乐(5分钟) 英文名称：Rock & Roll 1.提问：摇滚音乐中的常用乐器？ 2.播放教师个人摄制的教学影视片段——《摇滚音乐中的常用乐器》 基础乐器：吉他、贝司、鼓 扩充乐器：键盘、管乐等	回答 观看影音片段,了解摇滚乐中的乐器	关于摇滚音乐的介绍,不作为重点教学内容。主要以观看教师摄制好的影音片段为学习的途径,熟悉摇滚乐队中的常用乐器应用
(四)电子音乐(5分钟) 英文名称：Electric Music 1.电子音乐是用电子合成的音乐,它随着科技的发展及社会的进步出现在音乐的舞台上。(电脑演示) 2.教师播放演出图片资料供学生观赏。 3.教师演示音乐设备并让学生参与,体会电子音乐的创造过程	听讲 观赏 观察 思考 参与 演示	电子音乐是科技色彩极强的音乐形式,学生通过观赏影片、演示音乐设备,体会电子音乐的神奇,了解电子音乐的创作过程

续表

教师活动	学生活动	设计意图
三、课堂总结 1.听辨音乐形式。 2.本课学习的四种音乐形式。 3.引导学生真正认识优秀的流行音乐，关心好的流行音乐作品 4.课后作业：搜集相应音乐形式的影音资料，进行归类介绍	听辨音乐形式 回答 与教师一起对本课所学内容进行回忆。 课后作业	对本课内容进行总结，可以厘清知识的脉络，突出重难点的记忆。及时的课堂测试可以反馈学生本课学习的效果。 课后作业帮助学生进一步巩固音乐知识
课后小结		

教材是学校教育中最为主要的课程资源，但它绝非唯一的课程资源。就中学流行音乐教学的实践而言，在统编教材中流行音乐数量和表现不能满足学生的情况下，要取得良好的教学效果，开发校本课程资源是一种很好的选择。

徐彤老师的《流行音乐中的几种形式》是一节自主开发的音乐实验课，从课程设计上体现了课程资源开发开放性和教育性的融合。从上述教案不难看出，徐老师坚持以学生为主体的教学理念，对于初中学生喜爱流行音乐的情况没有选择回避，而是选择正视并利用流行音乐这一教学资源，引导学生进行自主探究学习。根据初三学生的特点——有独立思考问题解决问题的能力，而且又具备敏感细腻的心理特征，教师选择了学生能够欣赏的四种流行音乐形式，并合理运用现代教育技术手段，通过讲解、演示、比较、列举、即兴创作、分析等教学方法，引导学生们从简单地听、唱流行音乐到学会多角度客观地评价鉴赏流行音乐，从而提高学生的自我认知能力、音乐辨别能力和音乐欣赏能力。

第三节 加强师资培养，促进音乐课堂有效教学

在中学音乐教育中，教师是至关重要的部分。课程建设、教学实施等诸多实践环节，都离不开教师的践行。无论教材编制得如何完善、课程设置得如何准确，最终都要通过教师的课堂教学这一环节实施。因此，在流行音乐文化的冲击下，能否进行有效教学的关键在于能否培养出具有高素质的、与时俱进的

师资，而中学教学师资的培养离不开流行音乐学科的发展以及高校流行音乐教育的逐步完善。笔者认为，在流行音乐学科不断发展及高校流行音乐教育体系逐渐完善的情况下，应进一步重视中学音乐师资培养，才能真正在教学实践中有效利用流行音乐为教学服务。

一、背景：高校专业流行音乐教育的逐步完善

流行音乐的迅速发展，展示了世界音乐多元化融合发展的大趋势。在这种趋势下，流行音乐逐步被纳入高等艺术院校的教学里，流行音乐的学科发展和流行音乐教育也一直在不断摸索中逐渐完善。但相较于国外水平，国内的流行音乐教育起步较晚，而且规范性有待加强。

（一）流行音乐学科的发展概况

中国改革开放后的第一个通俗音乐培训所，是谷建芬于1984—1989年创办的谷建芬声乐培训中心。培训歌手50余人，推出了像毛阿敏、那英、解晓东、孙楠等一大批歌手。[①]1989年，声乐教育家姚峰（歌星姚贝娜的父亲）在武汉音乐学院开设首个流行歌曲演唱专业。[②]1993年，沈阳音乐学院设立通俗演唱专业。1996年，北京现代音乐研修学院开始全日制教学，国内开设了现代音乐类专业。2000年成立的南京艺术学院爱乐学院，设置流行音乐表演、流行音乐作曲专业。2000年11月，上海音乐学院对外公开招收流行音乐研究专业硕士研究生。2001年，中国音乐家协会流行音乐学会成立。2001年，四川音乐学院通俗音乐学院（后改名流行音乐学院）成立，设置流行音乐教育专业，陆续开设了通俗演唱、音乐制作与录音工程、流行器乐演奏、现代音乐文学、流行歌舞、现代流行舞等共十余个专业方向。[③]2003年，上海音乐学院成立了现代器乐系、音乐工程系，武汉音乐学院成立了演艺学院。2005年，星海音乐学院正式将社

---

① 参见刘鹏《流行音乐及其教育浅探》，《龙岩师专学报》2004年第5期。
② 参见王文娜《选秀十年，给中国流行音乐教育带来了什么？》，《艺术教育》2015年第8期。
③ 参见吕晓莉《大学生流行音乐教育的问题和对策研究》，硕士学位论文，东北师范大学，2011年，第12页。

会音乐系更名为流行音乐系。[①]2006 年，北京演艺专修学院流行音乐学院揭牌。[②]

近 20 年来，我国已经有许多艺术院校、师范大学相继成立了流行音乐相关学科（或表演专业），高等院校的流行音乐教育成为培养我国流行音乐人才的一个重要领域。尽管各高校院系名称有所不同，专业设置也有差异，但不可否认的是，我国高校中流行音乐学科的建制已经基本确立。

（二）高校流行音乐教育的逐步完善

由于我国高校的专业音乐教育往往以欧洲古典音乐教育为主导，在培养方案、课程理念上，也往往沿袭古典音乐的教育模式，因此，还存在着专业标准不统一、课程体系不健全、教材不完备等情况。

经过摸索，流行音乐教育的学科细分逐步明确。目前，流行音乐演唱、流行音乐演奏表演、流行音乐制作和流行音乐理论四大方向已在各个学校奠定基础，舞蹈、戏剧、音乐文学等专业也逐步在一些学校出现。如沈阳音乐学院先后开设了流行音乐歌曲分析与写作、流行歌曲旋律写作、爵士音乐史、中国流行音乐简史、西方流行音乐简史与欣赏、歌词写作、流行音乐与爵士乐和声、流行音乐演唱组合、流行歌曲多声部合音、器乐重奏、器乐合奏、器乐即兴演奏、MIDI 制作、录音实践（系建三座录音工作室）等课程。[③]

教材建设也得到不断发展，开始了统一的教材编撰。2003 年，著名词曲作家付林推出国内第一套流行音乐系统教材，内容包括《流行声乐演唱新概念》《流行声乐演唱教材》《流行歌词写作新概念》《流行歌曲写作新概念》《中国流行音乐 20 年》《西方流行音乐简史》共 6 本。[④]2008 年，北京现代音乐学院出版了首批流行音乐丛书；2012 年 5 月，该校又编撰出版《流行音乐文化概论》《流行音乐和声教程》《流行音乐节奏训练》《视谱唱词训练教程》四部流行音乐教材。[⑤]由于起步晚，与英美等流行音乐教育较为发达的国家相比，我国的流行音乐教育尚存在不小差距。而作为学校音乐教育师资来源的重要阵地，师范院校里的

[①] 参见王建元《从我国高校流行音乐教育现状谈流行音乐学科建设》，《南京艺术学院学报（音乐与表演版）》2007 年第 1 期。
[②] 参见李红艳《流行音乐要奔着专业教育走》，《北京日报》2006 年 6 月 19 日第 8 版。
[③] 参见曹洋《目前我国流行音乐教育现状之思考》，《乐府新声》2008 年第 3 期。
[④] 参见丁磊《付林推出国内第一套流行音乐系统教材》，《音乐周报》2003 年 3 月 28 日第 7 版。
[⑤] 参见边思玮《选秀时代下的中国流行音乐教育》，《中国文化报》2012 年 12 月 4 日第 8 版。

音乐学院在流行音乐专业领域则相对更加滞后。这也进一步造成了流行音乐在学校音乐教育研究方面的先天不足。

在 2010 年"第 29 届世界音乐教育大会"文化、教育与传媒政策委员会的专题会议上，与会专家探讨了"面对流行音乐文化的冲击，世界音乐教育界面临着同样的认识困惑和实践难题"①。美国波士顿大学罗纳德·P.科斯在《沉默的流行音乐文化：美国文化相关课程的政策障碍》的发言中，指出流行音乐文化在美国学校教育中所遭遇到的尴尬："尽管人们呼吁音乐教育和通识教育要吸收更多的流行文化，但实践中却很少落实……西欧传统的音乐艺术和以教师为中心的教学法仍是主流。"②

不难看出，流行音乐文化对音乐教育的影响是全球化的趋势，在这种情况下，加强对流行音乐的关注和重视，除了高校专业音乐教育，学校音乐教育也责无旁贷。在流行音乐文化影响下，在教育政策的进一步支持下，加大流行音乐相关的师资培训是中学音乐教育中亟待解决的问题。

二、动力：中学流行音乐教学师资亟待加强

在本书第三、四章里，我们考察了流行音乐文化对教师的挑战，发现不少教师流行音乐的素养比较欠缺。首先，缺乏对流行音乐文化和流行音乐教育正确的认识，对流行音乐文化的价值缺乏深入了解，简单地将流行音乐视为一种大众文化。其次，缺乏流行音乐文化学科系统的理论知识和实践知识，此类知识是零碎的、感性的、经验式的，并缺乏系统的主动的学习研究。最后，缺乏系统的流行音乐教学技能，表现出的与流行音乐教育相关的专业能力和教学科研能力都有待提高。因此，要大力加强对教师进行流行音乐课程资源开发的培训，使教师对流行音乐文化有一个全面、科学的认识与理解，树立平等的音乐文化观；使教师了解和掌握流行音乐课堂教学的相关学科知识和教学技能；让教师积极主动地投入流行音乐课程资源的开发中，并与学生共同成长。

由于当前高校对流行音乐课程缺乏系统的研究（高师尤其严重），再加上

---

① 李法桢：《共同的困惑：教育政策如何面对流行音乐文化——"第 29 届世界音乐教育大会"文化、教育与传媒政策委员会会议综述》，《中国音乐教育》2010 年第 10 期。
② 李法桢：《共同的困惑：教育政策如何面对流行音乐文化——"第 29 届世界音乐教育大会"文化、教育与传媒政策委员会会议综述》，《中国音乐教育》2010 年第 10 期。

学校音乐教育对流行音乐普遍重视不足。因此，目前中学流行音乐教学的师资培训还是个比较棘手的问题。一方面从长远的建设来看，中学应主动和高校流行音乐教育联手，获取专业系统的培训帮助；另一方面从现实的角度来看，学校更应支持和倡导教师自主地学习和研修。教师通过不断提升和自我学习，以自身对流行音乐教学的积极态度极大地感染中学生，促进他们更好地学习音乐、体验音乐。

笔者认为，在教育政策扶持和学校高度重视的前提下，加强流行音乐教学的师资培训应从以下三个层面展开。

（一）建立科学的流行音乐文化认识观

埃里奥特提出："音乐从本质上来说，是一种有意义的人类活动。"[1] 他认为音乐本来就具有多元文化的特性，是人类表达的方式（尤其是创造音乐的行为），应该将多元文化音乐教育视为人文主义教育，建立一种以实践哲学为基础的多元文化音乐教育，让学生在多种多样的音乐实践中受到教育并发挥作用。[2] 作为学校音乐教育的引导者，教师应该对深受中学生喜爱和推崇的流行音乐文化有一个客观全面的认识——从历史唯物主义和辩证唯物主义的视角进一步认识流行音乐，除了正确认识流行音乐的发展历史之外，还应对其重新进行功能定位，充分认识和把握流行音乐教育在审美、聆听、表演、创造和心理等方面的重要作用，并客观看待流行音乐给青少年和学校音乐教育带来的负面影响。"对它应该采取冷静的、分析的态度，与其批评它，判决它，不如认识它，阐释它。"[3] 在中学生喜欢流行音乐却没那么喜欢音乐课（调查中"同其他科目相比，仅有不到一半的学生更喜欢音乐课"便很好地说明了这个问题）的事实面前，如何从学生的兴趣出发，接纳、利用流行音乐这样绝好的资源，对有效培养中学生的音乐兴趣，提高他们审美鉴赏力、审美创造力和审美判断力，有着重要的意义和价值。

---

[1] ［美］戴维·埃里奥特：《关注音乐实践——新音乐教育哲学》，齐雪、赖达富译，上海音乐出版社 2009 年版，第 48 页。
[2] 参见［美］特里斯·M. 沃尔克《音乐教育与多元文化：基础与原理》，田林译，陕西师范大学出版社 2003 年版，第 9 页。
[3] 于润洋：《对流行音乐应取冷静的分析的态度》，《中央音乐学院学报》1993 年第 3 期。

(二)掌握一定的流行音乐文化专业知识技能

安迪·班尼特指出："流行音乐不仅仅是一种音乐风格和流派，还对个人和社会有着重大的意义。"[①] 对于中学音乐教育来说，流行音乐不仅是一种音响形式，更是一种社会音乐文化现象。作为音乐文化与社会之间重要的沟通桥梁，学校音乐教育必须重视流行音乐文化的功能和价值。因此，教师应在理解和尊重流行音乐的价值观、审美趣味及文化逻辑的前提下，进一步了解流行音乐的创作、演唱演奏理论和音乐史，掌握一定的理论知识。比如，对欧美流行音乐和中国流行音乐的发展历史进行系统的梳理学习，理解欧美和中国流行音乐的发展历程，以及重要代表人物等。这些对于建立科学的流行音乐文化观有重要作用。事实上，"学生对流行音乐的敏感性和快速反应能力远比音乐教师来得快……如果音乐教师只将教会学生唱流行歌曲做为己任的话，这种教育只停留在以往的"育才"的层面上，而忽视了"育人"目标"[②]。因此，还要求教师主动学习关于流行音乐的创作、表演、传播以及商业运作等各方面的知识，对流行音乐技术和创作方法、当代音乐产业运作模式等有一定的了解，从而真正理解流行音乐教学是一种综合了音乐艺术教学、社会文化教学等多项内容的复合型教学——不仅对于提高学生的流行音乐素养而大力推动流行音乐文化的发展，更对每一个社会中的个体有意识地选择音乐、构建自己的音乐生活具有重大的意义。

(三)加强流行音乐教学的技能训练

2011版课标提出："教师要不断提高音乐教学技能，用自己的歌声、琴声、语言和动作，将音乐的美传达给学生。"由于我国的音乐教师大多毕业于传统的音乐院校，没有受过流行音乐相关知识的专业训练，对流行音乐的认识和研究均处于不明朗的摸索阶段，在实际有关流行音乐的教学中也多处于"仁者见仁，智者见智"的状态。因此，重视流行音乐文化素养的同时，在师资培训的过程中，还应加强教师在流行音乐教学技能训练方面的力度。古语云："纸上得来终觉浅，绝知此事要躬行。"音乐教师应该认真研究教学法，并在自己的教学实践

---

① [英] A.班尼特：《流行音乐文化》，北京大学出版社2006年版，第149页。
② 高慧娟：《新课程背景下流行音乐与中学音乐课堂教学衔接初探》，硕士学位论文，河南大学，2011年，第41页。

中将流行音乐的表演、创作等知识有机结合起来。在熟悉流行音乐文化理论的基础上，也能娴熟地掌握相关演唱演奏技巧，能自信示范或创编流行音乐的节目。除此之外，教师还应在音乐教学中，和学生一起分析当前流行歌曲的基本结构、音乐要素、演唱风格，以及对歌词思想内容的评价，帮助学生更深入地学习他们喜爱的流行歌曲，进一步增强对流行音乐的理解力和鉴赏力。最为重要的是，教师不能仅仅停留在"教会"流行音乐的层面上，更为重要的是如何引导他们学会辨别、判断优秀的流行音乐的能力，授之以渔。

三、实践：课堂有效教学需要恰当的教学策略

美国音乐教育心理学家默赛尔（James L. Mursell）强调：在教学中学习者的态度非常重要，"有了参与者的态度就会去利用成功，人们是热望成功的，成功来到时，就会承认它并且重复它。所以参与者的态度的创造和保持，在音乐学习中是很重要的"[1]。从教学性质的视角看，音乐教学只是为学生的学习创造一种环境；而从学习者态度的视角来看，只有"参与者"的态度才能决定学生学习的成功与否，真正的音乐能力的发展必须通过"听赏、演出和创作"来完成。因此，教师在利用流行音乐教学时，除了受到个人的流行音乐能力水平制约外，还应考虑到各种因素，如学生的生理心理特点、学生的个性发展特点、学校的硬件设施等。因此，想真正实现音乐课堂的有效教学，必须采取恰当的教学策略。

（一）激发学生的学习兴趣：自主探究，互动共鸣

默赛尔提出："在音乐学习上，学习者的态度和兴趣对于决定他学会什么和学不会什么，远比他在那研究的范围里来回走的次数更重要得多。"[2] 他认为学习的发生，源于兴趣和态度。从学生的兴趣出发，充分调动学生的学习热情，让他们积极参与到音乐学习中来，这是有效教学的最重要保证。那么在教学中，如何才能激发学生的兴趣呢？不妨从"直接提出新问题""从旧知识中寻找与新

---

[1] ［美］詹姆士·L.穆赛尔、梅贝尔·格连：《中小学音乐课教学法》，章枚译，四川人民出版社1983年版，第54页。
[2] ［美］詹姆士·L.穆赛尔、梅贝尔·格连：《中小学音乐课教学法》，章枚译，四川人民出版社1983年版，第40页。

问题有联系的关节点，探索出新问题""从问题与生活的联系中寻找线索，增加问题解决的现实意义"①三个方面展开探索。音乐教师在进行课堂教学时，应主动了解当前流行音乐发展的情况、不同种类流行音乐的风格、最新的流行音乐动态、学生最感兴趣的歌曲和流行音乐活动，采用流行音乐元素以及借助流行音乐的社会效应来进行教学，和学生形成良好的互动模式，往往能取得事半功倍的效果。当教师在介绍、讲解或引用一首耳熟能详的流行歌曲时，学生对这首歌的了解和喜爱便成为教学最有力的支持前提。通过教师和学生的互动学习，以情促情，寻找"共鸣"，然后再通过学生的自主探究学习，就可以使学生很快地掌握更多的音乐知识和能力，不仅提高了学生的学习积极性，也达到了师生互动和学生自主学习的良好局面。

（二）选择灵活的教学方法：因材施教，兼顾全体

首先，教师应根据中学生的生理状况和心理需要，采取针对性的教学方法，以充分发挥流行音乐在中学生成长发展中的重要作用；其次，应把音乐教材与流行音乐有机结合，吸纳一定数量新颖优美、能引起学生共鸣的流行音乐，再结合音乐基础知识和经典音乐欣赏，使学生对教材中的艺术歌曲不再敬而远之；再次，除了在课堂上进行流行音乐的专题欣赏和课外的自我欣赏外，还可以在班级或学校举办流行音乐演唱比赛等活动，鼓励学生积极参加；最后，还可以鼓励学生通过对音乐要素、音乐创作背景、社会历史原因等角度的多维度比较，让同学们自己讨论流行歌曲与古典音乐之间的差异和相同，并进行一定的创编等。

在教学中，可以采用导入法、对比法、讨论法、表演法、专题讲解法等方法，对不同特点的学生做到因材施教。如对热衷于流行音乐的同学来说，教师可以鼓励他们在课堂上多表演或组织小乐队进行创作与演奏；对于音乐兴趣广泛的学生而言，通过流行音乐的丰富元素，包括节奏、旋律、和声、曲式、歌词、伴奏、演唱风格等进行分析，使学生学到全面的音乐知识；而对于热爱古典音乐和民族音乐的学生来说，教师可以通过流行音乐与古典音乐、民族音乐的融合进行适当的分析，挖掘流行音乐中的民族、古典文化元素，引导他们进行多

---

① 陈理宣：《有效教学策略探索》，《西南民族学院学报（哲学社会科学版）》2002年第6期。

元文化的音乐教育。但同时也应兼顾全体班级成员的总体水平，不能偏离音乐教育的"面向全体学生"的教学理念。

（三）选择合适的教学内容：科学选择，合理引导

当代流行音乐是一种涵盖面极广的具有高度融合性的音乐文化，作品的数量巨大。受其商业性、娱乐性、批量生产等文化特征的影响，流行音乐形成了一贯"来者不拒"的做法，也导致其作品的思想性、艺术性呈现出参差不齐、鱼龙混杂等特点。因此，教师有责任对流行音乐和学生特点做深入研究，把健康向上，适宜学生年龄特点、身心特点，具有一定思想性和艺术性的作品介绍给学生，并且把好的作品与粗劣的作品进行比较，使他们有一个更好的认识，从而提高他们的审美和判别能力，形成正确的审美观念。首先，这要求教师自身对流行音乐文化有客观的认识，既不戴有色眼镜，认为其低人一等，也不能忘记学校音乐教育的教育底线和历史使命；其次，由于每位教师的知识能力水平不同，对当代流行歌曲的了解程度也不尽相同，因此教师应在流行音乐文化中找到自己比较擅长、熟练掌握的部分，如演唱、演奏、舞蹈、创编或理论等；最后，教师在选择教学内容时，还应尊重学生的心理发展情况及其对音乐知识掌握的客观现实，一味地迎合或生硬地教学都是不符合教学规律的。

当前，流行音乐独特的审美范式、快速更迭性以及教师的教育背景决定了教师对流行音乐内容的选择难以有确定性，形成了莫衷一是的局面。综观当前音乐文化的发展现状，笔者认为，"流行音乐民族化、严肃音乐通俗化、通俗音乐高雅化"[①]的问题，应该引起中学音乐教育的重视。随着音乐文化的不断融合，流行音乐在课堂教学中的比重会越来越高，形成和民族音乐、古典音乐的相互渗透。因此，在遵循2011版课标教学理念的前提下，将流行音乐、民族音乐、古典音乐更好地融合在一起，应是教师未来在音乐课堂教学中把握的方向。

四、教学案例分析

"高雅音乐融艺术性和思想性于一体，是学校音乐教育最重要的内容。高雅

[①] 这是王思琦在其博士学位论文《1978—2003年间中国城市流行音乐发展和社会文化环境互动关系研究》中提出的观点。

音乐的丰富养分与教育价值只有在学生乐意接受的前提下才能实现。"[①] 也正因为如此，深受学生喜爱的流行音乐便有可能成为学生和学校音乐教育之间最直接的桥梁。在教学中，教师可以利用流行音乐这一绝佳的资源，将其与我国民族传统音乐、古典音乐、世界民族民间音乐结合起来，从而更好地吸引学生的兴趣，形成良好的教学效果。以下教学案例就较好地发挥了流行音乐的这种桥梁纽带作用。

（一）将流行音乐与我国民族传统音乐结合进行教学

教学案例 5-2 《多彩的民歌——高亢的西北腔》
教学设计

【使用教材】高中《音乐鉴赏》第二单元"多彩的民歌"之高亢的西北腔

【教学年级】高中一年级

【教学理念】民族因素与流行因素相结合，调动学生的积极性和主动性

【教学内容】

1. 欣赏《上去高山望平川》《刨洋芋》《脚夫调》
2. 音乐知识——西北民歌的基本特征

【教学目标】

1. 引导学生感受、体验西北民歌的地方风格，认识"花儿""信天游"等民歌体裁。
2. 引导学生探究有关民歌的基本知识，初步认识西北民歌的基本特征。

【教学分析】

本课是高中《音乐鉴赏》第二单元"多彩的民歌"之高亢的西北腔，本单元内容旨在引导学生感受、体验民歌的不同地域风格及不同的民族风

[①] 见"郭声健音乐教育博客"，是郭声健教授的讲稿提纲。

格，认识民歌中常见的一些体裁形式，进而认识我国民歌是我国传统文化中重要的精神财富，是世界优秀音乐文化中的绚丽瑰宝。

本课将主要欣赏学习西北民歌最具代表性的"花儿"和"信天游"。《上去高山望平川》是一首青海花儿，在全国各地颇具影响，声誉极高。《脚夫调》是陕北信天游中的代表曲目，表现脚夫的复杂心情。

【教学重点、难点】能按歌曲的旋律、节奏等特点分辨西北的民歌。

【教学课时】1课时

【教学准备】多媒体课件

【教学过程】

一、教学导入

1. 播放《超级女声民歌联唱》的视频

2. 学生欣赏超级女声演唱的几首民歌后，提问：你知道超级女声演唱的都是哪个地域风格的民歌吗？

湖北—龙船调；四川—康定情歌；台湾—阿里山的姑娘；安徽—凤阳花鼓

3. 引出课题：高亢的西北腔

二、教学新课

冼星海名言：民歌是中国音乐的中心部分，要了解中国音乐，必须研究民歌。

今天，我们就欣赏西北地域的民歌：花儿、信天游。

1. 欣赏《上去高山望平川》

（1）通过课件，让学生了解歌曲的简要介绍

《上去高山望平川》是一首青海"花儿"。歌词的寓意深刻，富于哲理性。

歌词：上去高山望平川，平川里有一朵牡丹；

看去容易摘去难，摘不到手里是枉然。

其旋律高亢悠扬、开阔起伏、舒展自由，显得大气磅礴。

（2）播放歌曲，学生欣赏

2. 欣赏《刨洋芋》

（1）学生浏览课件，了解歌曲介绍

《刨洋芋》表现了农民收获后的喜悦心情。歌曲用起兴的方法开始，而后又集叙事与抒情为一体，短小精悍，颇具隽永之艺术魅力。

（2）回答问题

这首歌曲的演唱风格是怎样的？心情如何？

（轻快活泼，风趣幽默；喜悦，乐观）

3. 欣赏《脚夫调》

（1）阅读歌曲简介

歌曲表达了脚夫赶脚时的那种寂寞惆怅、凄恻无助的心情。

（2）知识链接

什么是脚夫？

（所谓脚夫，即为挑脚之人，亦即用肩挑背磨搞运输的村夫。山洞里没有大米，更没有南杂百货之类的东西，有的只是柴竹树木之类及竹木制品。脚夫们把这类物资一担担挑出去，又把山外的日用品一担担挑进来，闭塞的村庄就靠了这管血脉才得以生存。）

（3）播放音乐，欣赏《脚夫调》

4. 音乐知识讲解

（1）西北民歌的基本特征

西北地区高原峥嵘，一望无垠的黄色土地，气候寒冷，必须与大自然做斗争，所以音调高亢、嘹亮，质朴中带着严峻和深沉。

其中"花儿""信天游"最具代表性。

（2）花儿

"花儿"是流行在青海、甘肃、宁夏的一种山歌。其基本特点是：旋律高亢、悠长，多用假声或真假声结合的方法演唱。

欣赏《花儿与少年》。

互动链接：

跟随录音，轻声唱一唱《花儿与少年》。

（3）信天游

"信天游"是流行在陕西、甘肃、宁夏的一种山歌。其旋律有两种类型：一种是节奏自由，旋律高亢辽阔、起伏较大的；另一种是节奏工整、结构严谨、旋律平稳、表达感情较为细腻的。

欣赏《信天游》李娜演唱。

互动链接：

你还知道有哪些具有西北民歌特征的通俗歌曲吗？

《黄土高坡》

三、拓展探究

1. 请你说说西北地区的地理、地貌、生活条件、人文环境等情况。

2. 你能说出一首采用了民族素材的通俗歌曲吗？

《花田错》（二胡、京剧）

课堂结语：以二胡为代表的中国民乐器也是中华传统文化中的瑰宝，下节课我们将欣赏的就是中国民乐。

教学案例 5-3 《唱脸谱》

教材分析

《唱脸谱》是人音社九年义务教育三年制初中音乐教材第三册第四单元中的一首京歌，也是整个单元中唯一一首与众不同的歌曲，这首歌巧妙地将通俗歌曲的演唱风格及伴奏手法与曲艺音乐、戏曲音乐融合在一起，它既是流行歌曲，又是京剧唱段。歌曲的曲式结构是不带再现的单二段曲体，歌曲的 A 段是通谱歌形式，包含四个乐句。曲作者将地道的老北京方言自然地融化在旋律中。依字行腔，韵味十足。歌曲的 B 段是分节歌形式，包含四个乐句。前三个乐句均为两小节，保持着结构的完整；第四句"黑脸的张飞叫喳喳"通过节奏的伸展和使用花脸托腔，将长度扩充为八小节。使全曲在高潮中完满地结束。歌词的第一部分借助一位女子的语气，阐述了外国友人对我国的"国剧"——京剧的美好印象。歌词的第二部分是一位男士对戏曲脸谱的侃侃而谈，惟妙惟肖地勾画出一张张"美佳佳"的脸谱。

教学设计

【教学目的】

1. 通过欣赏脸谱，使学生了解脸谱是中国京剧中的一种脸部化妆方式。

2. 通过学唱《唱脸谱》，让学生了解中国国粹与流行歌曲的巧妙融合，从而培养学生热爱民族音乐艺术的兴趣，进而热爱祖国的思想感情。

3. 通过画脸谱，引导学生体验音乐、美术这两种诉诸不同感官的艺术学科的结合，培养学生对综合艺术的审美感受。

【教学重点】

1. 了解脸谱知识，认识脸谱在京剧中的作用。

2. 在歌曲演唱中分辨不同脸谱的不同表现力。

教具准备：多媒体课件、钢琴、录音机、磁带、画笔、白纸等。

【教学过程】

一、赏析与导入——看脸谱

1. 组织教学：在京剧音乐声中开始上课

2. 资料展示：多媒体展示收集到的有关脸谱的知识

（1）脸谱的产生；（2）脸谱的颜色；（3）脸谱的样式。

二、活动与体验——唱脸谱

1. 新授引入

今天我们就一起来学习一首歌曲——《唱脸谱》（多媒体投影），了解一下歌曲中涉及的脸谱人物。

2. 歌曲范唱

（1）谈话：听完这首歌曲，你从中知道了哪些有关脸谱及人物的知识？

（2）学生自由谈。

3. 学唱新歌

（1）学生先在教师的钢琴伴奏中视唱旋律，然后随教师指挥一起唱。

（2）难点突破，前半拍休止。

（3）随钢琴唱词（体会京剧风味的流行歌曲的特点）。

（4）齐唱歌曲（加深情感体验）。

三、思考与创作——画脸谱

1. 欣赏：录音播放京剧唱段，学生思考剧中人物的脸谱可以看出他是什么形象

2. 创作：（背景音乐与播放京剧）

（1）学生在音乐声中分组画脸谱。

（2）在音乐中学生展示作品，师生共评。

四、反馈与小结——演脸谱

1. 学生戴自制脸谱唱歌曲，教师伴奏

2. 小结（多媒体投影展示）

今天，我们一起愉快地学习了《唱脸谱》这首歌曲，学到了许多京剧中的脸谱知识，认识到了祖国京剧艺术的博大精深，希望同学们在以后不要只欣赏流行歌曲，要多听听京剧，做一个热爱民族音乐艺术的人……

五、结束课业

在京歌《唱脸谱》音乐中学生走出教室。

以上两个教学案例分别体现了当前"流行音乐民族化"和"民族音乐流行化"的现象。教师对于教学内容中民歌、京剧与流行音乐的融合把握得游刃有余：前者选择比较有代表性的流行音乐，如以超级女声演唱的民歌作为导入，还选择"西北风"流行音乐的代表之作《黄土高坡》进行延伸教学；在教学中，选择了典型的能够代表不同时期音乐文化的民族性流行歌曲，而且数量并不多，给学生留下了自主学习和研究性学习的机会；最后的拓展还为下节课的学习留下了悬念，体现了教学的整体性和延续性。后者在京歌《唱脸谱》的学习中，通过看脸谱、唱脸谱、画脸谱、演脸谱等一系列的教学活动，为学生提供了充分的活动空间，调动了学生们主动参与的热情，使学生通过切身体验、尝试创造，学习了相关的传统音乐文化知识，实现了培养学生高尚思想情操和高雅审美情趣的目的。

（二）以流行音乐与古典音乐结合进行教学

教学案例 5-4 《永远的莫扎特》
教学设计

【教材分析】

《G 大调弦乐小夜曲》(第一乐章)是人音版音乐教科书七年级上册第五单元"金色乐章"中的内容。乐曲属于室内乐作品，可分为呈示部、展开部和再现部三部分。乐曲带有浓郁的那不勒斯风格和维也纳风格。使人感受到了清新明快，优美欢快的音乐氛围。

【教学目标】

1. 聆听《G 大调弦乐小夜曲》，学习管弦乐等知识。
2. 通过听"唱"舞等活动掌握乐曲主题，感受和体验乐曲的音乐情绪。
3. 把握乐曲的音乐风格，通过了解莫扎特的音乐作品，使学生热爱古典音乐。

【教学重点】

通过听"唱"舞等活动掌握乐曲主题，感受和体验乐曲的音乐情绪。

【教学难点】

把握乐曲的音乐风格，通过了解莫扎特的音乐作品，使学生热爱古典音乐。

【教学准备】

多媒体课件 钢琴

【教学过程】

一、组织教学：师生问好！

二、导入

播放 S.H.E 的《不想长大》的 MTV 视频，从而引出《g 小调第四十交响曲》。

设计意图：用学生喜爱的流行歌曲营造轻松的学习氛围，拉近师生的距离，放松学生的心情。

三、新课

1.《g 小调第四十交响曲》的主题情感体验

（1）播放《g 小调第四十交响曲》的第一乐章主题片段，提出问题（你们知道这首交响曲的作者是谁吗？）

生：莫扎特。

设计意图：拉近流行音乐与古典音乐的距离，使学生产生兴趣。

（2）了解莫扎特的相关资料

师：上节课我已请同学们去了解莫扎特的生平，现在我们来交流一下。

（3）播放《g 小调第四十交响曲》第一乐章主题的片段演奏视频，学生带着问题去欣赏

师：在我们对莫扎特有一个简单的了解之后，请同学们听听乐曲主要是由哪些乐器来演奏的？

生：大提琴，小提琴。

师：你们还注意到了哪些乐器？

生：圆号。

（4）学习有关管弦乐器的知识

小提琴属弦乐器，音色明亮优美。弦乐器家族还有大提琴、中提琴、低音提琴。圆号属管乐器。

设计意图：设计不同的问题引导学生有目的地去欣赏音乐，以提高学生的鉴赏能力，养成良好的欣赏习惯。

（5）引导学生通过图形谱来感受旋律美

师：好的音乐就像好的文章一样，结构非常清晰，我把这段音乐，用符号记录下来。伸出你们的手，跟着音乐一起来画一画吧！（学生跟老师一起边听音乐边画图形谱）

设计意图：简单的图形谱能有效地帮助学生倾听音乐，为后面让学生

发现音乐的对称结构埋下伏笔。

（6）通过提问引入下一环节

师：非常棒！请大家比较一下，刚才这段旋律在歌曲中的表现力和在管弦乐中的表现力，哪个更丰富？

生：管弦乐。

师：接下来我向大家推荐另一首同样经典的《G 大调弦乐小夜曲》。

2.《G 大调弦乐小夜曲》的风格体验及整体感受

设计意图：采用齐唱、分角色、分声部合唱等多种手段帮助学生理解音乐，培养学生敏锐的听觉感知力，引导学生参与音乐体验，培养合作意识。

（1）欣赏《G 大调弦乐小夜曲》的呈示部主部主题

（2）出示多媒体曲谱，通过听、唱、舞等活动与学生进行交流，完成声部接龙

（3）欣赏《G 大调弦乐小夜曲》的呈示部副部主题

设计意图：培养学生的观察能力，并引导学生关注音乐。

（4）欣赏《G 大调弦乐小夜曲》的展开部，引导学生关注音乐调性

（5）播放《G 大调弦乐小夜曲》的完整演奏视频

设计意图：引领学生完整欣赏作品，充分体验作品的魅力。

（6）播放与聆听莫扎特的其他音乐作品

师：古典音乐是天才的音乐，莫扎特就是一位音乐史上的天才。他和他的音乐一直是乐坛的神话，他的音乐家喻户晓，深深拨动着亿万人的心弦。下面我们来浏览一下莫扎特其他的音乐作品。

3. 师生评价

设计意图：提升课的立意，为学生终身喜爱和享受古典音乐奠定基础。

师：通过这短短的一节课的学习，同学们对莫扎特和他的音乐有了些什么认识？

学生一：莫扎特的音乐都很优雅。

学生二：莫扎特的音乐都显得高贵。

学生三：莫扎特的音乐给人以震撼。

师：流行音乐与古典音乐，哪个会一直传承下去？

学生们：古典音乐！

四、课堂小结

师：古典音乐是丰富的音乐宝藏，是音乐家创作流行音乐的灵感和无尽源泉。古典音乐一直会传承下去！同学们今后要多关注古典音乐。莫扎特是永远的，让我们在真正永恒的旋律中结束今天短暂的一堂课，暂时和古典音乐说声再会。下课！

五、教后感

在这节课的设计上，我主要把握几点：

1. 以学生为主体。在教学过程中我注意时刻以学生为主体，引导学生全方位地参与音乐活动，通过听、唱以及肢体语言使他们感受音乐语言的魅力。

2. 以听为中心。音乐是听觉的艺术，在音乐教育中，训练和培养学生良好的听觉感知，发展音乐思维是我这堂课努力想做到的。

3. 从社会现象中学会思考。音乐课程的教育效应不仅仅在于知识和技能，更重要的是要使学生对与音乐相关的社会问题进行思考，从而起到净化心灵、提高修养、完善人格的作用。我关注的是学生不仅仅要喜爱健康的流行歌曲，更要从古典音乐中汲取营养。

以上这些教学案例体现的是中学音乐教学中古典音乐与流行音乐元素的巧妙结合。"在商品经济时代，如何在雅俗之间架起一座桥，是艺术家和音乐教育工作者都在思考的问题。"[①]古典音乐与流行音乐并不是冲突的，而且两者还具有相当的渊源和联系，"流行音乐高雅化""高雅音乐通俗化"也是当今音乐文化的发展趋势：很多古典音乐在不少音乐家手中进行了革新，运用流行音乐的形式或者在演绎时加入流行的元素，以一种全新的面目出现，如理查德·克莱德曼的古典钢琴曲、中国器乐组合女子十二乐坊等；也有不少流行音乐借助古典音乐的元素提升艺术内涵，如以上教案中的S.H.E《不想长大》、胡彦斌的《婚礼进行曲》、周笔畅的《倒叙的时光》、周杰伦和方文山创作的"中国风"歌曲等皆是如此。古典音乐与流行音乐的有机结合是拓宽中学生音乐文化视野，发

[①] 刘智强编：《音乐与人生——音乐家、艺术家格言》，人民音乐出版社1992年版，第25页。

展音乐听觉与欣赏能力、表现能力和创造能力的重要途径。

（三）以流行音乐与世界民族民间音乐结合进行教学

教学案例 5-5 《走近非洲》

教学目标	了解歌曲的特点，以积极的态度参与音乐实践活动
	感受非洲音乐民间歌曲的风格特点，体会歌曲的丰富艺术感染力
	用欢快、热烈的情绪演唱刚果歌曲，进一步感受非洲音乐鲜明特点，以及与现代音乐的联系
教学重点	学唱歌曲《咿呦嘞啦》，感受非洲歌曲一领众和的特点
教学难点	歌曲《咿呦嘞啦》的节奏特点
教学方法	运用现代化教学手段——自制的多媒体课件
	运用现代化教学手段——自制的多媒体课件。
	充分发挥音乐综合课的特点，引导学生进行多渠道参与和感受音乐
教学准备	多媒体、课件
教学过程		
教学过程	教师主导活动	学生主体活动	设计意图
组织教学	导言：非常高兴今天能在这里同大家一起走进音乐世界，你们喜欢什么风格的歌曲？ 师：既然大家这么喜欢流行歌曲，我给大家带来了一首潘玮柏的《快乐崇拜》，会唱的同学让我们一起唱起来吧！	学生列举自己喜欢的歌曲及歌星。 师生同唱	以学生喜欢的流行歌曲导入，吸引学生的学习兴趣，创设一种听赏的情景，为欣赏歌曲做好铺垫
导入新课	师：从你们的歌声中我听出来，流行歌曲深受大家的青睐，但是你知道它源自什么音乐吗？今天让我们共同走进那遥远而神秘的非洲 Music	聆听歌曲谈感受	注重感受，从音乐要素入手，培养音乐审美、音乐联想的能力

续表

教材	人民音乐出版社	年级	初一
鉴赏初听歌曲《咿呦嘞啦》	师:"能告诉我你的感受吗?可以从四个方面来谈,旋律、节奏、情绪、音乐形象或音乐情绪,你听到这样的音乐想到了什么?" 师:就刚才我提出的问题能和我聊吗?(教师在每个学生谈完后都要给予评价或总结) 小结:大家基本用自己的语言已总结出了歌曲的特点。旋律上起伏较小节奏很自由、原始,像一个人在哼唱,伴奏单一粗糙修饰少以鼓为主,创设了一种悠闲自由自在的田园式的生活情境…… 简介歌曲背景:这是来自非洲刚果的歌舞曲《咿呦嘞啦》,它出自一位来华在中央音乐学院学习的刚果电视台主持人穆旺当卡先生,在向学生传授刚果歌舞曲时的现场录音,这是其中一首	各抒己见、畅所欲言 歌词有很强的即兴性好像是在自言自语,表达生活在大自然中的惬意心情。	师生互动,充分调动学生参与课堂的兴趣。 对比赏析突出非洲音乐的特点,关注现代音乐与非洲音乐的联系。 营造民主、平等的课堂氛围,对学生自信起到良好的促进作用。
欣赏加纳歌舞曲《巴玛亚》	师:我还带来一首加纳的歌舞曲,听一听它们有什么不同之处?可以从刚才谈到的音乐要素的角度进行比较。(用第一乐句举例说明节奏规整、旋律感强) 歌曲完整、节奏复杂多变、配器丰富华丽、旋律激情火爆、原始中显露着时代时尚的气息,尤其是那强劲的鼓声令人难以忘记,就像敲打在我们的心弦上 简介歌曲《巴玛亚》 师:这是一首被称为"高级生活"的西非现代歌舞曲,结合了当地传统乐和美国黑人音乐的特点,运用传统的节奏,使用各种爵士乐器,有时还加上传统木琴和非洲鼓。乐曲节奏很复杂而且十分强烈,已经融入了欧洲现代音乐的元素	学生答:节奏感强富于变化、一领众和的演唱形式、配器丰富现代音乐的元素混合。 学生回答。 旋律感强,节奏整齐而且有变化,速度快,配器上加了电声乐队,丰富华丽	理解歌曲《巴玛亚》与《咿呦嘞啦》的异同。 让学生学会从音乐要素的角度感受音乐、鉴赏音乐、理解音乐。 小结歌曲特点。 感受现代与传统的融合

续表

教材	人民音乐出版社		年级	初一
学唱歌曲《咿呦嘞啦》	导言：我们就用这种现代气息的音乐元素将《咿呦嘞啦》重新演绎。 教师激情范唱（第一遍） 师：同一首歌两种演绎形式，给人以全新的感觉由不喜欢到喜欢，这足以说明音乐的魔力所在。你们愿不愿意和我品尝一下非洲音乐味道呢？ （第二遍加鼓的伴奏） 师：非洲的一些地区人们生活很难过，但他们仍然没有放弃对音乐的追求，随处拿来废弃的油漆桶也能敲打出音乐。同学们寻找你身边的音源，看看谁有一双敏锐的耳朵能听出并能模仿出节奏的变化，让我们尽情地敲打。（注意强调学生的强弱和音量的控制）打出第二乐段的节奏型并给予强调 1. 节奏练习（出示课件）4/4 师：同学们绝对具有音乐天赋，节奏击打准确。其实我们在伴奏中已经击出歌曲第二部分的节奏了，能和我再来一遍吗？ 夸张地做呼吸状表示弱起的效果，强调重音的位置，反复练习，纠正不准确的地方，及时给予鼓励、表扬。 师：让我们共同学唱歌曲，大家从歌谱中看出歌曲具有一领众和的特点，那么我来领唱，大家合唱好吗？ 小结 师：同学们的演唱非常投入，看来大家已被这浓郁的异域风情感染并陶醉了，也同时感动了我。动感的音符、火爆的节奏，给古老的刚果民歌注入了新的活力，也使新时代的你们喜爱上它，这就是音乐的魔力所在！	击掌，敲打桌子。 歌曲学唱 1）第一部分、第三部分 突出一领众和的特点。 教师领唱。 学生合唱。 先唱歌词在音准不准的情况下，边弹琴边用手势纠正音准并视唱。 2）第二部分 击掌RAP说唱 3）随伴奏演唱，体会一领众和的歌曲特点 区别相似旋律视唱：注意单位拍。 A. 3 - 2 3 1 - - - B. 3 - 1 2 1 - 0 0 C. 3 - 2 3 3 - - - 4）演绎歌曲 第二部分唱出来 教师领 学生和 分角色 男女领和 学生代表领和 律动 击掌强弱各一次 身体随音乐左右摇摆 完整演唱 师生同乐			运用多种形式、方法使学生体会歌曲节奏特点，尽快熟悉歌曲，进而学习歌曲、演唱歌曲。 采用节奏练习、视唱法，解决难点：弱起小节。 共同体会演绎非洲音乐的情绪，火爆、热烈、狂野，节奏有疏密，力度有对比，感受强烈的舞蹈性，体会一领众和的特点。 扎实音乐基础知识的教授，不走形式

续表

教材	人民音乐出版社	年级	初一
灵感的延伸	导言 当今国际流行乐坛，黑人音乐已呈现出势不可当的趋势，尤其是近几年风靡世界的说唱音乐，就是非洲音乐发展的分支产物。你们能告诉我你知道这种风格音乐的代表歌手或者他们的作品吗？ 师：我国内地原创音乐也受到了这种风格的影响，相继出现了许多歌手和作品，尤其是2006年度获得内地最受欢迎组合奖的凤凰传奇更是中西合璧典范，我们来回味一他们的成名作。 播放歌曲《月亮之上》 现代的音乐呈现出多元化的趋势，强劲的电声乐队演绎的却是极富民族性的旋律，火爆的节奏敲打着时尚的音符，动人心弦的说唱讲述着时代的流行，似乎点滴中流淌着来自古老非洲音乐的元素	听赏歌曲《月亮之上》 学生列举歌曲听赏讨论 积极发言 迈克尔·杰克逊《颤栗者》(THRILLER) 《拯救地球》(Heal the World) 周杰伦《双截棍》 陶喆《爱我还是他》	使学生了解非洲音乐离我们很近，尤其在他们喜欢的流行歌曲中，拉近和学生的距离从而产生共鸣，收到意想不到的教学效果
小结	随着时代的变迁音乐有了惊人的变化，但震撼心灵的那段依然留在音乐中。民族的就是世界的！		

世界民族民间音乐是音乐文化重要的组成部分，也是流行音乐最重要的来源之一。其中来自非洲的黑人音乐是当代美国爵士乐的前身，对爵士乐和当代流行音乐的发展有着深远的影响。教师抓住了非洲黑人音乐和流行音乐中的Rap（有节奏地说话的特殊唱歌形式）在节奏等音乐要素方面的联系，让学生从音乐要素上进一步感受音乐、鉴赏音乐、理解音乐，并运用多种形式、方法，使学生体会歌曲的节奏特点。教师充分考虑学生的年龄特点，尊重学生对音乐的独特感受，用教师充满激情的语言和生动的范唱给学生以情绪的熏陶和感染，通过师生合作、生生合作的方式让音乐贯穿于整个课堂，使看似很遥远、不熟悉的非洲音乐一下子拉近了与学生的距离，在享受音乐的过程中，也潜移默化地培养了学生的音乐兴趣、音乐素养。

第四节　形成教育合力，构建"三位一体"合作模式

在深化教育改革、全面推进素质教育的背景下，学校音乐教育成为实现美育和素质教育的重要途径。当我们重新审视学校音乐教育在实施素质教育中的作用时可以发现，教育环境对学生的影响至关重要。从广义上说，这种环境不应只限于学校，也应包括家庭和社会——青少年良好的音乐审美观及审美能力的形成，是家庭、学校和社会教育综合影响的结果。尤其是在当今中学音乐教育受到流行音乐文化严峻挑战的现实情况下，中学生的教育环境受到进一步重视。这种环境"实质上是影响人的学习生命存在及其活动的各种文化因素的总和"[1]，既包括学校音乐环境，也包括社会音乐环境和家庭音乐环境，三者密切相关，互相影响。

杨雄等人在研究中阐述了爱泼斯坦（Epstein J. L.）的"三位一体"的教育模式（见图5-4），提出：学校教育、家庭教育与社会教育在整个教育系统中既有不同的分工（即非阴影部分），也有所扮演角色的交叉（即阴影部分）。其中A是学校与家庭教育合作的可能领域；B是学校与社会教育合作的可能领域；C是家庭与社会教育合作的可能领域，D则是学校、家庭和社会教育的交叉领域。[2] 在流行音乐文化的影响下，学校音乐教育面临着严峻的挑战，需要及时作出应对。当前迫切需要解决的问题，是如何构建立足于我国国情、更具开放性的学校音乐教育体系，必然要求学校、社会与家庭在音乐教育中各司其职，努力构建起音乐教育"三位一体"合作模式。

---

[1] 黄甫全：《当代教学环境的实质与类型新探：文化哲学的分析》，《西北师范大学学报（社会科学版）》2002年第5期。

[2] 参见杨雄等《关于学校、家庭、社会"三位一体"教育合作的思考》，《社会科学》2013年第1期。

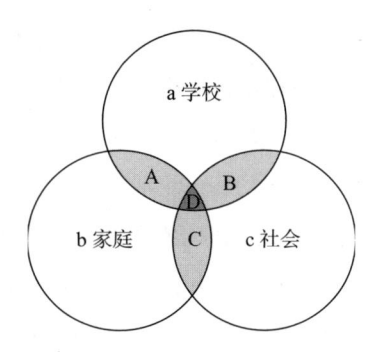

图 5-4　学校、家庭与社会教育三结合的框架图

一、构建"三位一体"合作模式的意义

"教育系统由学校教育、家庭教育与社会教育三个子系统构成，它们分别居于不同的位置，发挥着不同的功能和作用，彼此之间应是相互独立却又联系紧密。三个子系统的教育目标取向的出发点和归宿是基本一致的，教育内容是互补的、互为依托的，在教育的方法和途径上也是殊途同归的。"[①] 对于音乐教育而言，我国当代音乐教育体系应包括学校音乐教育、社会音乐教育、家庭音乐教育三部分。其中，学校、家庭和社会同样各自承担着不同的教育职责，三者之间既有分工，也紧密联系。

（一）学校、家庭、社会三者的教育职责和差异特点

在流行音乐影响下的青少年成长发展过程中，学校、家庭和社会，三者各自承担着不可替代的教育职责，也存在各自的差异特点。

第一，学校是音乐教育的主要阵地。学校音乐课设置了系统的音乐教育内容，有标准化的教材，还有经过专业训练和具有一定教育经验的音乐教师，实施有目的、有计划、有组织的音乐教学，并表现在排除和抵制来自社会或家庭的某些消极因素，如 20 世纪八九十年代的"流行音乐不准进课堂"等。由此可见，学校音乐教育具有一定的规律性和可调控性。但是，学校的办学条件、育

[①] 杨雄等：《关于学校、家庭、社会"三位一体"教育合作的思考》，《社会科学》2013 年第 1 期。

人环境、教学理念等也存在着差异，因而也导致了音乐教育效果的差异。在流行音乐的冲击下，部分学校还存在如教师知识不完善、教材质量不高、教学形式单一等诸多问题，例如教育政策的革新滞后于教学实践的发展理念，教师的教育经历滞后于现实教学，学生的音乐生活世界和音乐学习世界被人为割裂。如何建立更加开放的系统已经成为当前学校音乐教育面临的严峻而迫切的挑战。

第二，家庭是音乐教育的基石。中学生最先接触的教育者和教育空间就是父母和家庭。家庭成员如父母的受教育程度、音乐偏好、教育价值观、家庭经济基础、家庭氛围等都会直接影响到青少年的审美品位和音乐习惯。因此，家庭音乐教育是一切音乐教育的基石。在青少年不断成长的过程中，家庭的影响力会逐渐减弱，但不会中断，具有终身性的特点。我们在第四章里，已经了解到父母出于"望子成龙"的心态，在当前家庭音乐教育中存在一种奇怪悖论，即家长不反对孩子喜欢流行音乐（甚至自己也喜欢流行音乐），却强迫孩子去学习兴趣不大的古典民族器乐等所谓的高雅音乐。事实上，这种要求和愿望并不符合每个学生自身的发展规律。在这种功利化的教育价值观的影响下，喜欢流行音乐的中学生，不得不违背自己的意愿和兴趣投入文化知识或高雅音乐（以器乐为主）的学习中，对其心理造成了一定的负担。

第三，社会是音乐教育的大"课堂"。每一个公民都有学习音乐、享有音乐的权利，社会音乐教育渗透着"终身教育"的理念。随着社会的不断发展，社会音乐教育对学校音乐教育产生的影响和冲击日益加深。对于青少年而言，社会更像一个音乐文化的大"课堂"——以流行音乐为主的社会音乐占据了他们校外音乐学习的大部分时间，中学生能直接接触到电影、电视、广播、书刊、互联网、手机、KTV里面的音乐内容，以及周边群体的音乐行为习惯。这些潜移默化的影响因素，对一个在情感、态度、价值观形成时期的中学生来说，具有重要的意义。当以流行音乐为主的社会音乐在不自觉中承担了社会音乐教育的功能时，即意味着社会为青少年和其他人群提供了一种相对于学校音乐教育成本更低的大众音乐教育。但社会的复杂决定了它在自律性、可控性方面比较弱，社会教育的自身矛盾现象还不能适应社会发展的方向性要求。因此，当社会上过度商业化、娱乐化的流行音乐泛滥时，便会对青少年价值观和学校音乐教育产生消极的影响。因此，社会在音乐教育中所扮演的是复杂多变的大"课堂"

角色，具有"开放性、自发性、从众性、功利性"[①]特点。

（二）构建音乐教育"三位一体"合作模式的意义

笔者认为，在流行音乐文化的影响下，青少年的成长和发展离不开学校、家庭和社会的通力合作，三者不是完全独立的，而是在主次的互动中完成对个体的音乐教育。因此，"三位一体"合作模式对于音乐教育来说，也具有重要的适用价值和意义，主要体现在三个方面。

第一，"三位一体"的合作模式符合音乐教育发展的规律。由于科学技术的迅猛发展，传播媒体的更新换代，青少年接受音乐教育的渠道由过去单一的学校已扩展到家庭、社会不同层面，传统音乐教育的学校"围墙"早已坍塌，不复存在。综观世界各国的音乐教育发展，总体上呈现出三大趋势：一是从提倡知识技能的学习，转变为倡导音乐文化学习的理念；二是对现代科学技术多媒体的广泛运用，成为音乐教育"现代化"的标志；三是进一步完善音乐教育的"人本化"特征。关注、研究人的全面发展，关注青少年的生活世界和生命意义。

第二，"三位一体"的合作模式是和国际音乐教育接轨的需要。从历届国际音乐教育学会国际会议的主题来看，"音乐在学校与社会教育中的地位和作用""青少年生活中音乐的作用""作为终身教育的音乐教育"[②]等议题重点讨论了学校音乐与社会音乐、生活音乐、终身音乐的衔接，此类主题提倡音乐向大众化、社会化、生活化和终身音乐方向发展，提出学校音乐应向家庭和社会延伸，形成开放的音乐教育网络，为学生参加音乐活动创造良好的环境，促进学生全面发展。

第三，"三位一体"的合作模式是实现公民音乐教育终身化的保障。终身学习、终身教育是当今世界现代教育中一个重要的教育理念。在公民成长的不同阶段，虽然音乐教育环境会发生不同的变化，如从学前走向学校、从学校走向社会等，但整个大环境本身会一直伴随学生终身，学校、家庭、社会在主次的

[①] 陈颖：《试论学校音乐教育与社会音乐教育之存在关系》，《南京艺术学院学报（音乐与表演版）》2009 年第 2 期。
[②] 分别为国际音乐教育学会第一届、第二届、第六届、第九届、第十二届国际会议的主题，文中只列举三个。

互动中完成对个体的音乐教育，分别依次扮演着重要的教育者角色。从这个意义上讲，"三位一体"的合作模式为实现公民音乐教育的终身性提供了保障，促进了个体健康个性及心理的塑造和良好人际关系的养成。

二、构建"三位一体"合作模式的设想

音乐教育"三位一体"合作模式中，作为教育主体的学校、家庭与社会，三者都是音乐教育的重要组成部分。在流行音乐文化的影响下，学校音乐教育如何联合社会音乐教育和家庭音乐教育的力量，使三者形成合力，推动音乐教育的深入开展，变"封闭式"为"开放式"的教育，是值得思考和探讨的问题。因此，我们这里构想的"三位一体"合作模式主要指以学校为本的三结合教育。

（一）转变观念，打通渠道

首先，转变"音乐教育仅仅是学校教育"的观念，建立音乐教育是学校、家庭、社会通力合作的大教育观。应改变过去学校音乐教育的封闭状态，将音乐教育放在特定的经济和社会发展大背景中，使学校与家庭、社会相互结合，学校、家庭、社会应各司其职，营造一个好氛围、一个大环境，形成全社会重视音乐教育的合力。尤其是对待以流行音乐为主的社会音乐环境，学校和家庭更应敞开胸怀，正视其价值和影响。

其次，转变"音乐教育主要是音乐教师的职责"的观念。在促进人的全面发展的音乐教育观下，学校、社会、家庭都是音乐教育的重要渠道，不能忽视家庭和社会应尽的责任，而把全部教育责任推给学校，这既是不公平也是不现实的。学校音乐教育应该放下身段，主动与家庭、社会音乐环境联手，形成合力，三者在音乐教育过程中发挥各自的优势，从不同侧面影响青少年的成长。

（二）发挥优势，各司其职

让青少年健康成长是我国基础教育领域的一场深刻变革，不仅仅是教育部门的事，更应该是全社会共同的职责。

首先，学校是实施音乐教育的主阵地，承载着各种流行音乐文化意涵的传播媒介已经成为中学生音乐观及价值观的最重要来源。教育工作者如何建设性

地面对和处理流行音乐文化与学生们的关系已变成不能忽视的教育新课题。一方面，应加强青少年的媒体素养教育。已有研究表明，在青少年接触媒介时，如果得到成人及时、正确的指导，儿童就能从媒介中获得许多有益的帮助。[①] 因此，加强青少年的媒体素养教育，能够促进他们对媒体内容的理性思考，促成他们对媒体批判能力的养成。另一方面，应建立更开放的音乐教育系统。学校应转变观念，在理性审视流行音乐的积极和消极双重效应前提下，积极联合社会和家庭，主动引导青少年走进流行音乐，了解流行音乐，并找到流行音乐与学校音乐教育体系中古典、民族音乐的最佳契合点，才能使学生将经典音乐文化整合到自己的知识结构与行为体系中。

其次，家庭是实施音乐教育的重要资源。家庭对子女的教育影响是终身的。在当前流行音乐文化的大背景下，家长应提高对流行音乐和音乐教育的认识，共同承担对孩子的教育责任，使其提高音乐文化的鉴赏品位，身心得到健康全面发展。一方面，家长们应不断调整自己的音乐知识储备和音乐文化积累，利用闲暇时间收集积极有益、贴近时代的流行音乐文化资料，加强与孩子在流行音乐方面的交流与沟通，与他们共同讨论流行音乐中的热点、焦点问题，引导孩子正确看待身边发生的社会音乐现象，如《超级女声》《中国好声音》中某些选手一夜成名的现象。另一方面，家长不能以爱的名义对其音乐教育的人生进行主宰绑架，更应该尊重、相信孩子的选择和判断，并在信任的基础上为其作出一定的指引。郭声健教授在他的一篇短文《别以爱为名义主宰孩子的人生》[②]里，详细生动地记载了他和儿子在其报考专业问题上争执和和解的过程。这是一篇充满正能量的家庭音乐教育文章，也启示了父母在音乐教育中应承担的基本责任——发现并塑造孩子的优势，而不是埋没或否决它。

最后，社会音乐教育是学校音乐教育的延续和补充，没有社会音乐教育参与的音乐教育不是完善的教育。社会是流行音乐最重要的阵地，同时也担负着教育青少年的重任。在流行音乐无处不在的当今社会，有关部门应该重视教育责任，分工合作，充分行使自身的权利：如社会文化宣传部门应进行严格控制，

[①] 参见陆士桢《网络为何能左右青少年的成长——透视网络与青少年发展的关系》，《中国教育报》2005 年 9 月 19 日第 5 版。
[②] 郭声健：《别以爱为名义主宰孩子的人生》，《守望音乐教育》，暨南大学出版社 2013 年版，第 262—265 页。

让更多积极的、正面的流行音乐传播于社会之中，进入青少年的生活中；社会文化监管部门应该对那些具有消极影响的、缺乏文化底蕴和审美价值的音乐形式和活动加强管理，从源头上消除其对青少年产生不良影响的可能；社会大众传媒则应提高鉴别力，弘扬优秀文化，使青少年能欣赏到真正优秀的流行音乐；同时，对于那些有可能对中学生产生误导作用的"一夜成名"造星现象的宣传，应该有所节制，以减少负面影响。

学校音乐教育、家庭音乐教育和社会音乐教育各有特点，相互补充，互通有无。三者应遵循教育教学规律，统筹兼顾，重点突出。在以学校为本的"三位一体"合作开展音乐教育的过程中，任何一方的失误都可能造成青少年成长过程中的问题。因此，学校、家庭、社会三者应既相对独立又彼此联系，既分工不同又互促互进，从而真正承担起青少年全面发展的教育责任。

结　语

本书研究的核心问题是"流行音乐文化影响下的中学音乐教育"。从流行音乐这一特定的文化现象入手，在梳理我国"流行音乐进课堂"历史沿革的基础上，考察了流行音乐文化影响下的中学音乐教育现状，全面分析了流行音乐文化对当前中学音乐教育的挑战，并对流行音乐文化影响下的中学音乐教育改革与发展进行了探索与思考。

一、认识要点及研究成果

第一，中学音乐教育应客观认识流行音乐文化的正面价值，同时也要严肃应对其负面效应。

流行音乐文化在中国当代的发展经历了四个时期：复苏与萌发（1978—1985）、发轫与崛起（1986—1989）、繁荣和衰退（1990—1999）、多元与融合（2000—2015）。在整个发展的过程中，我们不难发现，流行音乐文化对青少年的影响从无到有，由小到大，都是伴随着大众媒体的变革和发展而进行的。流行音乐充分利用现代科学技术和大众媒体，以大规模批量化生产的音乐磁带、唱片，到卡拉OK、MTV，再到互联网，以及报纸刊物、电视、广播、演唱会等各类途径传播，成为对青少年影响至深的社会文化现象。

在市场经济中逐渐商品化、娱乐化的中国当代流行音乐，在具有其正面功能和价值的同时，负面效应也日益凸显。从学校音乐教育的视角分析，流行音乐文化具有审美育人的核心价值，突出表现为培养和提升青少年群体的审美感知能力和感性素质；还具有传承时代文化和传统民族文化、促进人际交往、提升青少年创造力等延伸价值。但作为市场经济社会中过度商品化、娱乐化的流行音乐，潜在负面效应也不容小觑：它使学校音乐教育"通过教育学音乐"的传统地位不再，"通过音乐教育人"的理想受到严重打击，审美的趋同性也影响了青少年的创造力和审美观。因此，中学音乐教育在正视流行音乐文化价值的同时，也应严肃应对其负面效应。

第二，流行音乐进入中学音乐教育具有一定的理论基础和现实依据。

在流行音乐文化的影响下，我国中学音乐教育中的流行音乐教学，作为一种教学活动和教学实践，与我国的音乐教育现实紧密相连、息息相关，有着其发生、发展的理论基础与现实依据。

本书主要从音乐教育哲学、音乐教育心理学和流行音乐与青少年文化三个方面分析了流行音乐进入中学音乐教育的理论依据：埃里奥特的实践音乐教育哲学观为"流行音乐进课堂"的研究奠定了理论基础，指明了发展方向；默赛尔的音乐教育心理学理论为"流行音乐进课堂"的教学策略提供了科学依据；班尼特的流行音乐文化观揭示了流行音乐与青少年学生的密切关系，体现了"流行音乐进课堂"的可行性与现实意义。流行音乐走进中学音乐教育的现实依据主要体现在两个方面：其一是国际音乐教育学会对多元音乐文化的提倡和发展，以及国内政府教育行政部门教学文件的相继出台；其二是流行音乐逐渐进入中小学教材和教育部门主流价值观视野的现实。

第三，我国现阶段流行音乐文化影响下的中学音乐教育现状尚存在不少问题。

本书通过对广州市四所中学"流行音乐进课堂"现状的调查和分析得出：流行音乐文化对中学音乐教育造成了不小的冲击。流行音乐虽然已经走进教材，走进了音乐课堂，并且取得了一定的教学效果，但仍存在如下问题：

其一，教师层面。首先，教师的教育观念存在偏差。主要体现在深受"欧洲音乐中心论"影响，对"以学生为主体"教学观存在片面理解，对流行音乐文化内涵和流行音乐教育缺乏科学认识和审视等方面。其次，教师的知识储备不足。体现在流行音乐学科知识缺失，有关流行音乐的教学实践知识欠缺等方面。最后，教师的流行音乐教学能力有待提高。主要体现在流行音乐教学专业技能薄弱，与流行音乐相关的教学科研能力不足等方面。

其二，教材层面。主要表现为现有音乐教材中流行音乐的内容相对滞后和偏少，以流行音乐文化为内容的校本教材等课程资源开发不足。

其三，教学实施层面。音乐教师对于"教什么"和"怎么教"的问题争议较大，没有形成定论以及可供参考的范本。体现在教学内容上，大多是出于教师经验的教学内容选择；在教学方法上，教师们对于如何进行流行音乐教学大多感到困惑，没有形成共识。

其四，音乐活动层面。首先，课外音乐活动形式相对单一，趋同化现象严重；活动内容的审美趣味存在学生的开放与校方的保守之间的矛盾；流行音乐虽遍地开花，但真正属于校园的歌曲却难觅踪影。其次，校外音乐活动表现出家庭音乐教育目标与现实的悖论现象，导致中学生的音乐生活世界和音乐学习世界被人为割裂。

第四，在流行音乐文化的挑战下，我国应构建更开放的中学音乐教育体系。

通过对"流行音乐进课堂"现状的审视，我们可以看到中学音乐教育在教学理念、师资队伍、教材、教学实施、课外教学活动等各方面与当前世界音乐文化不断融合的发展趋势不相适应。我国的中学音乐教育应顺应时代发展，努力转变观念，重视理论研究，努力构建立足于本土、更具开放性的中学音乐教育体系。主要可以从以下四个方面展开：

其一，转变教学观念，构建新型课堂模式。教师应摒弃"欧洲音乐中心论"，平等看待包含流行音乐的多元文化；要真正建立以学生为主体的教学观，主动有效利用流行音乐文化资源，寻找到不同音乐文化之间的契合点；努力挖掘社会音乐活动的成功经验和启示，构建新型课堂教学模式。

其二，以教材为突破，推进音乐课程资源开发。应借鉴其他教材的编写经验，完善流行音乐教材资源开发；结合本地和学校的音乐教学实际，开发符合学生兴趣、身心发展以及学校教学条件和教学特色的流行音乐校本课程。

其三，加强师资培训，促进音乐课堂有效教学。在流行音乐学科不断发展及高校流行音乐教育体系逐渐完善的情况下，应进一步重视中学音乐师资培养，才能在教学实践中真正有效利用流行音乐为教学服务。具体来说，教师应建立科学的流行音乐文化认识观，掌握一定的流行音乐文化专业素养，还要加强流行音乐教学的技能训练。采取恰当的教学策略，如激发学生的学习兴趣、选择灵活的教学方法、选择合适的教学内容等，进而实现音乐课堂的有效教学。

其四，形成教育合力，构建"三位一体"合作模式。转变"音乐教育仅仅是学校教育"的观念，建立音乐教育是学校、家庭、社会通力合作的大教育观；转变"音乐教育主要是音乐教师的职责"的观念，学校、家庭、社会应发挥各自优势，各司其职。学校音乐教育、家庭音乐教育和社会音乐教育各有特点，三者应遵循教育教学规律，统筹兼顾，重点突出，真正承担起促进青少年身心全面发展的教育责任。

二、研究的局限和不足

第一，作为 80 后的一代人，笔者从出生到成长的三十多年，刚好见证了中国当代流行音乐文化的发展和变迁。在研究中的记录和思考也离不开自身的记忆和情感，因此，在行文过程中难免有个人情感流露的痕迹，在客观性方面可能存在一定不足。

第二，流行音乐文化是一个永远处于变化中的事物，随着社会时代的发展呈现出不同的面貌，谁也无法完全尽述它、掌握它。同时，青少年学生也是处于不断成长的过程，他们对于流行音乐的认知感受也是在不断变化的，难以全面地展开阐述。因此，对于这二者之间的关系把握，只能力求客观地研究、解读。

第三，本书中的现状调查对象是广州市的四所中学，由于不同地区、不同学校之间的差异是客观存在的，因此，研究的结果不一定在全国所有的城市中学范围内具有普遍性，只能对与这四所中学情况相近的学校具有适用性。因此，对农村地区学校以及全国其他城市流行音乐进课堂的现状调查，尚需进一步的实证研究。

附 录

一、调查问卷

关于"流行音乐进入音乐课堂"现状研究的问卷调查表

（学生问卷）

亲爱的同学们：

你们好！

因课题研究的需要，我们拟对我国"流行音乐进课堂"的现状进行调查。这次调查的目的是了解我国流行音乐进课堂的真实情况，它不是针对具体单位或个人工作的评价，也不签署被调查者的姓名，对单位与个人均无任何不利影响。因此，请根据实际情况，真实作答。非常感谢你们的合作！

一、您的基本情况

年龄_____ 学校_____

性别：A. 女 B. 男

所在年级：A. 初一 B. 初二 C. 高一 D. 高二

二、单项选择［下列1—30题每题都有从"完全不符合"到"完全符合"（1到5）五个选项，请在确认的选项处画"√"］

描述	完全不符合	基本不符合	不确定	基本符合	完全符合
1.同古典音乐、民族音乐相比，我更喜欢流行音乐	1	2	3	4	5
2.同其他科目相比，我更喜欢上音乐课	1	2	3	4	5
3.我赞同"流行音乐进课堂"	1	2	3	4	5
4.相比音乐课上教的歌曲，我更喜欢平时听的流行音乐	1	2	3	4	5
5.当下有些网络流行歌曲很低俗很无聊	1	2	3	4	5
6.我认为听流行音乐不会影响学习	1	2	3	4	5

续表

描述	完全不符合	基本不符合	不确定	基本符合	完全符合
7.我认为流行音乐平时听听就算了,音乐课上还是多讲点传统音乐比较好	1	2	3	4	5
8.我认为音乐课上老师应多教唱一些流行音乐	1	2	3	4	5
9.我认为流行音乐主要靠自己学唱,老师教不了什么	1	2	3	4	5
10.我有自己喜欢的流行音乐歌手和歌曲	1	2	3	4	5
11.我看过《中国好声音》和《我是歌手》其中至少一个音乐选秀节目	1	2	3	4	5
12.我经常上网下载流行音乐	1	2	3	4	5
13.我通常用手机听流行音乐	1	2	3	4	5
14.音乐老师在讲授传统音乐时,播放与之相关的流行音乐更吸引我们	1	2	3	4	5
15.音乐课堂上老师教的歌曲不能满足我们的需求	1	2	3	4	5
16.音乐老师在课堂上经常推荐一些流行歌曲给大家	1	2	3	4	5
17.音乐老师的指导有助于我提高流行音乐演唱水平	1	2	3	4	5
18.教材中的流行音乐曲目太少了	1	2	3	4	5
19.我希望能够增加教材中流行音乐的比重	1	2	3	4	5
20.教材中的流行歌曲与时代有些脱节	1	2	3	4	5
21.我希望能及时更新教材中的流行歌曲	1	2	3	4	5
22.校园广播课间经常播放我们喜欢的流行音乐	1	2	3	4	5
23.学校或班级举办的"我是歌手"这类的歌唱比赛,很受同学们欢迎	1	2	3	4	5
24.我父母对于流行音乐不太了解	1	2	3	4	5
25.父母支持我喜欢流行音乐	1	2	3	4	5
26.流行音乐能放松心情,缓解学习压力	1	2	3	4	5
27.流行音乐促进了我对音乐的学习兴趣	1	2	3	4	5
28.流行音乐能帮助我提高音乐素养	1	2	3	4	5
29.流行音乐对我学习古典音乐、民族音乐很有帮助	1	2	3	4	5
30.流行音乐提高了我的歌唱水平	1	2	3	4	5

三、开放题（请在下列每题下方的横线上写出您的答案）

31. 你理想中的音乐课堂是什么样的？
_____

32. 请推荐三首你喜欢的认为最适合编进音乐教材的流行音乐。
_____

（问卷到此结束，谢谢您的配合！）

关于"流行音乐进入音乐课堂"现状研究的问卷调查表

（教师问卷）

尊敬的老师：

您好！

因课题研究的需要，我们拟对我国"流行音乐与音乐课堂"的现状进行调查。这次调查的目的是了解我国流行音乐教学现状以及流行音乐对音乐教学影响的真实状况，它不是针对具体单位或个人工作的评价，也不签署被调查者的姓名，对单位与个人均无任何不利影响。因此，请您根据实际情况，真实作答。

非常感谢您的合作！

一、您的基本情况

性别：A. 女 B. 男

学校_____年龄_____教龄_____

学历：A. 本科以下 B. 本科 C. 硕士

职称：A. 二级 B. 一级 C. 高级 D. 特级

所教年级：A. 初中 B. 高中

二、单项选择［下列 1—39 题每题都有从"完全不符合"到"完全符合"（1 到 5）五个选项，请在确认的选项处画"√"］

描述	完全不符合	基本不符合	不确定	基本符合	完全符合
1.我喜欢流行音乐	1	2	3	4	5
2.我比较喜欢经典的流行歌曲	1	2	3	4	5
3.我赞同"流行音乐进课堂"	1	2	3	4	5
4.流行音乐与经典音乐不是对立的,可以相互转化	1	2	3	4	5
5.我认为课堂上引入流行音乐是否有迎合学生口味之嫌	1	2	3	4	5
6.我了解学生喜欢哪些流行音乐	1	2	3	4	5
7.我认为学生对于流行音乐知识的掌握比老师更好	1	2	3	4	5
8.我认为流行音乐主要靠学生自己学唱,老师不用教	1	2	3	4	5
9.我生活中经常听流行音乐	1	2	3	4	5
10.我有自己喜欢的流行音乐歌手和歌曲	1	2	3	4	5
11.我看过《中国好声音》和《我是歌手》其中一个音乐选秀节目	1	2	3	4	5
12.我尝试过运用流行音乐,激发学生的学习兴趣	1	2	3	4	5
13.我能自信地在课堂上进行流行歌曲的范唱(奏)	1	2	3	4	5
14.我在教学中举办过"我是歌手"之类的班级歌唱比赛	1	2	3	4	5
15.我能利用流行音乐针对不同水平的学生给予不同的个性化指导	1	2	3	4	5
16.期末考试时我尝试过让学生演唱一首自己喜欢的流行歌曲	1	2	3	4	5
17.我在大学时学习过流行音乐的相关知识	1	2	3	4	5
18.我在入职后参加过流行音乐教学的相关培训	1	2	3	4	5
19.我发表过与流行音乐相关的论文	1	2	3	4	5
20.我主持或参与过与流行音乐进课堂相关的课题	1	2	3	4	5
21.我希望可以参加流行音乐相关的科研和培训活动	1	2	3	4	5
22.教材中的流行歌曲与时代有点脱节	1	2	3	4	5
23.教材中的流行歌曲应与时俱进,及时更新	1	2	3	4	5
24.教材中流行音乐的曲目较少,无法满足学生的需求	1	2	3	4	5
25.教材流行音乐的比重应该有所增加	1	2	3	4	5

续表

描述	完全不符合	基本不符合	不确定	基本符合	完全符合
26.学校设立了有关流行音乐的教改项目	1	2	3	4	5
27.学校提供了流行音乐相关的信息化数字化平台	1	2	3	4	5
28.学校组织编写了与流行音乐相关的校本教材	1	2	3	4	5
29.学生非常喜欢流行音乐	1	2	3	4	5
30.比起流行音乐,学生没那么喜欢音乐课	1	2	3	4	5
31.相比音乐课上教的歌曲,学生更喜欢平时听的流行音乐	1	2	3	4	5
32.听流行音乐会影响学生的学习	1	2	3	4	5
33.流行音乐可以提高学生对音乐的学习兴趣	1	2	3	4	5
34.当下有些网络流行歌曲很低俗,对学生产生了不良影响	1	2	3	4	5
35.引入流行音乐对音乐教学有帮助	1	2	3	4	5
36.流行音乐丰富了音乐教学内容	1	2	3	4	5
37.我经常引入流行音乐进行古典音乐、民族音乐教学	1	2	3	4	5
38.引入流行音乐以后,课堂气氛更活跃	1	2	3	4	5
39.引入流行音乐以后,教学效果会更好	1	2	3	4	5

三、开放题（请在下列每题下方的横线上写出您的答案）

　　40.您认为影响目前流行音乐教学的因素有哪些?

────────────────────────────────

　　41.请推荐三首您认为最适合编进音乐教材的流行音乐。

────────────────────────────────

（问卷到此结束,谢谢您的配合!）

二、访谈提纲

关于"流行音乐进入音乐课堂"的访谈提纲(教师)

1. 您平时听流行音乐吗?
2. 您最喜欢听的歌曲和喜欢的歌手是什么?
3. 您如何看待流行音乐对中学生的影响?
4. 流行音乐对您的音乐教学有什么影响?
5. 现用教材中"通俗音乐"单元的教学情况是怎样的?
6. 您如何看待流行音乐与古典音乐、民族音乐的关系?
7. 谈谈您对"流行音乐进课堂"的具体设想和建议。
8. 您在教学中遇到的困难有哪些?

关于"流行音乐进入音乐课堂"的访谈提纲(学生)

1. 平时喜欢听流行音乐吗?
2. 最喜欢的歌手和流行歌曲是什么?
3. 最喜欢的音乐选秀节目是什么?为什么?
4. 对学校的音乐课满意吗?为什么?
5. 对音乐教材中的歌曲满意吗?为什么?
6. 你认为流行音乐进课堂,老师可以教什么?具体怎么教?
7. 你参加过哪些校内和校外音乐活动?
8. 你对音乐教师有哪些建议?

参考文献

一、中文文献

1. 著作

[1] 郭声健：《美国音乐教育考察报告》，湖南师范大学出版社 2008 年版。

[2] 郭声健：《音乐教育新概念》，湖南文艺出版社 2007 年版。

[3] 郭声健等：《音乐教育越洋对话》，湖南师范大学出版社 2009 年版。

[4] 郭声健、张晓敏：《音乐教育书简》，暨南大学出版社 2010 年版。

[5] 郭声健：《守望音乐教育》，暨南大学出版社 2013 年版。

[6] 曹理主编：《普通学校音乐教育学》，上海教育出版社 1993 年版。

[7] 尹爱青：《音乐课程与教学论》，东北师范大学出版社 2006 年版。

[8] 黄甫全：《现代课程与教学论》，人民教育出版社 2006 年版。

[9] 马达：《20 世纪中国学校音乐教育》，上海教育出版社 2002 年版。

[10] 陶东风：《社会转型期审美文化研究》，北京出版社 2002 年版。

[11] 林华：《音乐审美心理学教程》，上海音乐学院出版社 2005 年版。

[12] 修海林、罗小平：《音乐美学通论》，上海音乐出版社 1999 年版。

[13] 屠文淑：《社会心理学理论与应用》，人民出版社 2002 年版。

[14] 马云鹏、孔凡哲主编：《教育研究方法》，东北师范大学出版社 2006 年版。

[15] [美] 迈克尔·L. 马克：《当代音乐教育》，管建华、乔晓东译，文化艺术出版社 1991 年版。

[16] 曾遂今：《音乐社会学》，上海音乐学院出版社 2004 年版。

[17] 裴娣娜：《教育研究方法导论》，安徽教育出版社 1995 年版。

[18] [英] 拉曼·塞尔登编：《文学批评理论——从柏拉图到现在》，刘象愚等译，北京大学出版社 2001 年版。

[19] 李小平主编：《学校社会心理学》，江苏教育出版社 2002 年版。

[20] [美] 兰德尔·阿尔苏巴：《音乐互助学习与民主行为》，郭声健译，

湖南师范大学出版社 2009 年版。

[21] 曾遂今：《中国大众音乐》，北京广播学院出版社 2003 年版。

[22] [美]特里斯·M.沃尔克：《音乐教育与多元文化：基础与原理》，田林译，陕西师范大学出版社 2003 年版。

[23] [美]詹姆士·L穆赛尔、梅贝尔·格连：《中小学音乐课教学法》，章枚译，四川人民出版社 1983 年版。

[24] 管建华：《音乐人类学导引》，陕西师范大学出版社 2006 年版。

[25] [美]贝内特·雷默：《音乐教育的哲学》，熊蕾译，人民音乐出版社 2003 年版。

[26] [美]戴维·埃里奥特：《关注音乐实践——新音乐教育哲学》，齐雪、赖达富译，上海音乐出版社 2009 年版。

[27] [德]恩斯特·卡西尔：《人论》，甘阳译，西苑出版社 2003 年版。

[28] [德]尤尔根·哈贝马斯：《交往行动理论》，洪佩郁译，重庆出版社 1994 年版。

[29] [法]亨利·斯科夫·托尔格：《流行音乐》，管震湖译，商务印书馆 1997 年版。

[30] [美]大卫·李·乔伊纳：《美国流行音乐》，鞠薇译，人民音乐出版社 2012 年版。

[31] [美]哈利·夏毕洛：《等待药头：流行音乐与药物的历史》，李佳纯译，商周文化出版社 2007 年版。

[32] [新西兰]罗伊·舒克尔：《流行音乐的秘密》，韦玮译，世界图书出版公司 2013 年版。

[33] 滕继萌、[新西兰]劳伦斯·西蒙斯编著：《读解流行音乐》，世界知识出版社 2012 年版。

[34] [英]安迪·班尼特：《流行音乐文化》，曲长亮译，北京大学出版社 2012 年版。

[35] 北京汉唐文化发展有限公司编著：《十年——1986—1996 中国流行音乐纪事》，中国电影出版社 1997 年版。

[36] 金兆钧：《光天化日下的流行——亲历中国流行音乐》，人民音乐出版社 2002 年版。

[37] 付林：《中国流行音乐 20 年》，中国文联出版社 2003 年版。

[38] 伍福生：《涛声依旧——广东流行音乐风云 30 年：广东流行音乐史》，新世纪出版社 2008 年版。

[39] 解学初：《流行音乐文化教程》，中国传媒大学出版社 2008 年版。

[40] 王思琦：《中国当代城市流行音乐——音乐与社会文化环境互动研究》，上海教育出版社 2009 年版。

[41] 中国大百科全书出版社编辑部：《中国大百科全书·教育卷》，中国大百科全书出版社 1985 年版。

[42] 于今：《狂欢季节——流行音乐世纪飓风》，广东人民出版社 1999 年版。

[43] 曾遂今：《中国大众音乐——大众音乐文化的社会历史连接与传播》，北京广播学院出版社 2003 年版。

[44] 陶辛：《流行音乐手册》，上海音乐出版社 1998 年版。

[45] 陈绮、刘奔：《哲学与文化》，中国社会科学出版社 1996 年版。

[46] 邓晓芒：《从寻根到漂泊：世纪之交的中国文学与文化》，羊城晚报出版社 2003 年版。

[47] 谢轶群：《流光如梦：大众文化热潮三十年》，广西师范大学出版社 2008 年版。

[48] 黄力之：《当代审美文化史论》，中央编译出版社 2001 年版。

[49]《中国音乐年鉴》编辑部编：《中国音乐年鉴》，山东教育出版社 1990 年版。

[50] 朱则平：《音乐课程标准教师读本》，华中师范大学出版社 2003 年版。

[51] 杨长征：《中国青少年流行文化现象报告》，中国青年出版社 2003 年版。

[52] 方建移：《大众传媒心理学》，浙江大学出版社 2007 年版。

[53] 扈海鹏：《解读大众文化在社会学的视野中》，上海人民出版社 2003 年版。

[54] 廖乃雄：《音乐教学法》，中央音乐学院出版社 2005 年版。

[55] 叶澜等：《教师角色与教师发展新探》，教育科学出版社 2004 年版。

[56] 刘沛：《美国音乐教育概况》，上海教育出版社 1997 年版。

［57］周晓虹：《现代社会心理学——多纬视野中的社会行为研究》，上海人民出版社 1997 年版。

［58］中华人民共和国教育部制订：《全日制义务教育音乐课程标准（实验稿）》，北京师范大学出版社 2001 年版。

［59］中华人民共和国教育部制定：《义务教育音乐课程标准（2011 年版）》，北京师范大学出版社 2012 年版。

［60］香港特别行政区教育统筹局编：《艺术教育学习领域：音乐科课程指引（小一至中三）》，2003 年。

2. 论文

［1］刘鹏：《流行音乐及其教育浅探》，《龙岩师专学报》2004 年第 10 期。

［2］杨濯：《浅谈音乐教学中流行音乐元素的渗透》，《天津教育报》2010 年 1 月 27 日第 3 版。

［3］沈汝发：《且行且歌："流行音乐与青少年成长"研究》，《中国青年研究》2003 年第 1 期。

［4］资利萍：《重论流行音乐进课堂》，《中国音乐教育》2000 年第 11 期。

［5］［美］韩国鐄：《流行音乐——美国民族音乐研究的新领域》，《音乐学术信息》1992 年第 1 期。

［6］管建华：《德国音乐教育学的后现代转向》，《音乐探索》2005 年第 4 期。

［7］关黎、张辉：《中国流行音乐的发展历程》，《音乐生活》2007 年第 3 期。

［8］项筱刚：《流行音乐——20 世纪中国音乐史建设亟需完善的课题》，《音乐艺术》2003 年第 3 期。

［9］金兆钧：《中国流行音乐 30 年的美学变迁》，《音乐教育与创作》2009 年第 1 期。

［10］雷美琴：《中国流行音乐 30 年音乐批评与理论研讨的回顾》，《人民音乐》2009 年第 12 期。

［11］郭昕：《音乐学术视野中的流行音乐研究》，《音乐研究》2013 年第 5 期。

[12] 修海林:《音乐存在方式"三要素"理论是如何提出的》,《星海音乐学院学报》1998年第1期。

[13] 李传华:《通俗音乐美学探析》,《中国音乐学》2001年第2期。

[14] 刘可欣:《流行音乐审美特征研究》,《东方论坛》2004年第3期。

[15] 王磊等:《关于中国流行音乐的美学思考》,《人民音乐》2006年第8期。

[16] 陈炼:《从艺术社会学的视角看当代中国的流行音乐》,《上海社会科学院学术季刊》1997年第3期。

[17] 庄元:《论流行音乐的三大基础》,《南京艺术学院学报(音乐与表演版)》2004年第3期。

[18] 张莉莉:《大众文化研究视野中的流行音乐》,《人民音乐》2005年第5期。

[19] 明言:《新时期大众流行音乐的文化属性探析》,《中国管乐学》1995年第3期。

[20] 金兆钧:《青年流行音乐创作群体的心理分析》,《人民音乐》1988年第8期。

[21] 钱彤、谢岳:《从大众社会心理读解80年代的中国流行音乐》,《大众文艺(学术版)》2011年第18期。

[22] 钱陈翔:《中国当代流行音乐的青春心理保健与治疗研究》,《大众文艺(学术版)》2011年第2期。

[23] 黄德俊:《基于哈贝马斯交往理性的流行音乐传播范式》,《南京艺术学院学报(音乐与表演版)》2010年第3期。

[24] 涂圆圆:《传播学视阈下的中国流行音乐文化回顾与思考》,《江西社会科学》2011年第4期。

[25] 冯玲:《流行音乐表演传播场域之探讨》,《南京艺术学院学报(音乐与表演版)》2012年第3期。

[26] 张燚:《流行音乐与青少年亚文化》,《美与时代》2009年第3期。

[27] 李平:《当代流行音乐的美学特质》,《音乐生活》2009年第5期。

[28] 张进:《流行音乐的特点及其发展》,《南京航空航天大学学报(社会科学版)》2001年第3期。

［29］王立宁：《论流行音乐的德育功能》，《山东省农业管理干部学院学报》2006年第2期。

［30］叶婷：《中国流行音乐的发展与价值》，《深圳大学学报（人文社会科学版）》2005年第7期。

［31］周正基：《谈流行音乐编曲配器的特点》，《哈尔滨职业技术学院学报》2008年第4期。

［32］林音淇：《词曲结合的流行音乐结构分析》，《大舞台》2010年第10期。

［33］梅佳琪：《古典音乐和流行音乐录音的音质评价比较》，《大舞台》2011年第12期。

［34］宋琰光：《流行音乐演唱的二度创作》，《音乐生活》2009年第7期。

［35］潘存奎：《"中国风"——传统音乐与流行音乐的相遇》，《人民音乐》2010年第6期。

［36］佚名：《流行音乐在美国音乐教育中》，《音乐世界》1989年第5期。

［37］［德］克莱南：《论交叉文化音乐教育的心理学基础》，金经言译，《音乐教育》2002年第4期。

［38］秦枕戈、郭秀芬：《从音乐教育看流行音乐——座谈会发言摘要》，《中国音乐教育》1993年第5期。

［39］王思安：《从"流行音乐不准进入课堂"说开来》，《中国音乐教育》1994年第3期。

［40］陈辉：《小议社会文化环境与学校音乐教育》，《中国音乐教育》1994年第3期。

［41］莽克荣：《流行音乐与国民音乐教育》，《中国音乐教育》1994年第5期。

［42］杜卫：《音乐教育与流行音乐》，《中国音乐教育》1992年第8期。

［43］张宪生：《流行音乐对学校教育的影响及对策》，《齐齐哈尔师范学院学报》1996年第5期。

［44］张亚利：《流行音乐如何引入中学音乐课堂》，《美与时代》2007年第4期。

［45］张梦：《从〈蜗牛〉说起——流行音乐进入课堂的实践与反思》，《中

小学音乐教育》2006年第3期。

[46] 蔡音颖:《流行音乐与音乐教育》,《浙江师范大学学报(社会科学版)》1999年第6期。

[47] 谢荣波:《对拒绝流行音乐进课堂的音乐本体论反思》,《广东教育》2007年第7期。

[48] 赵玮:《让流行音乐为我所用》,《中小学音乐教育》2006年第1期。

[49] 何争等:《轻音乐文化与青少年素质》,《青年研究》1985年第12期。

[50] 唐勇强:《从音乐欣赏心理看当前流行歌曲对青少年的影响》,《中国音乐教育》1996年第6期。

[51] 戴春玲:《享受流行音乐5分钟》,《中小学音乐教育》2009年第1期。

[52] 白莉:《如何让流行音乐与学校音乐欣赏课有效结合》,《课程教材教学研究》2010年第1期。

[53] 薛小利:《让流行音乐服务于中小学音乐教学》,《音乐天地》2008年第1期。

[54] 周荫昌:《怎样看待港台"流行歌曲"》,《人民音乐》1982年第6期。

[55] 马海姣:《流行音乐如何渗透到音乐教学中》,《秦皇岛日报》2010年6月17日第B02版。

[56] 赵宏:《我国流行音乐对学校音乐教育影响的文献综述》,《大舞台》2011年第8期。

[57] 冯光珏:《用健康的音乐陶冶青年一代的心灵》,《高教战线》1983年第2期。

[58] 吕莉:《关于流行音乐引入中学音乐课堂的几点思考》,《上饶师范学院学报》2009年第29期。

[59] 崔其焜:《从"流行歌曲"所想到的》,《广州音院学报》1981年第3期。

[60] 瞿维:《关于"流行音乐"的对话》,《人民音乐》1981年第8期。

[61] 顾叙:《流行音乐与音乐流行》,《社会》1985年第3期。

[62] 张梅:《浅谈流行音乐进课堂》,《音乐天地》2009年第8期。

[63] 王震宇:《在中学音乐教育中引入流行音乐》,《教育理论与实践》2009年第11期。

［64］于志宏：《流行音乐进入课堂》，《中小学音乐教育》2005 年第 7 期。

［65］黄虹：《流行音乐来龙去脉管见》，《青年探索》1983 年第 1 期。

［66］刘延辉：《音乐教学和流行音乐》，《音乐探索》1986 年第 1 期。

［67］周文燕：《不要一味地教给小学生流行歌曲》，《小学教学研究》1989 年第 8 期。

［68］沈阳：《当莫扎特遇到 S.H.E——谈流行音乐与教材音乐的碰撞》，《大众文艺》2010 年第 21 期。

［69］林颖等：《流行音乐背景下的中学音乐教学》，《福建教育学院学报》2010 年第 10 期。

［70］辛蕾：《浅谈流行音乐欣赏课的组织形式》，《艺术探索》2004 年第 5 期。

［71］高凌飚：《访谈——中小学教师怎样做研究（五）》，《教育科学论坛》2000 年第 7 期。

［72］胡妙德：《流行音乐的界定》，《中国广播电视学刊》1992 年第 4 期。

［73］蔡忠德：《我看流行音乐》，《中央音乐学院学报》1993 年第 3 期。

［74］顾克宽：《如何排解流行音乐对音乐课的冲击》，《音乐世界》1989 年第 6 期。

［75］徐元勇：《中国流行音乐史导论》，《中国音乐学》2008 年第 4 期。

［76］王思琦：《"流行音乐"的概念及其文化特征》，《音乐艺术》2003 年第 3 期。

［77］王思琦：《中国当代流行音乐文化功能研究》，《中国音乐学》2007 年第 2 期。

［78］叶林：《流行歌曲商品化是一把双刃剑》，《人民音乐》2001 年第 6 期。

［79］王静：《听孩子们的话，教周杰伦的歌》，《哈尔滨日报》2009 年 3 月 3 日第 4 版。

［80］张向阳：《天下谁人不识君——音乐人谈邓丽君》，《科技文萃》1995 年第 5 期。

［81］金兆钧：《来也匆匆，风雨兼程——通俗音乐十年观》，《人民音乐》1990 年第 1 期。

［82］梁茂春：《通俗歌曲的重要收获——评歌曲〈让世界充满爱〉》，《北京

音乐报》1987年5月20日。

[83] 李皖:《中国60年:歌曲中的时代偶像》,《羊城晚报》2011年7月24日第b1版。

[84] 罗传开:《卡拉OK与音乐教育》,《中国音乐教育》1990年第3期。

[85] 金兆钧:《流行音乐:想把中国唱给世界听》,《中国艺术报》2012年3月19日第7版。

[86] 佚名:《学生大唱卡拉OK有害无益》,《源流》1994年第2期。

[87] 周集:《校园民谣,正确引导迫在眉睫》,《南方声屏报》1994年第53期。

[88] 李皖:《偶像的力量(1994—2009)——"六十年三地歌"之九》,《读书》2011年第12期。

[89] 杨和平:《对当代流行音乐发展的历史反思——文艺批评家金兆钧访谈》,《文艺报》2014年10月10日第3版。

[90] 王思琦:《网络流行音乐与网络上的流行音乐——新世纪中国内地流行音乐发展回顾之一》,《歌唱世界》2015年第10期。

[91] 马建青等:《解读:"韩流"对我国青少年的影响》,《中国青年研究》2004年第1期。

[92] 滕青:《流行音乐中"韩流"现象之反思》,《哈尔滨工业大学学报(社会科学版)》2010年第1期。

[93] 贺冰新:《流行音乐现状》,《音乐周报》2000年7月21日第7版。

[94] 邹焕庆:《中国流行音乐:"光天化日下的衰竭"》,《中国文化报》2005年6月24日第1版。

[95] 陈志昂:《流行音乐批判》,《音乐研究》1989年第4期。

[96] 陈志昂:《论通俗音乐》,《黄钟》1989年第4期。

[97] 陈志昂:《流行音乐再批判》,《人民音乐》1990年第5期。

[98] 金兆钧:《是我们改变了世界,还是世界改变了我们?中国流行音乐的世纪末批判》,《人民音乐》2001年第2期。

[99] 王思琦:《略论中国当代流行音乐的负面效应——从文化功能分析的角度出发》,《人民音乐》2010年第10期。

[100]《中大传唱"好歌曲"——四张校园原创专辑〈桃李芳馨〉发行》,

《羊城晚报》2014年12月31日第b7版。

[101] 徐韶晖:《流行歌曲的一二点思考》,《人民音乐》1987年第3期。

[102] 李元:《关于"歌星"的一点想法》,《人民音乐》1987年第3期。

[103] 邵道生:《"追星热"的社会学思考》,《青年研究》1994年第2期。

[104] 张继焦:《从流行文化到大众文化——都市中的卡拉OK现象》,《民俗研究》1997年第2期。

[105] 刘小钢等:《广州青少年"追星热"与辅导对策》,《青年研究》1993年第8期。

[106] 易旭明等:《电视选秀如何影响青少年?——选秀十年对90后大学生影响调查》,《中国青年研究》2015年第4期。

[107] 谭冰若:《我们同属一个世界——漫谈通俗音乐》,《人民音乐》1986年第5期。

[108] 田涛:《流行文化对当代大学生的影响》,《汉中师院学报(哲学社会科学版)》1986年第1期。

[109] 孙占白:《音乐教育与精神文明建设》,《河南师大学报(社会科学版)》1984年第3期。

[110] 韩韧:《流行歌曲冲击音乐教学所引起的思考》,《中小学音乐教育》1989年第1期。

[111] 金兆钧:《1994——中国流行音乐的局势和忧患》,《中央音乐学院学报》1994年第4期。

[112] 音辑:《中小幼课堂不准有流行音乐》,《北方音乐》1991年第2期。

[113] 李石林:《"流行音乐不准进课堂"》,《中小学音乐报》1990年12月25日。

[114] 佚名:《国家教委艺教委召开通俗音乐与学校音乐教育座谈会》,《音乐研究》1994年第3期。

[115] 刘沛译:《国际音乐教育学会的"信仰宣言"和"世界文化的音乐政策"》,《云南艺术学院学报》1997年第3期。

[116] 罗丁凡:《关于流行歌曲不准进课堂之我见》,《中国音乐教育》1996年第7期。

[117] 王立明:《为什么通俗音乐不能进入中小学音乐课堂》,《中国音乐教

育》1996 年第 7 期。

[118] 李崇等：《音乐教学与通俗音乐》，《苏州教育学院学报（社会科学版）》1995 年第 12 期。

[119] 阮惠华：《堵·放·导——也谈学校对流行歌曲的对策》，《中国音乐教育》1995 年第 2 期。

[120] 陈静梅：《浅谈如何引导中师生正确对待流行歌曲》，《中国音乐教育》1996 年第 1 期。

[121] 李崇等：《学校音乐教育与流行歌曲》，《中国音乐教育》1995 年第 4 期。

[122] 古全林：《浅论流行歌曲的审美价值与音乐教育》，《苏州丝绸工学院学报》1998 年第 12 期。

[123] 毛礼义：《从国际音教会主题看流行歌曲去向》，《中国音乐教育》1996 年第 4 期。

[124] 肖鉴铮：《我的几点看法——也谈流行音乐不准进课堂》，《中国音乐教育》1996 年第 6 期。

[125] 娜：《中国音协音教委、中央音乐学院举办通俗音乐理论讲习班》，《音乐周报》1993 年 5 月 28 日第 5 版。

[126] 管建华：《美国的多元文化音乐教育与中国音乐教育的思考》，《黄钟》2001 年第 1 期。

[127] 陶东风：《流行歌曲中的种族主义——从〈蜗牛〉等歌曲入选爱国主义歌曲说起》，《散文百家（杂文）》2005 年第 10 期。

[128] 王建元：《对于音乐院校开设流行音乐专业的思考》，《音乐艺术》2003 年第 3 期。

[129] 孙云晓：《青春期"追星综合症"观察与透视》，《中国青年研究》2002 年第 6 期。

[130] 王鉴：《课堂研究引论》，《教育研究》2003 年第 6 期。

[131] 李法桢：《共同的困惑：教育政策如何面对流行音乐文化——"第 29 届世界音乐教育大会"文化、教育与传媒政策委员会会议综述》，《中国音乐教育》2010 年第 10 期。

[132] 辛涛等：《论教师的教育观念》，《北京师范大学学报（社会科学版）》

1999 年第 1 期。

[133] 王耀华：《中国近现代学校音乐教育之得失》，《音乐研究》1994 年第 2 期。

[134] 郑莉：《21 世纪音乐教师教育面临的挑战》，《人民音乐》2008 年第 7 期。

[135] 陈向明：《实践性知识：教师专业发展的知识基础》，《北京大学教育评论》2003 年第 1 期。

[136] 申继亮等：《从中小学教师的知识状况看师范教育的课程改革》，《课程·教材·教法》2001 年第 11 期。

[137] 钟启泉：《教师"专业化"：理念、制度、课题》，《教育研究》2001 年第 12 期。

[138] 申继亮等：《论教师的教学能力》，《北京师范大学学报（人文社会科学版）》2000 年第 1 期。

[139] 陈治海：《论音乐教师的能力素质》，《黄钟》1997 年第 2 期。

[140] 郭声健：《当代音乐教育改革与发展的若干特征》，《人民音乐》2003 年第 1 期。

[141] 蔡伟等：《校本教材建设的思考》，《教育研究》2006 年第 2 期。

[142] 崔允漷：《课程实施的新取向：基于课程标准的教学》，《教育研究》2009 年第 1 期。

[143] 吕必松：《关于教学内容与教学方法问题的思考》，《语言教学与研究》1990 年第 2 期。

[144] 严明：《专业流行音乐演唱教学论》，《艺术百家》2008 年第 7 期。

[145] 王艳梅：《试论校园音乐文化的发展》，《信阳师范学院学报（哲学社会科学版）》2009 年第 6 期。

[146] 顾建华：《通俗、高雅与学校审美教育》，《中国教育报》2002 年 10 月 1 日第 4 版。

[147] 马晓红：《从"俗"到"雅"：流行音乐文化与国民音乐教育》，《艺术研究》2011 年第 4 期。

[148] 管建华：《国际音乐教育学会与多元文化音乐教育》，《新疆师范大学学报（哲学社会科学版）》2005 年第 2 期。

[149] 刘红霞:《国际音乐教育学会与多元文化音乐教育》,《中国教育学刊》2013 年第 S4 期。

[150] 修海林:《文化环境与音乐教育问题》,《高校理论战线》1995 年第 8 期。

[151] 崔允漷:《追问"学生学会了什么"——兼论三维目标》,《教育研究》2013 年第 7 期。

[152] 王晓盈:《关于大众选秀时代高校专业音乐教育的几点思考》,《安徽科技学院学报》2014 年第 5 期。

[153] 郭声健等:《美,音乐教材的首要追求》,《人民音乐》2003 年第 4 期。

[154] 王晓盈:《粤港两地"流行音乐进教材"比较研究——基于花城版和港音版初中音乐教材的分析》,《课程教学研究》2014 年第 11 期。

[155] 周琴:《香港中小学音乐课程与教材特色——兼与内地比较研究》,《课程·教材·教法》2006 年第 6 期。

[156] 王文娜:《选秀十年,给中国流行音乐教育带来了什么?》,《艺术教育》2015 年第 8 期。

[157] 王建元:《从我国高校流行音乐教育现状谈流行音乐学科建设》,《南京艺术学院学报(音乐与表演版)》2007 年第 1 期。

[158] 李红艳:《流行音乐要奔着专业教育走》,《北京日报》2006 年 6 月 19 日第 8 版。

[159] 曹洋:《目前我国流行音乐教育现状之思考》,《乐府新声》2008 年第 3 期。

[160] 丁磊:《付林推出国内第一套流行音乐系统教材》,《音乐周报》2003 年 3 月 28 日第 7 版。

[161] 边思玮:《选秀时代下的中国流行音乐教育》,《中国文化报》2012 年 12 月 4 日第 8 版。

[162] 于润洋:《对流行音乐应取冷静的分析的态度》,《中央音乐学院学报》1993 年第 3 期。

[163] 陈理宣:《有效教学策略探索》,《西南民族学院学报(哲学社会科学版)》2002 年第 6 期。

［164］黄甫全：《当代教学环境的实质与类型新探：文化哲学的分析》,《西北师范大学学报（社会科学版）》2002年第5期。

［165］杨雄等：《关于学校、家庭、社会"三位一体"教育合作的思考》,《社会科学》2013年第1期。

［166］陈颖：《试论学校音乐教育与社会音乐教育之存在关系》,《南京艺术学院学报（音乐与表演版）》2009年第2期。

［167］陆士桢：《网络为何能左右青少年的成长——透视网络与青少年发展的关系》,《中国教育报》2005年9月19日第5版。

3. 学位论文

［1］王思琦：《1978—2003年间中国城市流行音乐发展和社会文化环境互动关系研究》, 博士学位论文, 福建师范大学, 2005年。

［2］任飞：《传播学视野下的中国当代流行音乐研究》, 博士学位论文, 山东大学, 2012年。

［3］田梅荣：《流行音乐与中学音乐教学》, 硕士学位论文, 内蒙古师范大学, 2006年。

［4］曹海旦：《流行歌曲在中学音乐教学中的理论与实践研究》, 硕士学位论文, 四川师范大学, 2008年。

［5］杜兴东：《流行音乐对青少年思想的影响的思考》, 硕士学位论文, 西南交通大学, 2012年。

［6］周素梅：《流行音乐进中学课堂的现状研究与实践探索》, 硕士学位论文, 湖南师范大学, 2011年。

［7］白云凤：《流行音乐纳入学校音乐教育的理论研究》, 硕士学位论文, 曲阜师范大学, 2011年。

［8］陆露：《"流行风"为高中音乐课堂带来一股清流——论高中音乐鉴赏中的流行音乐》, 硕士学位论文, 陕西师范大学, 2010年。

［9］唐莉娜：《中小学音乐教学的开放性研究——流行音乐进入中小学音乐教学的思考》, 硕士学位论文, 西南大学, 2008年。

［10］蒋邦飞：《中学开展流行音乐教学的现实意义和策略研究》, 硕士学位论文, 苏州大学, 2009年。

［11］高慧娟:《新课程背景下流行音乐与中学音乐课堂教学衔接初探》,硕士学位论文,河南大学,2011 年。

［12］蒋君卉:《阿多诺〈论流行音乐〉与我国当代流行音乐现象笺探》,硕士学位论文,南京艺术学院,2011 年。

［13］张燚:《中国当代流行歌曲演唱风格发展脉络及其相关问题研究》,硕士学位论文,福建师范大学,2004 年。

［14］肖婷:《青少年对流行音乐"中国风"的文化解读》,硕士学位论文,复旦大学,2010 年。

［15］杜永寿:《中小学音乐教材论》,博士学位论文,福建师范大学,2006 年。

［16］郭元祥:《生活的重建——回归生活世界的基础教育论纲》,博士学位论文,华中师范大学,2000 年。

［17］袁茜:《中学生偏爱流行音乐的心理分析及策略研究》,硕士学位论文,湖南师范大学,2006 年。

［18］耿冉:《音乐选秀节目对中国流行音乐发展的影响》,硕士学位论文,武汉理工大学,2014 年。

［19］金世余:《我国中小学音乐校本课程开发研究》,博士学位论文,福建师范大学,2010 年。

［20］周晓燕:《文化视阈中的中国流行音乐研究》,博士学位论文,苏州大学,2013 年。

［21］王红艳:《流行音乐与中学生音乐教育》,硕士学位论文,南京师范大学,2004 年。

二、英文文献

［1］E.' Collins and S. Chandler, "Beyond Art as Product: Using an Artistic Perspective to Understand Classroom Life", *Theory into Practice,* 1993.

［2］T.W. ADORNO, *On Popular Music, On record: Rock, Pop and the Written Word,* London: Routedge, 1990.

［3］Freire and P, "A Dialogue: Culture, Language, and Race", *America:*

Harvard Education Review, No.3, 1995.

[4] Epstein J. L., "School, Family, and Community Partnership", Your Handbook For Action, Corwin Press Inc, 1998.

[5] David Bracket, *Interpreting Popular Music*, Cambridge: Cambridge University Press, 1995.

[6] Simon Frith, *Sound Effects: Youth, Leisure, and the Politics of Rock N Roll*, New York: Pantheon Books, 1981.

[7] Simon Frirh, *Performing Rites: On the Value of Popular Music*, Cambridge: Harvard University Press, 1996.

[8] Allan Moore, *Analyzing Popular Music*, UK: Cambridge University Press, 2003.

[9] Horner Bruce, Swiss Tomas, *Key terms in Popular Music and culture*, Oxford: Blackwell Publisher, 1999.

[10] Martha Bayles, *Hole in Our Soul: The Loss of Beauty and Meaning in American Popular Music*, University of Chicago Press, 1996.

[11] Derek B. Scott, *The Ashgate Research Companion to Popular Musicology*, London: Ashgate Publishing Ltd, 2009.

[12] Middleton Richard, *Studying Popular Music*, Milton Keynes: Open University Press, 1990.

[13] Bennett Reimer, "Preface: The Northwestern University Music Education Leadership Seminars", *Bridging the Gap: Popular Music and Music Education*, 2004.

[14] Carlos Xavier Rodriguez, "Popular Music in Music Education: Toward a New Conception of Musicality", *Bridging the gap: Popular Music and Music Education*, 2004.

[15] Wayne D.Bowman. "'Pop' Goes…? Taking Popular Music Seriously", *Bridging the Gap: Popular Music and Music Education*, 2004.

[16] Theodore Gracyk, *Listening to Popular Music*, Ann Arbor: University of Michigan Press, 2007.

[17] Jere T. Humphreys, "Popular Music in the American Schools: What History

Tells Us About the Present and the Future", *Bridging the Gap: Popular Music and Music Education,* Reston, VA: MENC, 2004.

[18] William R. Lee, "Teaching the Historical Context of Popular Music: A View", *Bridging the Gap: Popular Music and Music Education,* 2004.

[19] Scott E. Emmons, "Preparing Teachers for Processes and Practices", *Bridging the Gap: Popular Music and Music Education,* 2004.

[20] Craig Woodson, "K-12 Music Education in the Rock and Roll Hall of Fame and Museum", *Bridging the Gap: Popular Music and Music Education,* 2004.

[21] George Boespflug, "The Popular Music Ensemble in Music Education", *Bridging the Gap: Popular Music and Music Education,* 2004.

[22] Allsup, R., "Of Concert Bands and Garage Bands: Creating Democracy Through Popular Music", *Bridging the Gap: Popular Music and Music Education,* Reston, 2004.

[23] Rod Cross, "Pop Music in Middle School—Some Considerations and Suggestions", *British Journal of Music Education,* Vol 5, No.3, 1988.

[24] *The New Grove Dictionary of Music & Musicians,* Grove's Dictionaries of Music Inc., 1995.

[25] G. Marcus, *Mystery Train,* London: Omnibus Press, 1977.

[26] Theodor W. Adorno, *On Popular Music, Cultural Theoryand Popular Culture,* AReader, London: Routhledge, 1998.